PUBLICIDADE E PROTEÇÃO DA INFÂNCIA

Conselho Editorial
André Luís Callegari
Carlos Alberto Molinaro
Daniel Francisco Mitidiero
Darci Guimarães Ribeiro
Draiton Gonzaga de Souza
Elaine Harzheim Macedo
Eugênio Facchini Neto
Giovani Agostini Saavedra
Ingo Wolfgang Sarlet
Jose Luis Bolzan de Morais
José Maria Rosa Tesheiner
Leandro Paulsen
Lenio Luiz Streck
Paulo Antônio Caliendo Velloso da Silveira
Rodrigo Wasem Galia

P976   Publicidade e proteção da infância / Ana Maria Blanco Montiel
Alvarez ... [et al.] ; Adalberto Pasqualotto, Ana Maria Blanco
Montiel Alvarez (organizadores). – Porto Alegre: Livraria do
Advogado Editora, 2014.

183 p.; 23 cm.

Inclui bibliografia.

ISBN 978-85-7348-918-7

1. Publicidade – Desenvolvimento infantil. 2. Publicidade – Aspectos jurídicos. 3. Crianças – Consumo. 4. Assistência a menores. 5. Crianças – Direitos fundamentais. 6. Publicidade – Liberdade de expressão. I. Alvarez, Ana Maria Montiel. II. Pasqualotto, Adalberto.

CDU 659.1:342.726-053.2

CDD 343.082

Índice para catálogo sistemático:
1. Publicidade: Direito das crianças   659.1:342.726-053.2

(Bibliotecária responsável: Sabrina Leal Araujo – CRB 10/1507)

Adalberto Pasqualotto
Ana Maria Blanco Montiel Alvarez
(Organizadores)

PUBLICIDADE E PROTEÇÃO DA INFÂNCIA

Ana Maria Blanco Montiel Alvarez
Andréia Mendes dos Santos
Carina Zin Lemos
Cibele Gralha Mateus
Cláudia Lima Marques
Gracy Keim
Isabella Henriques
Jaderson Costa da Costa
Káren Rick Danilevicz Bertoncello
Maria Regina Fay de Azambuja
Renata Gralha Mateus
Renata Pozzi Kretzmann

Porto Alegre, 2014

© dos autores, 2014

Capa, projeto gráfico e diagramação
Livraria do Advogado Editora

Revisão
Rosane Marques Borba

Desenho da capa
Stock.xchng

Direitos desta edição reservados por
Livraria do Advogado Editora Ltda.
Rua Riachuelo, 1300
90010-273 Porto Alegre RS
Fone/fax: 0800-51-7522
editora@livrariadoadvogado.com.br
www.doadvogado.com.br

Impresso no Brasil / Printed in Brazil

Sumário

Apresentação..........7

Parte I – PUBLICIDADE, SAÚDE E DESENVOLVIMENTO INFANTIL..........15

1. A publicidade e o cérebro da criança
Jaderson Costa da Costa..........17

2. Uma relação que dá peso: propaganda de alimentos direcionada para crianças, uma questão de saúde, direitos e educação
Andréia Mendes dos Santos..........35

3. Publicidade infantil e modos de construção do sujeito: uma breve abordagem psicanalítica das relações objetais
Gracy Keim..........53

4. A publicidade e seus reflexos no desenvolvimento da criança: o papel da família e da educação
Maria Regina Fay de Azambuja..........68

Parte II – PUBLICIDADE, LIBERDADE E TRATAMENTO JURÍDICO DO TEMA..........91

5. Publicidade e infância: sugestões para a tutela legal das crianças consumidoras
Cláudia Lima Marques e Káren Rick Danilevicz Bertoncello..........93

6. O capitalismo, a sociedade de consumo e a importância da restrição da publicidade e da comunicação mercadológica voltadas ao público infantil
Isabella Henriques..........112

7. Publicidade dirigida à criança e regulação de mercado
Ana Maria Blanco Montiel Alvarez..........128

8. Vinculação de particulares aos direitos fundamentais. O princípio da proteção integral da criança e a liberdade na publicidade: até onde podemos IR?
Cibele Gralha Mateus e Renata Gralha Mateus..........147

9. O princípio da identificação da publicidade como meio de proteção do consumidor
Renata Pozzi Kretzmann e Carina Zin Lemos..........165

Apresentação

Relativamente à publicidade, dois temas são recorrentes: publicidade é informação? A publicidade comercial está protegida pela liberdade de expressão? A estes, acrescenta-se um terceiro: as crianças merecem ser especialmente protegidas frente à publicidade? É particularmente a este terceiro tema que este livro se dedica.

Sobre os dois primeiros temas, há discrepâncias. Um pensamento liberal sustenta que o conteúdo básico da publicidade é informativo e, por conseguinte, a publicidade comercial está protegida pela liberdade de expressão. Há uma larga produção bibliográfica nesse sentido, que não cabe aqui resenhar.[1] Essas posições encontram fundamentação na jurisprudência da Suprema Corte dos Estados Unidos. Aquele tribunal colocou a publicidade comercial sob o abrigo da Primeira Emenda em razão do presumível interesse dos cidadãos em receber informações sobre preço, qualidade e disponibilidade de produtos e serviços.[2]

A corrente de pensamento oposta põe em primeiro plano a função persuasiva da publicidade, que compromete a sua aparente intenção informativa. A informação é neutra, ao contrário da publicidade. Nessa corrente, encontram-se críticos enérgicos da publicidade comercial. Palavras contundentes encontram-se em Niklas Luhmann, que descreveu a publicidade como a auto-organização da estupidez, porque o que ela busca é a manipulação. Sua intenção não é informar sobre os produtos que oferece, mas evadir a crítica da esfera cognitiva. Para isso, serve-se da estética, fazendo com que os motivos que determinam a decisão de compra permaneçam ocultos. Ao mesmo tempo,

---

[1] Apenas para exemplificar, Jónatas Machado sustenta que a publicidade comercial constitui uma liberdade comunicativa, sendo, além do mais, uma fonte de recursos importante para sustentar uma imprensa independente, de forma a garantir o direito à informação. MACHADO, Jónatas. *Liberdade de expressão.* Coimbra: Coimbra Editora, 2002, p. 456 e segs.

[2] Virginia Board of Pharmacy v. Virginia Citizens Consumer Council, 425 U.S. 748 (1976).

a publicidade insinua que se trata de uma decisão livre, convencendo o consumidor a querer o que realmente não teria querido.[3]

A técnica da persuasão desloca a ênfase da mensagem publicitária do produto para o consumidor. A utilidade do produto é substituída por uma satisfação que o consumidor não encontra na sua realidade imediata.[4]

O valor intrínseco do objeto é posto em segundo plano, e a satisfação substituta é prometida como uma profecia que realiza a si própria (*selffulfillling prophecy*), criando uma "evidência rodopiante", conforme Baudrilliard.[5] É o que se vê em *slogans* que, em si mesmos, não são verdadeiros nem falsos.

A publicidade toma emprestadas da retórica as técnicas de persuasão, segundo Maria Helena Rabelo Campos: as provas (sob a forma de demonstrações de uso do produto), o exemplo (sob a forma de anúncios testemunhais) e os entimemas, silogismos truncados, em que uma premissa fica oculta, mas pode ser deduzida pelo senso comum, transmitindo ao receptor da mensagem publicitária a sensação de uma descoberta.[6]

Os adultos podem ser capazes de perceber esses expedientes, e mesmo assim adotam os argumentos publicitários, conscientemente ou não, como justificativa para uma decisão de compra. Imagine-se, então, o efeito persuasivo da publicidade sobre crianças que ainda não desenvolveram juízo crítico. Não é para menos que se desenvolveu um novo conceito para pessoas cuja exposição é dimensionada em grau bem maior do que outras: os hipervulneráveis. Como afirmam Cláudia Lima Marques e Bruno Miragem: "(N)o caso da criança, a vulnerabilidade é um estado *a priori*, considerando que vulnerabilidade é justamente o estado daquele que pode ter um ponto fraco, uma

---

[3] Resumo e tradução livre dos seguintes trechos: "(...) *la publicidad funciona, y lo hace bajo la autoorganización de la estupidez (...). En la actualidad, la publicidad no pretende describir los objetos que se ofertan (...). Se hace propaganda, serviéndose de medios psicológicos muy complejos que calan hondo y que evaden la tendencia crítica de esfera cognitiva (...). Cada vez más la publicidad se basa en que no se conozcan los motivos de sus lisonjeados. Se sabe lo que es la publicidad, pero no cómo se dejan lisonjear los espectadores. Al espectador se le sugiere que ejerza su libertad de decisión, lo que quiere decir, que a partir de sí mismo quiera lo que él realmente no hubiera querido (...) la forma bella tiene la función de hacer que los motivos de los cortejados permanezcan desconocidos. La forma bella sobreinvade la información*". LUHMANN, Niklas. *La realidad de los medios de masas*. Tradução do alemão (*Die Realität des Massen medien*) para o espanhol de Javier Torres Nafarrate. Rubí (Barcelona): Anthropos Editorial; México: Universidad Iberoamericana, 2007, p. 66-68.

[4] MARCONDES FILHO, Ciro. *Quem manipula quem? Poder e massa na indústria da cultura e da comunicação no Brasil*. Petrópolis: Vozes, 1991, p. 145.

[5] BAUDRILLIARD, Jean. *A sociedade de consumo*. Tradução de Artur Mourão. Lisboa: Edições 70, 1991, p. 134, *passim*.

[6] CAMPOS, Maria Helena Rabelo. *O canto da sereia: uma análise do discurso publicitário*. Belo Horizonte: UFMG/PROED, 1987, p. 49 e segs.

ferida (*vulnus*), aquele que pode ser 'ferido' (*vulnerare*) ou é vítima facilmente".[7]

A exposição das crianças à publicidade é excessivamente precoce. Segundo dados revelados nos Estados Unidos, relativos ao já distante (tecnologicamente falando) ano de 2003, e que hoje são constatáveis ao nosso redor no Brasil, crianças com 1 ano de idade (ou menos) assistem a desenhos na TV e são bombardeadas pela publicidade de marcas que passam a povoar seu universo em desabrochamento. Como resultado, meninas entre 6 e 7 anos de idade, ainda segundo a mesma fonte, pintam as unhas e pedem roupas da moda, enquanto meninos de 8 anos tornam-se admiradores de anúncios de cerveja.[8]

Esses fatos e dados são conhecidos e reconhecidos na nossa realidade, o que leva a indústria, tanto a manufatureira quanto a publicitária, a diversificar seus recursos. Na medida em que o cerco aperta no mundo da publicidade convencional, aumenta o uso de recursos *under the radar*, tais como o *merchadising* em filmes e livros (o praticado na televisão já não é novidade), a inclusão de temas sonoros que identificam produtos em programações musicais (frequentemente com o pagamento a DJs), a inserção de anúncios em mídias digitais nos *shopping centers* e restaurantes, e a produção de programas com personagens baseados em produtos à venda ou o inverso. Os conceitos se misturam, esvanecendo-se a diferença entre publicidade e entretenimento.

No tipo de sociedade em que vivemos, com a informação e a tecnologia cada vez mais presentes na vida de todos, não há redoma que produza suficiente isolamento – e esse não é um objetivo válido. Na medida em que os objetos de consumo são "a parte visível da cultura",[9] o contato das crianças com a realidade cultural fica contaminado pela publicidade, a qual, por sua vez, é também um produto cultural, que reverbera utilitariamente, em proveito dos produtos que anuncia, signos que a criança vai identificando e decodificando no seu processo de socialização.

Não há dúvida de que os principais agentes de socialização das crianças são os seus pais (o que enseja a crítica liberal ao paternalismo estatal, frente a medidas protetivas) , cabendo a eles uma *responsabilidade natural, irrevogável e irrescindível*.[10] Porém, não só a eles. No Brasil,

---

[7] MARQUES, Cláudia Lima; MIRAGEM, Bruno. *O novo direito privado e a proteção dos vulneráveis.* São Paulo: Revista dos Tribunais, 2012.

[8] SCHOR, Juliet. *Nascidos para comprar.* Trad. do original *Born to buy* por Eloisa Helena de Souza Cabral. São Paulo: Gente, 2009, p. 13-14.

[9] (...) porque "ajudam a dar às ideias da cultura, que são por sua própria natureza intangíveis, uma certa concretude", segundo MCCRAKEN, Grant. *Cultura e consumo.* Trad. do original *Culture and consumption* por Fernanda Eugenio. Rio de Janeiro: MAUAD, 2003, p. 166.

[10] Conforme JONAS, Hans. *El principio de responsabilidad: ensayo de una ética para una civilización tecnológica.* Barcelona: Herder, 1995, p. 167.

a educação, direito de todos, é dever do Estado e da família, devendo ser promovida e incentivada com a colaboração da sociedade, nos termos do art. 205 da Constituição Federal. Complementarmente, compete à lei estabelecer os meios que garantam às pessoas e à família a possibilidade de se defenderem de programas ou programações de rádio e televisão que contrariem finalidades educativas (artigos 220, § 3º, II, e 221, I, da CF). Além do mais, em relação à criança, assim como quanto ao adolescente e ao jovem, compete à família, à sociedade e ao Estado, assegurar-lhes, *com absoluta prioridade*, a realização de vários direitos fundamentais, inclusive "colocá-los a salvo de toda forma de negligência, discriminação, exploração, violência, crueldade e opressão" (art. 227, *caput*, da CF).

Nesse contexto normativo, completado em nível infraconstitucional pelo Código de Defesa do Consumidor (que considera abusiva a publicidade que se aproveite da deficiência de julgamento e experiência da criança) e do Estatuto da Criança e do Adolescente (inspirado no princípio da proteção integral), não resta dúvida de que a ideia de proteção não é uma retórica antiempresarial, nem um paternalismo exacerbado, especialmente se levarmos conta a realidade sociocultural do país, que não permite que de todos os pais se cobre a responsabilidade que em princípio a eles competiria. As empresas, assim as manufatureiras como as da comunicação, fazem parte da vida comunitária nacional, cabendo a elas parcela da responsabilidade, como determina a Constituição.

A resposta empresarial costuma ser a autorregulamentação, proposta que no Brasil é assumida pelo CONAR – Conselho Nacional de Autorregulamentação Publicitária. A entidade possui um código de ética, cuja seção sobre crianças e jovens possui regras de inegável valor. O problema, porém, não é de conteúdo, mas de efetividade. O CONAR dificilmente age de ofício, omitindo-se na coibição dos abusos. Ademais, como se trata de uma entidade privada, as suas decisões dependem de cumprimento voluntário.

Restaria ao Estado fazer a sua parte, não só no aspecto legislativo, mas na coibição das condutas irregulares. Nesse ponto, deparamo-nos com a ineficiência dos órgãos oficiais, negligenciados na sua forma constitutiva e no seu modo de agir, contaminados por uma concepção administrativa cada dia mais degradada e corrompida.

Neste panorama nada animador, este livro pretende ser mais uma voz de advertência, na esperança de despertar consciências e, principalmente, mobilizar ações. Não se trata de uma obra definitiva, talvez apenas um primeiro brado desse grupo que colaborou para a sua realização. Todos temos consciência de que é incompleto, porque são muitos os ângulos dessa complexa questão interdisciplinar.

Apenas para citar, seria oportuno tratar de educação para o consumo, o que fica para uma eventual edição futura.

O livro desdobra-se em duas partes. Na primeira, um conjunto de textos trata das relações da publicidade com a saúde e o desenvolvimento infantil. Na segunda, o objeto comum é o tratamento jurídico da publicidade pelo prisma da liberdade.

Para abrir a primeira série, nada mais apropriado do que um artigo científico da área médica, escrito por um expoente da neurologia e diretor do Instituto do Cérebro da Pontifícia Universidade Católica do Rio Grande do Sul, o Dr. Jaderson Costa da Costa. Já de início, ele menciona um dado impressionante: em 2006, quarenta e quatro empresas gastaram 1,6 bilhão de dólares para promover alimentos e bebidas para crianças e adolescentes nos Estados Unidos. Essa cifra não apenas dá ideia da magnitude do mercado de que se está tratando, como também do poderio persuasivo dirigido ao público-alvo. É um investimento que se justifica. Como relata o autor, o pico de desenvolvimentos das sinapses excitatórias do cérebro ocorre ao redor dos cinco anos de idade, e a atividade excitatória predomina sobre a inibitória até concluir-se a adolescência. Estudos referidos no artigo demonstram que o cérebro pode ser moldado pelas experiências influenciadas pelo ambiente, daí o ameaçador potencial da publicidade dirigida às crianças. Os estudos demonstraram que a exposição a comerciais de alimentos aumentou a preferência das crianças para os produtos anunciados, e a idade não moderou este efeito, ou seja, a influência publicitária, uma vez estabelecida neurologicamente, persistiu mesmo na fase preferencialmente inibitória do desenvolvimento das sinapses cerebrais. Isso tem um impacto de grande negatividade sobre a saúde pública, pois os comportamentos alimentares adquiridos na infância tendem a se projetar para a vida adulta.

Essas constatações tornam-se particularmente problemáticas no Brasil, um dos países em que as crianças mais assistem à televisão no mundo, conforme relata Andréia Mendes dos Santos. Fazendo uma aproximação à nossa realidade, a autora cita pesquisa realizada em Porto Alegre, em 2007, com a participação de 424 famílias com crianças de idade inferior a doze anos. Ficou demonstrado que a publicidade captura as crianças, especialmente aquelas com idade entre três e seis anos, especialmente influenciadas pelos anúncios que relacionam alimentos a brindes, a figuras de super-heróis, a coleções e prêmios. A conclusão de Andréia é de que "propaganda engorda, porque transforma a comida em brincadeira".

Gracy Keim capta com muita propriedade a importância estratégia da criança no universo comunicacional das empresas. Faz notar a autora que dá sequência à primeira parte do livro que ora apresentamos, que o desejo de consumir despertado no público infantil mobiliza também o desejo de consumo e satisfação dos pais. Assim, para a empresa anunciante, a família é uma "entidade de consumo". Para a criança, a publicidade descortina um mundo fantástico, no qual os objetos apresentados pela vias comunicacionais diversas passam a ser objetos reais de interação, transformando-se no "outro". Por isso, explica Gracy Kleim, a infância é particularmente vulnerável, porque a linguagem publicitária faz a mediação entre o imaginário e o gozo imediato, sem a interdição de um adulto e portanto, para a criança, sem espaço para a frustração.

Maria Regina Fay de Azambuja, atuante Procuradora de Justiça em Porto Alegre, onde coordena o Centro de Apoio Operacional da Infância, Juventude, Educação, Família e Sucessões do Ministério Público do Estado do Rio Grande do Sul, chama a atenção para um problema social de graves consequências: o consumo precoce de álcool pelos jovens, incentivados especialmente pela publicidade indiscriminada de cerveja. Pesquisa realizada em 2012 revelou que os estudantes da capital gaúcha são os que mais consomem bebida alcoólica, com um percentual de 34,5% do universo pesquisado. A autora lidera o Fórum Permanente de Prevenção ao Uso e à Venda de Bebida Alcoólica por Crianças e Adolescentes, entidade que criou um grupo de trabalho para fiscalizar e oferecer proteção aos adolescentes em festas de formatura.

A segunda parte do livro é inaugurada com um artigo capital de Cláudia Lima Marques e Káren Rick Danilevicz Bertoncello, que descortina um amplo panorama internacional da regulação da publicidade infantil, incluindo os principais países europeus, os Estados Unidos e o Canadá. Com algumas variações, verifica-se a preocupação generalizada com a proteção da infância frente à publicidade comercial e a adoção de regras que comportam desde conceitos jurídicos indeterminados (como programação "decente", na Alemanha) até a proibição pura e simples (o Canadá proíbe a publicidade dirigida a crianças menores de treze anos, embora haja exceções). Refletindo sobre o direito brasileiro, o texto dá conta de iniciativas legislativas em tramitação no Congresso Nacional, que visam a tornar mais efetiva a proteção da infância, algumas de iniciativa da Professora Cláudia Lima Marques, que muito engrandece esta obra com a sua presença.

Segue-se o texto de Isabella Henriques, diretora do Instituto Alana, uma das mais ativas entidades do país em defesa da infância. Isabella situa o consumo (ou consumismo) como fenômeno decorrente do excesso de oferta, inerente ao sistema capitalista de produção. O excedente tem que ser vendido, daí a grande importância da publicidade. Nas estratégias de *marketing*, a criança transformou-se em alvo preferencial, porque é consumidora do presente, do futuro e ainda é poderosa promotora de vendas no âmbito da família. Todavia, a publicidade, assim como toda a comunicação mercadológica da empresa voltada ao público infantil, não deveria ser permitida, uma vez que as crianças não têm condições de analisar criticamente os apelos mercadológicos que recebem. Em verdade, afirma com razão Isabella, uma interpretação sistemática do princípio constitucional da proteção integral, do Estatuto da Criança e do Adolescente e do Código de Defesa do Consumidor leva à necessária conclusão de que essa vedação já existe. Perguntam-nos, então, por que não é cumprida?

À mesma conclusão de Isabella, de que já existe a necessária normatividade para a adequada proteção dos interesses da criança frente à publicidade, chega Ana Maria Blanco Montiel Alvarez, com quem tenho a alegria de compartilhar a organização desse livro. A conclusão de Ana Maria foi precedida por um desvelamento do óbvio. Ela nos faz ver o quão simples é raciocinar com clareza nessa matéria. Comecemos pela Constituição, que atribui aos pais, sim, mas também à comunidade, à sociedade em geral e ao poder público os deveres relativos ao desenvolvimento das crianças. As empresas que anunciam seus produtos no mercado exercem a sua atividade empresarial em um ambiente eticamente situado, pois agem no seio da comunidade e sob o pálio de regras juridicamente postas pelo Estado. Por conseguinte, não é admissível, do ponto de vista da ética empresarial, que uma empresa crie demanda e estimule o consumo por meio do uso irresponsável dos instrumentos que pode utilizar para esses fins. A empresa que contraria esse imperativo atenta contra a igualdade, porque dialoga, no caso da criança, com quem não tem condições de responder com a mesma autonomia. A liberdade econômica (seara do mercado), lembra Ana Maria, necessariamente pressupõe a igualdade (seara do direito).

Na sequência, Cibele Gralha Mateus e Renata Gralha Mateus perguntam até onde se pode avançar na proteção das crianças frente à liberdade de fazer publicidade. As autoras partem do pressuposto de que a publicidade é uma manifestação da liberdade de expressão ou do pensamento e consideram o princípio da proteção integral um direito materialmente fundamental. Lembram que desde a doutrina de Alexy a ideia de valor foi acrescentada à interpretação dos direitos fundamentais, devendo a liberdade de fazer publicidade respeitar os limites impostos pelo direito fundamental de proteção às crianças. Lembram ainda que esse vincula também os pais, na qualidade de particulares. Analisando a eficácia dos direitos fundamentais no direito privado, as autoras não reconhecem legitimidade ao Conselho

Nacional de Autorregulamentação Publicitária – CONAR – para disciplinar a publicidade comercial, porque a entidade vincula apenas os seus associados, que, em última análise, são interessados na liberdade da publicidade e simultaneamente chamados a respeitar e criar as diretrizes que eles próprios devem cumprir. Respondendo à pergunta que formularam, e convergindo com a conclusão de Isabella e de Ana Maria, Cibele e Renata afirmam que não se trata simplesmente de regulamentar a publicidade dirigida às crianças, mas, quiçá, de aboli-la, uma vez que o que nos falta não são leis, mas, sim, o seu cumprimento.

Renata Pozzi Kretzmann e Carina Zin Lemos, que redigem o artigo de fechamento desse livro, subscrevem a crítica ao modelo de autorregulamentação adotado no Brasil. Em seu texto, as autoras pontuam que a publicidade deve obediência à boa-fé, na medida em que são seus princípios a identificação e a veracidade. Nesse sentido, viola o princípio da identificação a mensagem publicitária que não se deixa perceber como tal pelo consumidor. Por outro lado, a função da publicidade deixou de ser informativa, na medida em que suas técnicas se voltam mais para a persuasão. No caso da publicidade dirigida às crianças, há dupla violação, porque elas não têm condições de identificar a publicidade como tal, ao mesmo tempo em que é inaceitável que uma mensagem publicitária as faça acreditar que somente através da compra de uma boneca é possível ser socialmente aceita em um grupo de amigas.

Finalmente, tenho gosto em registrar alguns agradecimentos importantes. O primeiro vai para quem me incentivou a realizar o Simpósio sobre Publicidade Dirigida às Crianças, Maria Regina Fay de Azambuja, minha caríssima colega de docência na Faculdade de Direito da PUCRS e ex-colega de Ministério Público, instituição na qual ela continua militando com destacado brilhantismo como Coordenadora do Centro de Apoio Operacional da Infância, Juventude, Educação, Família e Sucessões. O segundo agradecimento dirijo a quem me impulsionou a transformar o evento em livro e coordenou comigo este trabalho, Ana Maria Blanco Montiel Alvarez, entusiasta e competente professora e pesquisadora. Finalmente, agradeço aos integrantes do Grupo de Estudos em Direito do Consumidor, geralmente meus alunos e ex-alunos, incansáveis no seu apoio e permanentes no seu interesse pelo estudo e pesquisa das matérias relacionadas às relações de consumo.

Agradeço também aos leitores que trilharam estas linhas e desejo-lhes boa leitura.

Adalberto Pasqualotto

Parte I

PUBLICIDADE, SAÚDE E DESENVOLVIMENTO INFANTIL

— 1 —

A publicidade e o cérebro da criança

JADERSON COSTA DA COSTA[1]

Sumário: Introdução; 1. Etapas do desenvolvimento cerebral e capacidade da criança perceber e entender a publicidade; 2. A publicidade e a criança; 3. Qual a influência das técnicas de *marketing* persuasivo na escolha de produtos pelas crianças?; 4. Quais são os potenciais "efeitos colaterais" da publicidade para as crianças?; Referências.

Introdução

A capacidade da criança de entender o papel persuasivo da publicidade e o potencial impacto deste processo no cérebro humano é o objetivo dessa breve revisão. Trata-se de assunto relevante e atual. Para começarmos a entender o impacto da publicidade dirigida às crianças, o relatório da Comissão Federal de Comércio (*Federal Trade Commission*) dos EUA que por solicitação do Congresso realizou estudo sobre o *marketing* de alimentos e bebidas para crianças e adolescentes, aporta dados significativos que alertam para os riscos potenciais da publicidade dirigida aos jovens! Os resultados desse estudo correspondem à análise de dados de 2006 e inclui as despesas e atividades realizadas por 44 empresas. Foram incluídos na avaliação não só os meios de comunicação tradicionais, como a televisão, o rádio e impressos –, mas também as atividades na internet e outros meios de comunicação eletrônicos, bem como as formas anteriormente não medidas do *marketing* para os jovens, tais como embalagem, publicidade nas próprias lojas, eventos, patrocínios e promoções que acontecem nas escolas (Kovacic, Harbour, Leibowitz, & Rosch, 2008). Estas quarenta e quatro empresas gastaram em 2006 aproximadamente 1.618.600.000 dólares para promover alimentos e bebidas para crianças e adolescentes nos

---

[1] Mestre e Doutor em Ciências Biológicas (Fisiologia) e Mestre em Neurociências, pela Universidade Federal do Rio Grande do Sul (UFRGS), professor titular de neurologia da Faculdade de Medicina da Pontifícia Universidade Católica do Rio Grande do Sul (PUCRS), Diretor do Instituto do Cérebro do Rio Grande do Sul, médico neurologista.

EUA. Cerca de 870 milhões de dólares foram gastos em *marketing* de alimentos dirigido a crianças menores de 12 anos e um pouco mais de 1 bilhão de dólares em *marketing* para adolescentes. Cerca de 300 milhões de dólares desses gastos foram dirigidos a ambos os grupos etários, portanto, o gasto total é menor do que a soma das despesas separadas para os dois grupos etários (Kovacic *et al.*, 2008) (http:// www.ftc.gov/). O relatório da *Federal Trade Commission de 2007* estimou que em 2004 as crianças com idades entre 2 e 11 anos assistiram a cerca de 25.600 anúncios na televisão, incluindo anúncios pagos, promoções para outra programação, e anúncios de serviço público, correspondendo, aproximadamente a 10.700 minutos de propaganda na TV! Neste período, estimou-se que as crianças entre 2 e 11 anos em média foram expostas *a mais de 5.500 publicidades de alimentos por ano.* As principais categorias de publicidade de alimentos vistos por crianças incluem restaurantes e *fast food* (5,3 % do total da exposição); cereais (3,9%; cereais altamente açucaradas correspondem a 85% desta categoria); doces e sobremesas (3,5%); lanches (1,9%), bebidas açucaradas (1,7%), lácteos (1,4%) e refeições prontas (0,9%) (Holt, Ippolito, Desrochers, & Kelley, 2007).

O estudo de Powell e colaboradores concluiu que 97,8% e 89,4% dos produtos alimentares anunciados e vistos por crianças de 2 a 11 anos e adolescentes de 12 a 17 anos de idade, respectivamente, eram produtos com taxas elevadas de gordura, açúcar e/ou sódio (Powell, Szczypka, Chaloupka, & Braunschweig, 2007).

Alguns pesquisadores tem relacionado a publicidade de alimentos como uma das responsáveis pelo recente aumento da obesidade infantil (Harris, Pomeranz, Lobstein, & Brownell, 2009). Nesta linha, o *Food Marketing To Children Report Concurring Statement of Commissioner Leibowitz*, 2008, concluiu que: "A obesidade infantil nos Estados Unidos é agora um problema alarmante. A proporção de crianças com excesso de peso entre seis e onze anos de idade aumentou quase *cinco vezes* na última geração, passando de quatro por cento no início de 1970 para dezenove por cento em 2004. Um terço dos nossos jovens de dois a dezenove anos estão com sobrepeso ou em risco de se tornar assim. Crianças com sobrepeso e adolescentes são mais propensos a desenvolver doenças crônicas graves, como hipertensão arterial, colesterol elevado e diabetes tipo 2 – e são mais propensos a se tornarem obesos na idade adulta. As causas de obesidade infantil, é claro, são complexas. Uma grande parte do problema pode ter a ver com a mudança de estilos de vida, atividades mais sedentárias e menos exercícios. Nós todos compartilhamos alguma responsabilidade" (Leibowitz, 2008). Esta influência é tão evidente que alimentos idênticos mas diferenciando-se na presença ou não da marca McDonald's[T] foram apresentados a crianças entre 3 e 5 anos que indicaram maior preferência pelos alimentos e bebidas com a marca (Robinson, Borzekowski, Matheson, & Kraemer, 2007). Esta *avalanche* de informações está modificando a maneira de pensar e agir dos pequenos consumidores. O DVD *Consuming Kids* (http://www.mediaed.org/wp/study-guides) ou a *Comercialização da infância* expõe a preocupação com as táticas comerciais empregadas e com o futuro da infância: "com praticamente nenhuma supervisão do governo ou clamor público a multibilionária indústria de *marketing* dirigido à juventude tem usado os últimos avanços em psicologia, antropologia e neurociência para transformar crianças americanas em uma das demografia do consumidor mais poderosas e rentáveis do mundo. Crianças americanas, orientadas desde o nascimento, com discursos de vendas para tudo, de mercadoria de Hollywood e comida não saudável (*junk food*) ao *iPod*, telefones celulares, e o carro da família, agora influenciam cerca de 700 bilhões de dólares em gastos anuais dos consumidores. (...) críticos de mídia, e membros da indústria, tornaram publico as táticas 'disfarçadas' de *marketing* para a juventude e os efeitos do consumismo na vida imaginativa das crianças". A *Media Education Foundation* disponibiliza a *transcrição do DVD e os autores Barbaro e Earp elaboraram o Guia ao estudo do Consuming Kids*, onde estão colocadas questões e dados sobre o DVD.(*MEDIA EDUCATION FOUNDATION Consuming Kids. The Commercialization of Childhood (DVD Transcript)*, 2008) (Barbaro & Earp, 2008) Segundo Steinberg (*Kinderculture – the Corporate Construction of Childhood*) "a América Corporativa está ditando os interesses, as escolhas e os valores das nossas crianças; Disney e McDonald possuem maior poder para modelar a consciência e promover o currículo cultural que a escola primária. O *marketing* apela para as emoções das crianças e pais; as crianças não tem condições de resistir ao apelo da publicidade" (Steinberg, 2011).

1. Etapas do desenvolvimento cerebral e capacidade da criança perceber e entender a publicidade

Pesquisas de grande densidade científica no âmbito da neurobiologia demonstram que o desenvolvimento mais acentuado da estrutura cerebral (volume e maturação cerebral) e notadamente a formação de novas sinapses (sinaptogênese) ocorre nos primeiros anos de vida; consequentemente, este é um período sensível para o desenvolvimento das habilidades (J. Stiles, 2000) (Kazi, Demetriou, Spanoudis, Zhang, & Wang, 2012) ("The Science of Early Childhood Development.," 2007). O desenvolvimento das funções do córtex cerebral habilitará a criança aos processos perceptuais, interpretativos ou associativos, funções

PUBLICIDADE E PROTEÇÃO DA INFÂNCIA

executivas e escolhas racionais. Este processo, embora se instale durante todo o desenvolvimento, existem "janelas temporais" em que predomina uma ou outra etapa. Assim, o desenvolvimento cerebral pós-natal ocorre em "ondas" que correspondem a determinadas faixas etárias ("janela temporal"). Assim, na primeira "janela temporal" há o desenvolvimento preponderante das áreas sensório-motoras, seguido pelo maior desenvolvimento das áreas posteriores e temporais e concluindo com o processo maturativo das áreas anteriores do cérebro. É importante salientar que todas essas etapas são sensíveis aos estímulos do meio ambiente (Iso, Simoda, & Matsuyama, 2007) (Joan Stiles & Jernigan, 2010) (Greenough, Black, & Wallace, 1987). O desenvolvimento sensório-motor atinge o pico entre os 2 e 4 meses de idade, estendendo-se até o segundo ano de vida; segue-se o desenvolvimento do córtex associativo ou interpretativo (córtex posterior e temporal) com pico entre 6 e 8 meses e se estendendo até o 8º ano e finalmente o desenvolvimento do córtex pré-frontal (funções executivas) com pico entre o 1º e o 4º ano de vida, estendendo-se até os 14-16 anos de vida ("National Scientific Council on the Developing Child. The Timing and Quality of Early Experiences Combine to Shape Brain Architecture: Working Paper #5.," 2007)(Tierney & Nelson, 2009) (C. Nelson, Moulson, & Richmond, 2006) (Shonkoff & Phillips, 2000). O desenvolvimento cortical ocorre às custas da formação de sinapses, seleção das sinapses e conexões cerebrais. (Huttenlocher, 1984). O desenvolvimento das conexões cerebrais está associada à modificação dinâmica da espessura cortical. Há progressiva redução da espessura cortical às expensas do aumento da conectividade *i.e.* da substância branca abaixo do córtex cerebral (subcortical) (Gogtay *et al.*, 2004) estabelecendo-se os "caminhos" ou tratos cerebrais que permitem as relações entre as várias estruturas do cérebro(Dini *et al.*,2013). A atividade cerebral é modulada de modo simplificado por estímulos gerados internamente de natureza excitatória ou inibitória mediados por contatos (sinapses). O desenvolvimento das sinapses excitatórias e inibitórias ocorre em tempos diferentes, surgindo mais precocemente as sinapses excitatórias e, portanto, gerando um período de predomínio das atividades excitatórias e facilitando as escolhas por impulso. O pico de desenvolvimentos das sinapses excitatórias ocorre ao redor dos 5 anos de idade, sendo a atividade excitatória a predominante até a adolescência; as inibitórias, responsáveis pelo controle dos impulsos, desenvolvem-se mais tardiamente equilibrando-se com as excitatórias ao redor dos 16-17 anos de idade. Estudo avaliando o componente inibitório das funções executivas verificou que as crianças entre 8 e 10 anos sofrem maior interferência de estímulos externos, parecem mais guiadas por automatismos previamente estabelecidos e têm mais dificuldade em suprimir estímulos irrelevantes, tornando-as mais vulneráveis a erros e retardando as suas respostas. Conforme a idade aumenta, também ocorre aumento do controle inibitório, ocorrendo redução gradual da interferência até os 17 anos de idade (Leon-Carrion, García-Orza, & Pérez-Santamaría, 2004).

A influência do meio na estruturação do cérebro e na sua organização funcional é particularmente expressiva nos primeiros anos de vida devido ao elevado potencial de adaptação e modificação estrutural e funcional do cérebro decorrentes de sua plasticidade. A plasticidade ou neuroplasticidade é a capacidade do sistema nervoso de se modificar em resposta a flutuações da atividade neural (por estímulos internos e/ou externos), e está intimamente associada a alterações sinápticas e nas conexões neurais(Hallett, 2005)(Francis & Song, 2011)(Arnsten, Paspalas, Gamo, Yang, & Wang, 2010)(DeFIna *et al.*, 2009). O desenvolvimento de redes neurais depende da interação *gene* e *ambiente*. (Belsky & Pluess, 2009; Wermter *et al.*, 2010) A interação entre os estímulos internos, nossos genes e os estímulos externos (ambiente) (Milosavljevic, 2011) foi bem estudada experimentalmente, demonstrando-se a influência ambiental na formação sináptica e na organização cortical. Assim, animais que se desenvolvem em meio enriquecido apresentam maior densidade sináptica em determinadas áreas do cérebro quando comparados com os animais que se desenvolveram em meios não enriquecidos (Markham & Greenough, 2004)(Greenough *et al.*, 1987). A experiência desempenha papel importante na seleção e estabelecimento de sinapses ativas.(C. Nelson & Bloom, 1997) (Edelman, 1993)(Edelman, 1987)(Kelso, Ganong, & Brown, 1986)(Gallistel & Matzel, 2011). Quando um grupo neuronal é selecionado numa área mapeada, a exposição ao mesmo estímulo ou similar é provável que preferencialmente ative o grupo neuronal previamente selecionado e que se tornem, com o tempo, estáveis e menos susceptíveis a modificações (Edelman, 1987) (Edelman, 1993). As modificações sinápticas são rápidas, com modificações de forma e funcionalidade dos contatos entre os neurônios(Maletic-Savatic, Malinow, & Svoboda, 1999). O contraponto da neuroplasticidade é a vulnerabilidade. O cérebro das crianças tem maior plasticidade, mas também é mais vulnerável à exposição a agentes nocivos (Kaufman, Plotsky, Nemeroff, & Charney, 2000). A influência negativa do meio no desenvolvimento do cérebro humano foi suficientemente (e infelizmente) identificada em crianças (órfãos da Romênia) privadas de estímulos afetivo-familiares nos primeiros anos de vida. Para incrementar a produtividade econômica, o governo de Nicolae Ceauşescu estabeleceu um projeto para aumentar o "capital humano" da Romênia criando uma série de políticas para estimular a natalidade, impedindo a contracepção, o aborto e cobrando taxas (*celibacy tax*) de casais que tinham menos de cinco filhos. O Estado foi colocado como tendo maior competência para criar as crianças, e para isso foram construídos orfanatos para abrigar essas crianças que eram atendidas tecnicamente mas privadas do convívio familiar/afetivo. Quando os pesquisadores liderados por Charles Nelson avaliaram estas crianças, encontraram-nas com *deficit* do desenvolvimento e importante manifestações emocionais e comportamentais. (http://www.scientificamerican.com/article.cfm?id=tragedy-leads-study-severe-child-neglect) (C. a Nelson, Fox, & Zeanah, 2013). O metabolismo em diversas áreas do córtex cerebral nas crianças avaliadas estava significativamente reduzido (hipometabolismo) (Chugani *et al.*, 2001). Estas observações têm implicações importantes para a compreensão do papel que a experiência desempenha na formação do cérebro em desenvolvimento (Kaufman *et al.*, 2000; Moulson, Fox, Zeanah, & Nelson, 2009). Os estudos sobre a neuroplasticidade e a vulnerabilidade sugerem que o cérebro pode ser "moldado" pelo ambiente, pelas experiências positivas ou negativas (Dawson, Ashman, & Carver, 2000) (Kaufman *et al.*, 2000). Os dados de estudos em animais e observações com seres humanos indicam que a plasticidade desempenha um papel central no desenvolvimento normal dos sistemas neurais que permitem a adaptação e a resposta a estímulos exógenos e endógenos (J Stiles, 2000; Joan Stiles & Jernigan, 2010).

É de enorme responsabilidade o cuidado com a publicidade dirigida às crianças visto o potencial desse processo em influenciar o desenvolvimento do cérebro. Como exemplo, a exposição a comerciais de alimentos aumentou a preferência das crianças para os produtos anunciados, e a idade não moderou este efeito; tanto as crianças mais jovens como as mais velhas foram igualmente persuadidas pelos anúncios publicitários, sendo os meninos mais influenciados pelos comerciais do que as meninas (Chernin, 2008).

2. A publicidade e a criança

As crianças, principalmente as mais jovens, são mais impulsivas. "As crianças são esponjas: como elas vêem e escutam elas aprendem e digerem o que elas estão observando. Elas seguem os exemplos e elas criam suas próprias individualidades baseado numa mistura de fatos" (*Candy-Coated Marketing. Sheena Horgan*).

Quando as crianças conseguem diferenciar a publicidade do programa em andamento? As crianças entendem o papel persuasivo da publicidade?

Infelizmente, as pesquisas colidem com as dificuldades inerentes às limitações de verbalização das crianças na qual a pobreza de vocabulário dificulta a avaliação dos sentimentos e impactos afetivos nesta faixa etária. Além disso, os trabalhos publicados diferem por suas metodologias gerando, por vezes, resultados contraditórios. (*Advertising to Children on TV- Content, Impact and Regulation. Barrie Gunter, Caroline Oates, Mark Blade).* Embora relato da década de 80 afirme que as crianças entre 3 e 4 anos podem distinguir a publicidade do programa em andamento (programa de fundo) (Levin *et al*, 1982), se levarmos em conta a capacidade de diferenciar a realidade da fantasia, a teoria da mente e o processo de desenvolvimento da atenção que devem estar diretamente relacionados a esta função, é pouco provável que as crianças adquiram esta habilidade tão precocemente! Nesta direção, Rudeda e colaboradores estimam que a atenção atinge maior maturação entre os 6 e 8 anos de idade (Rueda *et al.*, 2004). Por outro lado, a capacidade de refletir e interpretar ocorre mais tardiamente. A neurociência demonstra que a capacidade de discernir racionalmente depende do desenvolvimento estrutural e funcional das funções pré-frontais envolvidas com as funções executivas (Uylings, 2006) (Fuster, 2000; Kane & Engle, 2002). A flexibilidade cognitiva, definição de metas e processamento de informações, experimenta um período crítico de desenvolvimento entre os 7 e 9 anos de idade, e estão relativamente organizados aos 12 anos de idade. Um período de transição ocorre no início da adolescência, e pouco tempo depois é provável que se estabeleça o "controle executivo" (Anderson, 2002). As crianças têm dificuldade de separar a realidade da fantasia como demonstra o estudo de Sharon e Woolley com o sugestivo título *Do monsters dream? Young children's understanding of the fantasy/reality distinction.* Os autores verificaram que pelos cinco anos de idade, embora a maioria das crianças tenham categorizados, corretamente todas as entidades reais como real e o "monstro" e o "superman" como de mentira/fantasia, a maioria também categorizou incorretamente como real o "coelhinho da Páscoa" e o "Papai Noel". (Sharon & Woolley, 2004). O teste das "bonecas Sally e Anne" desenvolvido por *Baron-Cohen* e colaboradores a partir da modificação do paradigma do jogo de *Wimmer e Perner* (1983) avalia a capacidade da criança em entender a "mente" do outro ou interpretar a mensagem implícita (teoria da mente). O teste é constituído por uma estória seguido de questionamento:

- Sally tem uma "cesta" e Anne tem uma "caixa".
- Sally coloca uma bola de gude em sua cesta e sai da cena.
- Enquanto Sally está fora, Anne retira a bola de gude da cesta de Sally e coloca na sua caixa.
- Sally retorna e se pergunta para a criança onde a Sally vai procurar a sua bola de gude.

- As crianças de 4 *anos* *(80%)* respondem corretamente, na cesta.
- A maioria das crianças de 3 anos respondem incorretamente, na caixa.
- Crianças com menos de 4 anos não avaliam que o seu próprio conhecimento do mundo/fato não é o mesmo conhecimento que a Sally tem/acredita.

É um teste da "falsa crença" porque as crianças que responderam adequadamente perceberam que a Sally tinha uma falsa crença, que não refletia a realidade. Quando a criança percebe isso ela começa a entender que as outras pessoas têm "mentes" que interpretam (nem sempre corretamente) o mundo ao redor; que diferentes pessoas podem ter diferentes interpretações.

Outra avaliação complementar que avalia a capacidade da criança em conhecer o informação "verdadeira" e a "falsa" utiliza o teste da *indução de falso-conhecimento*. Induzir um falso conhecimento é poder manipular como outra pessoa interpreta o mundo. Se dispomos de 2 caixas – a vermelha e a azul –, e a criança pode colocar a bolinha de gude numa das caixas sem a outra pessoa saber qual:

- Se uma pessoa está procurando pela bola de gude que está escondida na caixa vermelha, a criança poderia dizer que a bola de gude está escondida na caixa azul.
- Se a pessoa não tem outra fonte de informação e acredita na criança, então ela conseguiu com sucesso dar um falso-conhecimento para a outra pessoa.
- Isto implica dar uma informação enganosa para outra pessoa. Esta capacidade é adquirida a partir dos 4 anos e se consolida a partir dos 5 anos.

A avaliação do desenvolvimento da capacidade de "convencer", ou seja, de mudar de crença, deve ter relação com a capacidade de entender o papel "persuasivo" da propaganda. Bartsch e London (2000) solicitaram a crianças que as mesmas inventassem argumentos *para convencer seus pais* a comprarem um *pássaro* que eles muito queriam. O pai achava que o pássaro *sujava* muito, e a mãe, que fazia muito *ruído*. A argumentação deveria ser que o pássaro, na realidade, é *limpo* e *quieto*. As crianças de 4, 5 e 6 anos apresentaram dificuldade em argumentar, apesar de utilizarem várias estórias e diferentes cenários. *A partir dos 6 anos, a criança começa a desenvolver o contra-argumento.*

Concluindo, embora profissionais do *marketing* em publicações tais como *Marketing e Marketing Week* destaquem os trabalhos de pesquisadores que relatam que crianças tão jovens quanto 3 ou 4 anos (Donohue *et al.*, 1980) são capazes de entender que a publicidade tem papel persuasivo, *John (1999)*, analisando a literatura disponível sobre publicidade e crianças, conclui que é pouco provável que crianças com idade inferior a *7 ou 8 anos* possam entender a finalidade da publicidade (John, 1999). Os diferentes critérios utilizados podem responder pelas discrepâncias nos resultados obtidos. Gunter e McAleer (1997) recomendam que se inclua na avaliação da habilidade da criança para entender a publicidade, a sua capacidade em:

- Distinguir a publicidade separada do programa.
- Reconhecer o patrocinador como fonte da mensagem comercial.
- Perceber a ideia de uma audiência a quem se destina a mensagem comercial.
- Entender a *natureza simbólica* dos produtos, caráter e representação contextual nos comerciais.
- Discriminar por exemplo entre os produtos anunciados e os produtos experimentados.

Na Holanda, Rozendaal e colegas idealizaram estudo com o objetivo de investigar a compreensão das crianças em relação a seis táticas populares utilizadas pelos anunciantes para obter certos efeitos de publicidade, incluindo a repetição dos anúncios, a demonstração do produto, o apelo por pessoas mais conhecidas/populares, humor, o endosso de celebridades e prêmios. Em relação às táticas persuasivas de repetição de anúncios, ao apelo de pessoas populares e a prêmios, as crianças só atingiram nível de compreensão semelhante aos adultos a partir dos 10 anos (Rozendaal, Buijzen, & Valkenburg, 2011).

Outro elemento importante é a capacidade de "tomar decisões" que não dependa simplesmente de "impulsos" ou da "emoção". É importante salientar que a "inibição" que "freia" nossos impulsos é desenvolvida mais tardiamente e está associada ao desenvolvimento da região frontal (pré-frontal). Assim, o duelo *emoção/instinto vs razão/controle cognitivo* resulta na vantagem inicial da emoção/instinto que está relacionada ao desenvolvimento das áreas da emoção e da recompensa que se estruturam antes das regiões de autocontrole frontais. Sem o desenvolvimento dos *processos inibitórios*, a criança é mais impulsiva e com maior frequência realiza escolhas inadequadas, principalmente quando se utilizam sugestões apetitivas (*Somerville & Casey, 2010*). Na revisão de estudos utilizando a técnica de estimulação magnética transcraniana, Knoch e Fehr, no artigo *Resisting the Power of Temptations. The Right Prefrontal Cortex and Self-Control*, concluem quanto ao papel da inibição exercida pelo lobo pré-frontal (principalmente o direito) no controle dos nossos impulsos: "sem esta capacidade, nós seríamos escravos de nossos impulsos emocionais, tentações e desejos e, portanto, incapaz de se comportar socialmente de forma adequada"(Knoch & Fehr, 2007).

A Suécia baniu a publicidade para crianças com *menos de 12 anos,* considerando que as crianças menores têm dificuldades de entender as finalidades da publicidade *(Bjurström, 1994; Edling, 1998).*

3. Qual a influência das técnicas de *marketing* persuasivo na escolha de produtos pelas crianças?

Pesquisa realizada na Austrália identificou que as técnicas de *marketing* persuasivo são frequentemente utilizadas para fazer propaganda de alimentos não essenciais para as crianças, para promover o reconhecimento da marca pelas crianças e para estimular a preferência pelos produtos anunciados (Kelly, Hattersley, King, & Flood, 2008).

Os estudos das funções cerebrais com ressonância magnética funcional (fMRI) demonstram que nas crianças, durante visualização de imagens de alimentos, há ativação do córtex pré-frontal (Holsen *et al.,* 2005; Killgore *et al.,* 2005; Bruce et al, 2010; Davids *et al.,* 2010). Amanda Bruce e colaboradores avaliaram por fMRI como as crianças saudáveis respondem a logos de alimentos e a outros logos. Inicialmente, foi realizado um estudo piloto com 32 crianças saudáveis para selecionar os logos mais familiares e para parear logos de alimentos e outros quanto a valência e intensidade. O estudo foi realizado com 17 crianças saudáveis, com peso adequado, com idade entre 10-14 anos (11,8), sendo que 10 eram meninos. Durante o exame de fMRI foram apresentados logos de alimentos e de não alimentos, e as crianças escolheram entre os cinco desenhos de expressão facial (1 triste até 5 feliz) "quão triste ou feliz" a imagem o fazia sentir-se. Houve maior ativação de uma região do cérebro (cíngulo posterior) com logos de alimentos.

Novas variáveis entram em cena como as "novas gerações" e o desenvolvimento tecnológico associado a novas técnicas de publicidade. Têm sido objeto de estudo as novas tendências nas "escolhas" feitas pelas crianças e o papel das novas tecnologias disponíveis e da publicidade. O artigo de Nicholas Casey (*Kiddies' Wired Wish Lists. Forget Dolls, Toy Trains; The Younger Set Wants High-Tech Gadgets.* The Wall Street Journal Dec 19, 2007) sobre a "compressão etária", termo utilizado pela indústria de brinquedos e que descreve a tendência moderna das crianças em buscarem em um ritmo mais rápido que as gerações passadas, brinquedos mais complexos. As bonecas Barbie, por exemplo, já foram comercializados para meninas em torno de 8 anos de idade, mas nos últimos anos são mais populares entre as meninas com idade próxima dos 3 anos (http://online.wsj.com/news/articles/SB119803123397338477). As crianças estão buscando brinquedos e objetos das crianças maiores e de adultos (antecipação?). O acesso precoce às novas tecnologias também as tornam mais expostas à publicidade via internet e a todo um mundo da comunicação! É a geração multitarefa (Veen & Vrakking, 2009) chegando ao mercado consumidor! Nas últimas duas décadas, o acesso a internet deu um enorme salto! Segundo o *National Center for Education Statistics*, as escolas públicas nos EUA têm feito progressos consistentes na expansão do acesso à internet em salas de ensino, passando de 2 a 3% em 1994 para 77% em 2000 e 92% em 2002(Lewis & Greene, 2003). More, em seu artigo sobre *Food marketing goes online: A content analysis of Web sites for children,* analisou o conteúdo de *sites* de grandes anunciantes de alimentos no verão e no outono de 2005, evidenciando que a maioria das marcas de alimentos anunciados para crianças na televisão também são promovidos aos mesmos através de *sites* dos comerciantes de alimentos. Na internet, as crianças são expostas a uma série de *advergames,* promoções, mídia *tie-ins, marketing viral,* ofertas de adesão, e incentivos de compra. O autor adverte que as crianças com idade entre 2 e 11 anos, que são o alvo desses esforços *on-line,* ainda estão em processo de desenvolvimento das habilidades de processamento de informação necessários para avaliar a publicidade de forma eficaz (Moore, 2008). Segundo a *Henry J. Kaiser Family Foundation,* a vasta maioria (85%) das marcas líderes de alimentos que direcionam publicidade a crianças na TV também o fazem na internet, provendo conteúdo *online* de provável interesse a estas crianças; 68% têm *websites* especificamente criados para crianças ("It's Child's Play: Advergaming and the Online Marketing of Food to Children. Executive Summary.," 2006). O *marketing* viral ou publicidade viral refere-se a técnicas de *marketing* que usam os serviços de redes sociais preexistentes e outras tecnologias para estimular a percepção da marca ou vendas de produtos através de processos de autorreplicação. Estas técnicas constroem um ambiente de publicidade altamente sofisticado que influencia as preferências e comportamentos das crianças, como sinaliza Sandra L. Calvert (Calvert, 2008). O *marketing tie-ins* associa produtos, programas de filmes, televisão, ficando imprecisa a linha divisória entre os programas e a publicidade. Segundo o *Center for Science in the Public Interest* (CSPI), com o sugestivo título *Pestering Parents: How Food Companies Market Obesity to Children Center,* existem inúmeros exemplos de *tie-ins* em pacotes de produtos alimentícios como *tie-in* da Coca-Cola para os filmes de Harry Potter (Gregory, Levin, Linn, Mikkelsen, & Story, 2003).

A geração multitarefa "cresceu" mais rápido ("compressão etária"), estão mais conectados e são mais informados. Para Horgan (2012), a multitarefa facilita as interações! Esta propriedade é utilizada na publicidade: os jogos personalizados são um ótimo instrumento para *marketing* de seus produtos; os jogos realmente permitem uma divertida interação com a sua marca e mantêm a atenção por tempo maior que qualquer outro método de *marketing*; os jogos expõem os consumidores positivamente a sua marca e são um ótimo instrumento de geração de contatos qualificados, atraindo a autoidentificação e, portanto, fornecendo contatos para futuros esforços de *marketing* (Horgan, 2012). Os *"Advergames"* são jogos *online* nos quais os produtos da companhia ou marcas, a publicidade e os jogos estão juntos.

Os telefones celulares estão mudando o comportamento do consumidor e da empresa e hoje eles constituem o meio mais direto de comunicação, sendo utilizados em campanhas de promoção em que as crianças, no futuro, serão os maiores consumidores de novas tecnologias. Molina chama a atenção para o caso específico da Espanha, onde a legislação espanhola não estabelece claramente a qual política em relação às promoções destinadas às crianças e a autorregulação do setor de telefonia móvel é imperativo. Segundo esses autores, a Espanha já está entre os países desenvolvidos, em que uma em cada duas crianças tem um telefone celular (Molina, 2007).

4. Quais são os potenciais "efeitos colaterais" da publicidade para as crianças?

Há enorme interesse das companhias em direcionar a publicidade para as crianças e adolescentes. Devemos lembrar que esta população "consumidora" já movimenta 300 bilhões de dólares ao ano e é cobiçado alvo para as marcas e produtos (Lindstrom & Seybold, 2004) (Lindstrom, 2004). Por outro lado, a publicidade tem sido relacionada ao aumento do consumo de alimentos com alto conteúdo em gorduras e sódio, podendo estar relacionado com os maiores índices atuais de obesidade, hipertensão e *Diabetes mellitus* tipo II (Gunter, Oates, & Blades, 2005) (Powell *et al.*, 2007) (Harris *et al.*, 2009). Os potenciais "efeitos colaterais" não estão limitados à publicidade dos alimentos e bebidas. A publicidade influencia a autopercepção e a percepção de outros grupos sociais e inclui a:

- *estereotipização relacionada ao gênero:* homens e mulheres são apresentados em diferentes papéis ou associados primariamente com determinados tipos de produtos ou serviços (Gunter *et al.*, 2005);

- representações estereotipadas da *beleza física e atratividade* (Gunter & McAleer, 2005) (Richins, 1991);
- influência no reconhecimento e definição de sua *autoimagem* (adolescentes meninas parecem ser mais susceptíveis) (Borzekowski & Bayer, 2005).

Tornam-se necessárias medidas que estabeleçam os limites da publicidade dirigida às crianças. Harris e Graff, na tentativa de proteger as crianças do efeito lesivo da publicidade de alimentos (*Protecting children from harmful food marketing: options for local government to make a difference*), propõem maior presença do Governo. Segundo esses autores, "a epidemia da obesidade não pode ser revertida sem melhorias substanciais no ambiente de comercialização de alimentos que envolve crianças. A comercialização de alimentos direcionada para crianças promove quase exclusivamente, alimentos pobres em nutrientes calóricos e se aproveita da vulnerabilidade infantil para mensagens persuasivas. O aumento da evidência científica revela efeitos potencialmente profundas da comercialização de alimentos em comportamentos alimentares ao longo da vida e na saúde das crianças. Grande parte dessa comercialização ocorre nos meios de comunicação em todo o país (por exemplo, a televisão, a internet) , mas as empresas também visam diretamente as crianças em suas próprias comunidades através do uso de *outdoors* e através de ambientes locais, como lojas, restaurantes e escolas. Dado o efeito nocivo desse ambiente de *marketing* na saúde das crianças e a relutância da indústria para fazer as mudanças necessárias para as suas práticas de comercialização de alimentos, o governo em todos os níveis tem a obrigação de agir" (Harris & Graff, 2011). Duas notícias animadoras para o Brasil: (1) em 2012 a Assembleia de São Paulo aprovou dois projetos de lei que restringem a publicidade de alimentos a crianças e a venda de lanches com brinquedos (Folha de São Paulo, 21.12.2012), e (2) a Coca-Cola anunciou em maio de 2013 "o fim das campanhas direcionadas a crianças menores de 12 anos e o início de incentivos a programas que encorajem atividades físicas, como medidas de combate à obesidade" (Folha de São Paulo, 13.05.2013). Mas também é de extrema importância a *educação para o consumo* para que as crianças possam analisar e entender reflexivamente a mídia impressa e eletrônica. Nos EUA, a *National Association for Media Literacy Education – NAMLE* tem essa missão (http://namle.net/about-namle/). Na Europa, temos a *European Commission on media literacy* (http://ec.europa.eu/culture/media/media-literacy/). A mídia pode ser utilizada para publicidade positiva, virtuosa, incentivando o consumo de alimentos saudáveis. As próprias escolas podem estabelecer estratégias para motivar as crianças a fazer escolhas alimentares mais saudáveis, utilizando incentivos, promessas e competições como intervenções. Raju e Gilbride realizaram estudo em 55 escolas de ensino fundamental e médio, onde as crianças foram submetidas a três intervenções – incentivos, promessas/compromisso, e competições, todas as três intervenções aumentaram a escolha de frutas e vegetais em todas as crianças, embora com resposta mais acentuada entre as crianças mais jovens. Um segundo estudo, também com crianças em idade escolar, examinou o papel de lembretes sobre a adesão ao compromisso. A presença de um lembrete do compromisso, visível, resultou em resultados significativamente melhores (Raju, Rajagopal, & Gilbride, 2010). Recentemente, Elizabeth S. Moore, no seu artigo *Children and the Changing World of Advertising*, alerta que na raiz do debate sobre a publicidade infantil está a questão da vulnerabilidade das crianças e as preocupações com as crianças pequenas, incluindo desde a sua incapacidade de resistir aos apelos de consumo ao temor, que reconhecendo que elas não desenvolveram as habilidades de pensamento crítico podem aprender valores sociais indesejáveis, tal como o materialismo (Moore & Moore, 2013). Dentro desta preocupação e com base em pesquisa bibliográfica, foram identificados vários impactos da publicidade, incluindo: (1) compra desnecessária (2) alimentos com baixo valor nutritivo (3) violência e (4) materialismo (Jalees & Naz, 2008). Finalmente, devido a sua vulnerabilidade, as crianças merecem proteção legal e ética. Por outro lado, a política das empresas deve incluir a elaboração de códigos de conduta que contemplem essa faixa etária. Aos pesquisadores, sugere-se que as futuras pesquisas avaliem se essas medidas conferiram proteção à criança.

Referências

Anderson, P. (2002). Assessment and development of executive function (EF) during childhood. *Child neuropsychology : a journal on normal and abnormal development in childhood and adolescence, 8*, 71–82. doi:10.1076/chin.8.2.71.8724

Arnsten, A. F. T., Paspalas, C. D., Gamo, N. J., Yang, Y., & Wang, M. (2010). Dynamic Network Connectivity: A new form of neuroplasticity. *Trends in Cognitive Sciences.* doi:10.1016/j.tics.2010.05.003

Barbaro, A., & Earp, J. (2008). *Consuming Kids. The Commercialization of Childhood.* Study Guide.

Belsky, J., & Pluess, M. (2009). The Nature (and Nurture?) of Plasticity in Early Human Development. *Perspectives on Psychological Science.* doi:10.1111/j.1745-6924.2009.01136.x

Borzekowski, D. L. G., & Bayer, A. M. (2005). Body image and media use among adolescents. *Adolescent medicine clinics, 16*, 289–313. doi:10.1016/j.admecli.2005.02.010.

Calvert, S. L. (2008). Children as consumers: advertising and marketing. *The Future of children / Center for the Future of Children, the David and Lucile Packard Foundation, 18*(1), 205–234. doi:10.1353/foc.0.0001.

Chernin, A. (2008). The Effects of Food Marketing on Children's Preferences: Testing the Moderating Roles of Age and Gender. *The ANNALS of the American Academy of Political and Social Science*. doi:10.1177/0002716207308952.

Chugani, H. T., Behen, M. E., Muzik, O., Juhász, C., Nagy, F., & Chugani, D. C. (2001). Local brain functional activity following early deprivation: a study of postinstitutionalized Romanian orphans. *NeuroImage, 14*, 1290–1301. doi:10.1006/nimg.2001.0917

Dawson, G., Ashman, S. B., & .Carver, L. J. (2000). The role of early experience in shaping behavioral and brain development and its implications for social policy. *Development and psychopathology, 12*(4), 695–712.

DeFIna, P., Fellus, J., Polito, M. Z., Thompson, J. W. G., Moser, R. S., & DeLuca, J. (2009). The new neuroscience frontier: promoting neuroplasticity and brain repair in traumatic brain injury. *The Clinical neuropsychologist, 23*, 1391–1399. doi:10.1080/13854040903058978.

Dini, L. I., Vedolin, L. M., Bertholdo, D., Grando, R. D., Mazzola, A., Dini, S., Costa, J. C., Campero, A. (2013). Reproducibility of quantitative fiber tracking measurements in diffusion tensor imaging of frontal lobe tracts: A protocol based on the fiber dissection technique. *Surgical neurology international, 4*(1), 51. doi:10.4103/2152-7806.110508.

Edelman, G. (1987). *Neural Darwinism. The Theory of Neuronal Group Selection. Science (New York, N.Y.)* (Vol. 240, p. 371). New York: Basic Books. doi:10.1126/science.240.4860.1802.

Edelman, G. (1993). Neural Darwinism: Selection and reentrant signaling in higher brain function. *Neuron, 10*(2), 115–125.

Francis, J. T., & Song, W. (2011). Neuroplasticity of the Sensorimotor Cortex during Learning. *Neural Plasticity*. doi:10.1155/2011/310737.

Fuster, J. M. (2000). Executive frontal functions. *Experimental Brain Research*, 66–70.

Gallistel, C. R., & Matzel, L. D. (2011). The Neuroscience of Learning: Beyond the Hebbian Synapse. *Annual Review of Psychology*. doi:10.1146/annurev-psych-113011-143807.

Gogtay, N., Giedd, J. N., Lusk, L., Hayashi, K. M., Greenstein, D., Vaituzis, a C., ... Thompson, P. M. (2004). Dynamic mapping of human cortical development during childhood through early adulthood. *Proceedings of the National Academy of Sciences of the United States of America, 101*(21), 8174–9. doi:10.1073/pnas.0402680101.

Greenough, W. T., Black, J. E., & Wallace, C. S. (1987). Experience and brain development. *Child Dev, 58*(3), 539–559.

Gregory, S., Levin, D., Linn, S., Mikkelsen, L., & Story, M. (2003). Pestering Parents : How Food Companies Market Obesity to Children Center. *Center for Science in the Public Interest (CSPI)*. Retrieved from http://www.cspinet.org/new/200311101.html.

Gunter, B., & McAleer, J. (2005). *Children and Television [Kindle Edition]* (2nd. editi., p. 266). Routledge.

——, Oates, C., & Blades, M. (2005). Advertising to Children on TV: Content, Impact, and Regulation [Kindle Edition] (p. 195). Routledge.

Hallett, M. (2005). Neuroplasticity and rehabilitation. *Journal of rehabilitation research and development, 42*(4), xvii–xxii.

Harris, J. L., & Graff, S. K. (2011). Protecting children from harmful food marketing: options for local government to make a difference. *Preventing chronic disease, 8*, A92.

Harris, J. L., Pomeranz, J. L., Lobstein, T., & Brownell, K. D. (2009). A crisis in the marketplace: how food marketing contributes to childhood obesity and what can be done. *Annual review of public health*, *30*, 211–25. doi:10.1146/annurev.publhealth.031308.100304.

Holt, D. J., Ippolito, P., Desrochers, D., & Kelley, C. (2007). Children's Exposure to TV Advertising in 1977 and 2004 Information for the Obesity Debate Federal Trade Commission.

Horgan, S. (2012). *Candy-coated Marketing* [Kindle Edition] (p. 47). NuBooks.

Huttenlocher, P. R. (1984). Synapse elimination and plasticity in developing human cerebral cortex. *Am J Ment Defic*, *88*(5), 488–96.

Iso, H., Simoda, S., & Matsuyama, T. (2007). Environmental change during postnatal development alters behaviour, cognitions and neurogenesis of mice. *Behav Brain Res*, *179*(1), 90–98.

It's Child's Play: Advergaming and the Online Marketing of Food to Children. Executive Summary. (2006). *The Henry J. Kaiser Family Foundation*. doi:10.1037/e530172011-002.

Jalees, T., & Naz, A. (2008). *Should we allow our children to watch tv independently*: an empirical study on the impact of tv advertising on, *3*(4).

John, D. (1999). Consumer Socialization of Children : A Retrospective Look at Twenty-Five Years of Research. *Journal of Consumer Research*, *26*(3), 183–213.

Kane, M. J., & Engle, R. W. (2002). The role of prefrontal cortex in working-memory capacity, executive attention, and general fluid intelligence: an individual-differences perspective. *Psychonomic bulletin & review*, *9*(4), 637–71.

Kaufman, J., Plotsky, P. M., Nemeroff, C. B., & Charney, D. S. (2000). Effects of early adverse experiences on brain structure and function: clinical implications. *Biol Psychiatry*, *48*, 778–90. doi:S0006-3223(00)00998-7 [pii].

Kazi, S., Demetriou, A., Spanoudis, G., Zhang, X. K., & Wang, Y. (2012). Mind–culture interactions: How writing molds mental fluidity in early development. *Intelligence*, *40*(6), 622–637. doi:10.1016/j.intell.2012.07.001.

Kelly, B., Hattersley, L., King, L., & Flood, V. (2008). Persuasive food marketing to children: use of cartoons and competitions in Australian commercial television advertisements. *Health promotion international*, *23*, 337–344. doi:10.1093/heapro/dan023.

Kelso, S. R., Ganong, A. H., & Brown, T. H. (1986). Hebbian synapses in hippocampus. *Proceedings of the National Academy of Sciences of the United States of America*, *83*, 5326–5330. doi:10.1073/pnas.83.14.5326.

Knoch, D., & Fehr, E. (2007). Resisting the power of temptations: the right prefrontal cortex and self-control. *Annals of the New York Academy of Sciences*, *1104*, 123–34. doi:10.1196/annals.1390.004.

Kovacic, W., Harbour, P., Leibowitz, J., & Rosch, J. (2008). Marketing Food to Children and Adolescents. A Review of Industry Expenditures, Activities, and Self-Regulation. A Report to Congress. Federal Trade Commission.

Leibowitz, J. (2008). Marketing Food to Children and Adolescents: A Review of Industry Expenditures, Activities, and Self-Regulation. Concurring Statement of Commissioner Jon Leibowitz.

Leon-Carrion, J., García-Orza, J., & Pérez-Santamaría, F. J. (2004). Development of the inhibitory component of the executive functions in children and adolescents. *The International journal of neuroscience*, *114*(10), 1291–311. doi:10.1080/00207450490476066.

Lewis, L., & Greene, B. (2003). Internet Access in U . S . Public Schools and Classrooms : 1994 – 2002 Internet Access in U . S . Public Schools and Classrooms : 1994 – 2002. *U.S. Department of Education Institute of Education Sciences NCES 2004-011*. Retrieved from http://nces.ed.gov/pubsearch/pubsinfo.asp?pubid=2004011.

Lindstrom, M. (2004). Branding is no longer child's play! *Journal of Consumer Marketing*. doi:10.1108/07363760410534722.

——, & Seybold, P. (2004). BrandChild: Remarkable Insights into the Minds of Today's Global Kids and Their Relationship with Brands [Kindle Edition] (p. 320). Kogan Page.

Maletic-Savatic, M., Malinow, R., & Svoboda, K. (1999). Rapid dendritic morphogenesis in CA1 hippocampal dendrites induced by synaptic activity. *Science (New York, N.Y.)*, *283*, 1923–1927. doi:10.1126/science.283.5409.1923.

Markham, J., & Greenough, W. (2004). Experience-driven brain plasticity: beyond the synapse. *Neuron Glia Biology*, *1*(04), 351–363.

MEDIA EDUCATION FOUNDATION Consuming Kids. The Commercialization of Childhood (DVD Transcript). (2008) (p. 1–30).

Milosavljevic, A. (2011). Emerging patterns of epigenomic variation. *Trends in genetics : TIG*, *27*, 242–250. doi:10.1016/j.tig.2011.03.001.

Molina, M. D. M. (2007). Self-regulation of Mobile Marketing Aimed at Children : An Overview of the Spanish Case. *Journal of Theoretical and Applied Electronic Commerce Research*, *2*, 80–93.

Moore, E. S. (2008). Food marketing goes online: A content analysis of Web sites for children. In *Obesity in childhood and adolescence Vol 2 Understanding development and prevention* (p. 93–115).

——, & Moore, S. (2013). Advertising and the Changing World of, *52*(2), 161–167.

Moulson, M. C., Fox, N. A., Zeanah, C. H., & Nelson, C. A. (2009). Early adverse experiences and the neurobiology of facial emotion processing. *Developmental psychology*, *45*, 17–30. doi:10.1037/a0014035.

National Scientific Council on the Developing Child. The Timing and Quality of Early Experiences Combine to Shape Brain Architecture: Working Paper #5. (2007). Retrieved from http://www.developingchild.net.

Nelson, C. A, Fox, N. A, & Zeanah, C. H. (2013). Anguish of the abandoned child. *Scientific American*, *308*(4), 62–7.

——, & Bloom, F. (1997). Child Development and Neuroscience. *Child Development*, *68*(5), 970–987.

——, Moulson, M., & Richmond, J. (2006). How Does Neuroscience Inform the Study of Cognitive Development? *Human Development*, *49*(5), 260–272. doi:10.1159/000095579

Powell, L. M., Szczypka, G., Chaloupka, F. J., & Braunschweig, C. L. (2007). Nutritional content of television food advertisements seen by children and adolescents in the United States. *Pediatrics*, *120*(3), 576–83. doi:10.1542/peds.2006-3595

Raju, S., Rajagopal, P., & Gilbride, T. J. (2010). Marketing Healthful Eating to Children: The Effectiveness of Incentives, Pledges, and Competitions. *Journal of Marketing*. doi:10.1509/jmkg.74.3.93

Richins, M. (1991). Social Compasrison and the Idealized Images of Advertising. *Journal of Consumer Research*, *18*(1), 71 – 83.

Robinson, T. N., Borzekowski, D. L. G., Matheson, D. M., & Kraemer, H. C. (2007). Effects of fast food branding on young children's taste preferences. *Archives of pediatrics & adolescent medicine*, *161*(8), 792–7. doi:10.1001/archpedi.161.8.792.

Rozendaal, E., Buijzen, M., & Valkenburg, P. (2011). Children's understanding of advertisers' persuasive tactics. *International Journal of Advertising, 30*(2), 329. doi:10.2501/IJA-30-2-329-350.

Rueda, M. R., Fan, J., McCandliss, B. D., Halparin, J. D., Gruber, D. B., Lercari, L. P., & Posner, M. I. (2004). Development of attentional networks in childhood. *Neuropsychologia, 42*, 1029–1040. doi:10.1016/j.neuropsychologia.2003.12.012.

Sharon, T., & Woolley, J. D. (2004). Do monsters dream? Young children's understanding of the fantasy/reality distinction. *British Journal of Developmental Psychology, 22*(2), 293–310. doi:10.1348/026151004323044627.

Shonkoff, J., & Phillips, D. (Eds.). (2000). *From Neurons to Neighborhoods: The Science of Early Childhood Development* (p. 612). National Academies Academy, National.

Steinberg, S. R. (2011). Kinderculture: The Corporate Construction of Childhood [Kindle Edition] (3rd ed., p. 320). Westview Press.

Stiles, J. (2000). Neural plasticity and cognitive development. *Developmental neuropsychology, 18*(2), 237–72. doi:10.1207/S15326942DN1802_5.

Stiles, Joan, & Jernigan, T. L. (2010). The Basics of Brain Development. *Neuropsychology Review, 20*(4), 327–348. doi:10.1007/s11065-010-9148-4.

The Science of Early Childhood Development. (2007). *National Scientific Council on the Developing Child.* Retrieved from http://www.developingchild.net.

Tierney, A. L., & Nelson, C. a. (2009). Brain Development and the Role of Experience in the Early Years. *Zero to three, 30*(2), 9–13.

Uylings, H. B. M. (2006). Development of the Human Cortex and the Concept of "Critical" or "Sensitive" Periods. *Language Learning, 56*, 59–90. doi:10.1111/j.1467-9922.2006.00355.x.

Veen, W., & Vrakking, B. (2009). *Homo zappiens – educando na era digital* (p. 139). Porto Alegre RS: Artmed editora S.A.

Wermter, A.-K., Laucht, M., Schimmelmann, B. G., Banaschweski, T., Sonuga-Barke, E. J. S., Rietschel, M., & Becker, K. (2010). From nature versus nurture, via nature and nurture, to gene x environment interaction in mental disorders. *European child & adolescent psychiatry, 19*, 199–210. doi:10.1007/s00787-009-0082-z.

— 2 —

Uma relação que dá peso: propaganda de alimentos direcionada para crianças, uma questão de saúde, direitos e educação

ANDRÉIA MENDES DOS SANTOS[1]

Sumário: Introdução; 1. Direitos das crianças: saúde, educação e desenvolvimento; 2. A infância e a mídia; 3. Estímulo ao consumo: televisão que engorda; 4. Regulação de propagandas, uma polêmica necessidade; 5. Considerações finais; Referências.

Introdução

O tema central do texto focaliza as discussões sobre a influência das propagandas, especialmente as que anunciam alimentos, nos hábitos infantis e as consequências do estímulo ao consumo na infância. A mídia, principalmente a televisiva, vem investindo nesta faixa etária quando o objetivo é estimular o consumo; contudo, nesta fase, as crianças se encontram em desenvolvimento e não estão organizadas para lidar com as complexas relações de consumo.

Dessa forma, este texto não pretende eleger vilões, ao contrário, trata de uma interlocução entre as áreas da Saúde, do Direito e da Comunicação, a fim de garantir o crescimento e o desenvolvimento saudável das crianças.

As crianças brasileiras estão entre as que mais assistem televisão no mundo: em média de mais de 5 horas por dia, conforme levantamento do IBOPE em 2011 e, possivelmente, essa seja uma das razões para que estudos apontem que as propagandas têm investido no público infantil como um excelente mercado de consumidores. Vá-

---

[1] Psicóloga. Mestre e Doutora em Serviço Social. Bolsista CAPES – Programa Nacional de Pós-Doutorado (PNPD). Professora colaboradora do Programa de Pós-Graduação em Serviço Social da Pontifícia Universidade Católica do Rio Grande do Sul (PPGSS/PUCRS), Porto Alegre – RS, Brasil. Professora do Curso de Especialização em Direito de Família e Sucessões – Faculdade de Direito PUCRS. *E-mail*: andreia.mendes@pucrs.br

PUBLICIDADE E PROTEÇÃO DA INFÂNCIA

rias razões têm levado as crianças a ficarem períodos prolongados em frente à televisão, inclusive com o apoio dos familiares: ora passando o tempo, no intuito de distração, ora fugindo da violência das cidades. Neste cenário, os jovens estão mais expostos aos apelos ao consumo. Presenças constantes em frente à televisão, as crianças tornaram-se alvo preferido do *marketing*, uma vez comprovado que o consumo infantil fatura cerca de US$ 15 bilhões por ano; e o poder de persuasão das crianças nas compras dos adultos aproxima-se de US$ 600 bilhões (Linn, 2006; Santos; Grossi, 2005).

As propagandas de produtos alimentícios correspondem a aproximadamente 30% dos anúncios da rede de TV aberta e, ao focar-se no tipo de alimento oferecido, observa-se que na sua grande maioria apresentam produtos industrializados. Além disso, 57,8% apresentam produtos ricos em gordura, óleo, açúcar e doces; 21,2% são ofertas de pães, cereais, arroz e massas; 11,7%, leites queijos e iogurtes e outros; 9,3% são anúncios de carnes, ovos e leguminosas (Santos, 2009). Sendo assim, não é surpreendente se observar o crescimento dos casos de obesidade, doença que se encontra diretamente relacionada com qualidade da alimentação e que, em 95% dos casos, é desencadeada por ingestão calórica excessiva, ou má qualidade alimentar.

A obesidade é encontrada na Classificação Internacional de Doenças sob o código CID 10-E66. Essa doença atingiu o arquétipo de epidemia mundial, caracterizando-se como um grave problema de saúde pública. No Brasil, mais de 40% da população está com sobrepeso, inclusive as crianças, e entre estas o caso é ainda mais trágico: crianças obesas, se não forem tratadas, serão adolescentes e adultos obesos. O excesso de peso acarreta múltiplas e graves consequências para a saúde: a estimativa no país é de que as doenças decorrentes da obesidade provocam cerca de 80 mil mortes por ano. Entre os problemas de saúde mais comuns, consequentes da obesidade, estão: hipertensão arterial, arteriosclerose, insuficiência cardíaca; diabetes, gota, insuficiência respiratória, apneia do sono, embolismo pulmonar; infertilidade, carcinomas, hérnias, entre outros.

Sendo assim, além de contribuir para essas doenças, o obeso ainda enfrenta outras complicações sociais, como: discriminação, preconceito, estigmas, exclusão e isolamento social, o que o leva a buscar consolo na própria comida e retroalimentar o ciclo vicioso que caracteriza as doenças de dependência. Obesidade é doença.

No caso de crianças obesas, ainda é preciso considerar outras complicações que advêm com as peculiaridades da idade: a personalidade em formação, a elevada vulnerabilidade, o desconhecimento e a curiosidade, enfim vários são os fatores que contribuem para o agravamento do excesso de peso, e a influência das propagandas voltadas a esse público tem sido foco de debates. Em 2007, foi desenvolvida, em Porto Alegre/RS, uma pesquisa[2] voltada para a questão do peso, com a participação de 424 famílias de crianças com idade inferior a 12 anos. O estudo tinha a tese de que as propagandas influenciam na alimentação das crianças e concluiu que, para as famílias, as propagandas capturam as crianças, especialmente aquelas com idade entre 03-06 anos. Foi observado que nesta faixa etária as crianças solicitam os produtos anunciados nas propagandas principalmente porque os anúncios relacionaram tal alimento a brindes, a figuras de super-heróis, à ideia de coleções e prêmios. As crianças acreditam que se consumirem determinado produto ficarão iguais à representação da propaganda, e as famílias entendem que os produtos anunciados com os diferenciais: "livre de gordura *trans*", "faz bem à saúde" e "rico em ferro", etc. garantirão maior saúde às crianças.

1. Direitos das crianças: saúde, educação e desenvolvimento

A infância é historicamente foco de estudos e de atuação de diversas áreas como a Medicina, a Psicologia, o Direito, a Pedagogia, a Sociologia, o Jornalismo e o Serviço Social, entre tantas outras. Especificamente, o conceito de infância tem sofrido transformações, as quais o tornaram sujeito e também objeto, inseridos em um projeto de sujeito moderno. Segundo Charlot (1986), o conceito de infância surgiu como metáfora de uma investigação que os homens faziam sobre si mesmos e, por isso, imaginava-se que a criança deveria ser vista como dependente do adulto (Ariès, 1981).

No final do século XX ocorreram importantes transformações sobre a compreensão da infância e, consequentemente, na forma da sociedade se relacionar com essas pequenas pessoas, ordenando-lhes prioridades e garantindo-lhes direitos. O modo como se compreende a infância hoje nasceu junto a um novo conceito de homem, caracterizado por Bujes (2002) como um sujeito autônomo, empreendedor e competitivo.

Em 1959, na primeira Declaração dos Direitos da Criança adotada pela ONU, era previsto à criança o direito à alimentação, recreação e assistência médica adequada. A partir de então, as discussões em torno da infância foram se expandindo, até que, em 1989, o Brasil assinou a Convenção Internacional dos Direitos da Criança, documen-

---

[2] SANTOS, A. M. *Sociedade de consumo*: criança e propaganda, uma relação que dá peso. 2007. Tese (Doutorado em Serviço Social) Faculdade de Serviço Social, Pontifícia Universidade Católica do Rio Grande do Sul, 2007.

to que serviu de base para a Lei n° 8.069[3] – Estatuto da Criança e do Adolescente (ECA) –, cujo objetivo capital era a garantia os direitos da criança em todas as etapas de seu desenvolvimento. A partir do ECA, a criança passou a ser vista como sujeito de direitos, com especial atenção a sua condição peculiar de sujeito em desenvolvimento. Na América Latina, o Brasil foi o primeiro país a promover e proteger os direitos da criança e do adolescente e, de maneira especial, reafirmando a responsabilidade da família em relação a estes.

De acordo com a legislação brasileira, para que o desenvolvimento da criança seja pleno, é exigido que sejam satisfeitas necessidades essenciais à sobrevivência e, entre estas, encontra-se a alimentação, pois a falta de alimento pode levar o sujeito à morte (por inanição). Por esta razão, a alimentação é permanentemente presente na vida; porém, a forma de o homem relacionar-se com a comida tem sofrido inúmeras transformações ao longo dos anos, entendidas como, entre outras, reflexos das alterações nas sociedades e no modo de vida dos sujeitos.

O crescimento infantil depende de uma alimentação correta (Duarte, 2001), que deve satisfazer, de modo mais completo e equilibrado possível, as necessidades nutricionais do organismo. Vários países, entre eles o Brasil, adotaram o esquema da pirâmide alimentar, onde os alimentos são agrupados segundo suas características e é indicado o consumo diário adequado de alimentos necessários ao organismo. A ordem é consumir estes alimentos na linha decrescente, ou seja: devem-se consumir em maior quantidade os alimentos presentes na base da pirâmide e limitar a ingestão daqueles que se encontram no topo. Esses alimentos, se consumidos a menos ou a mais, podem comprometer a saúde da criança. Sendo assim, o acesso à alimentação adequada deve ser uma questão prioritária de saúde no país. Para elucidar o esquema adotado no Brasil, para uma alimentação adequada, apresenta-se o modelo de pirâmide alimentar utilizado:

Pirâmide de Alimentos

Fonte: www.forumbtt.net

---

[3] O ECA – Estatuto da Criança e do Adolescente – foi sancionado no dia 13 de julho de 1990, pelo Presidente Fernando Collor de Melo.

Por outro lado, a questão da alimentação é para além da questão de saúde. A discussão também deve ser ampliada na direção do reconhecimento da carência de conhecimentos em relação à alimentação e do próprio conceito de saúde. Trata-se, então, de uma questão que abarca educação, direitos e de políticas públicas que garantam o enfrentamento desta emergente questão social, ou seja, no Brasil não se trata somente da necessidade de subsidiar alimentos, a população precisa aprender a comer.

2. A infância e a mídia

Diversos fatores têm corroborado para que as características típicas da infância venham sofrendo transformações cada vez mais abstrusas, na medida em que aumenta a complexidade da sociedade e dos avanços tecnológicos. As crianças hoje iniciam uma ampla interação social mais cedo e possuem um ritmo de vida muito mais veloz que o de antigamente; as agendas costumam ser cheias e cronometradas por tarefas diárias. Quando se encontram em casa, a diversão das crianças é a televisão, o computador, as gerações de videogames. A televisão é carinhosamente apelidada de "babá-eletrônica", visto ter se tornado companheira para a criança. Porém, apesar de os pais muitas vezes concordarem, sugerirem ou até precisarem que os filhos que se distraiam em frente aos aparelhos eletrônicos, isso não significa simplesmente responsabilizar as famílias pelo fato de as crianças ficarem períodos prolongados em frente à televisão (Linn, 2006). As crianças, capturadas pela programação, fazem a escolha de permanecer em frente à tela e brincam menos. Sim, as crianças de hoje brincam menos. A onipresença sofisticada das telas das diferentes mídias é um desastre para as brincadeiras criativas das crianças.

O prejuízo é que brincar é a base da criatividade, da aprendizagem e da resolução de problemas lógicos. O brinquedo supõe uma relação íntima da criança e a ausência de um sistema de regras que organizam sua utilização (Kishimoto, 1994). O brinquedo tem a função de traduzir o real para a realidade infantil, suavizando os impactos provocados pelo tamanho e pela força dos adultos e diminuindo o sentimento de impotência da criança. Brincando, a inteligência e a sensibilidade da criança estão sendo desenvolvidas. O brinquedo e as brincadeiras não são um mero passatempo, eles ajudam no desenvolvimento das crianças, promovendo processos de socialização e descoberta do mundo (Maluf, 2003).

Para Sandra Jovchelovitch, da *London School Economics*, as propagandas vêm modificando a função dos brinquedos. O excesso de ofertas tem despertado o desejo permanente por novos produtos, e esta compulsão tem reflexos na estrutura da personalidade das crianças: os brinquedos são importantes formas de apego e são elementos especiais para o exercício de vínculo afetivo (apego), a natural descartabilidade dos objetos para a imediata aquisição de novas ofertas também, provavelmente, irá se refletir na vulnerabilidade dos laços afetivos, impedindo o desenvolvimento de relações mais aprofundadas (Jovchelovitch, 2005).

A televisão influencia a saúde física e mental, a educação, a criatividade e os valores daqueles que se encontram na frente da tela, pois eles ficam expostos a cerca de 40 mil propagandas em um ano. Afora o sedentarismo, outra questão é a influência da televisão na educação das crianças. Embora apresente programas criativos e didáticos, a televisão também é responsável pela propagação de conteúdos negativos, como a violência e o incentivo ao consumo (Linn, 2006). A mídia, como qualquer outra instituição de socialização, não pode ser analisada de maneira isolada; suas consequências para o desenvolvimento de crianças e adolescentes é resultado da ação estabelecida em conjunto com todo o amplo contexto social no qual está inserida. O *marketing* para as crianças enfraquece os valores democráticos ao encorajar a passividade, o conformismo e o egoísmo e enaltece, em grande escala, os valores materiais.

Muitas vezes, o consumo está ligado a emoções, mas não propriamente a uma necessidade. Quando associado às emoções, o consumo tende a deixar um vazio sentimental, uma sensação de insatisfação. Linn (2006, p. 29) destaca que "as propagandas têm o poder de influenciar, inclusive, valores essenciais, como escolhas de vida, definição de felicidade e de como medir o seu próprio valor". Alguns estudiosos incriminam a mídia, como Lipovetsky (2004), que faz uma constante discussão sobre o possível papel alienador e de instrumento de manipulação da sociedade; para outros, sobressai-se o fator de liberação, pois permite o questionamento dos grandes discursos ideológicos, hoje, globalizados.

Certamente, a televisão e a mídia representam um papel antagônico, ora como facilitadores da prática alienadora, mas, também com potencial educacional extraordinário, que pode, através de ações específicas, voltar-se para outras demandas da população, como a questão do acesso à educação e a valorização da qualidade de vida (Santos; Grossi, 2005).

Segundo Baudrillard (2005), vivemos uma época de supervalorização excessiva do consumo, principalmente fruto da fartura de ofertas, oriundas do mundo globalizado, resultando numa abundância de produtos. Apoiados neste pensamento, apesar da atual fluidez dos laços humanos (Bauman), ou consequência do espetáculo, discutido por Debord, ou, ainda, fruto das metamorfoses pós-modernas (Lipovetsky), o que temos é uma sociedade disponível e disposta ao consumo, que utiliza recursos para vender.

Nesse sentido, a mídia e outros meios globalizados, como a Internet, vêm ocupando um lugar para além de comunicadores (Lipovetsky, 2004). Para este autor, a mídia busca alcançar indivíduos diferentes, porém isso não ocorre sem um processo de padronização, de massificação dos modos de vida, dos gostos, etc. As imagens publicitárias, as fotos da moda e a imprensa feminina exemplificam bem essa "penetração da mídia até no mais íntimo, especialmente em que diz respeito à aparência do corpo". Alguns, em função disso, falam de uma "tirania da beleza exercida pelos meios de comunicação contemporâneos" (Lipovetsky, 2004, p. 69). É impossível não reconhecer o papel da mídia nessa dinâmica de normatização obsessiva da aparência. O poder da mídia coincide com uma capacidade de imposição de modelos que, por não serem obrigatórios, não deixam de ter menos eficácia. O que se percebe é que, aqueles que não correspondem ao padrão vigente sofrem.

Os significados que os objetos adquirem, a partir dos anúncios publicitários, onde, normalmente dois objetos se relacionam – por exemplo, beleza e vestuário – desencadeia nos objetos um processo de significados, na medida em que um objeto significa ao outro uma forma de dependência (Baudrillard, 2005). Assim, forma-se uma cadeia de consumo: a sociedade valoriza a beleza, esta se encontra associada com corpo magro, "sarado" pela ginástica, pela alimentação equilibrada, fortemente relacionada com produtos *light* e *diet* (que possuem preços de venda diferenciados), pelas cirurgias plásticas e, entre outros, roupas e acessórios atuais.

O brasileiro tem se revelado um excelente consumidor em vários setores, porém as despesas com alimentação são bastante representativas. Dados da Pesquisa de Orçamentos Familiares, do Instituto Brasileiro de Geografia e Estatística (IBGE, 2009), apontam que o brasileiro gasta em média mais de 20% de seu orçamento com alimentação, o que indica que este setor exerce um papel importante nas atividades econômicas do país.

3. Estímulo ao consumo: televisão que engorda

Uma pesquisa realizada por Hitchings e Moynihan (1998) sugeriu que as solicitações de compras de produtos alimentícios das crianças aos pais estão relacionadas aos comerciais que elas conseguem recordar, mostrando que são vulneráveis a estas propagandas; e, no caso das crianças com problemas de peso, tendem ainda mais em recordar esses comerciais, se comparadas às crianças com peso normal. As propagandas têm desempenhado influência negativa na alimentação das crianças. A alimentação da população brasileira vem se alterando nas últimas décadas, e um dos fatores que contribui para essa mudança é a publicidade. Cerca de 30% das propagandas são voltadas para produtos de alimentação e, destes, mais de 90% apresentam produtos industrializados (Santos, 2009), ou seja, promovem alimentos que se consumidos em excesso provocam restrições à saúde, uma vez que são pouco recomendados em termos nutricionais.

Estudos têm apontado estratégias adotadas para potencializar as vendas voltadas ao público infantil. No caso dos produtos alimentícios, as embalagens, as cores e a imagem de alguns personagens de grande sucesso como o Mickey® ou princesas, por exemplo, são motivações para a escolha e o consumo de determinado produto. A principal justificativa para o sucesso das vendas recai na associação do mundo de fantasias, próprio da infância com determinadas qualidades: coragem, força, ousadia, energia, poder e *status*. As crianças acreditam que consumindo tal produto ficarão parecidas com tal personagem.

> A observação de que a maior parte dos produtos destinados às crianças estampa personagens da indústria do entretenimento, sejam produtos de higiene, como pastas-de-dentes ou xampus, sejam peças do vestuário, seja o material escolar, faz com que tenhamos de discutir o papel destas figuras na construção de uma infância voltada para o consumo de imagens. (GOMES, 2001, p.193)

Linn (2006) esquematizou as quatro estratégias do *marketing*, direcionado para crianças, que mais funcionam na sociedade ocidental:

1. Condicionamento, que se refere ao ato da imitação e repetição;
2. Amolação, quando, de tanto pedir e insistir, se instala um *stress* familiar, do qual a mídia tira proveito;
3. Diversão, uma vez que comprar virou brincadeira; chamado pela autora de "comertimento";
4. Voltado aos pais: atender às necessidades destes de oferecerem aos filhos qualidade e bem-estar.

Associar o consumo ao divertimento é uma estratégia certa de vendas. Há muito se observa a associação dos produtos com brindes, e a novidade no momento é a agregação dos produtos com jogos interativos *online* nos *sites* das indústrias, voltados ao entretenimento da garotada. Diferente das necessidades de compras dos filhos, aos pais incide a decisão de compra a satisfação de proporcionar aos filhos saúde (Santos, 2009). Para também atendê-los, observa-se, nas prateleiras de supermercado, o crescimento de produtos acompanhados das afirmativas: "rico em ferro", "favorece o crescimento", e, por último, a moda do "livre em gorduras *trans* ", além das já tradicionais palavras fortes, como rico em ferro, proteínas, fonte de zinco e ferro, etc.

> Alguns *sites* comerciais são como grandes comunidades que combinam todos os tipos de conteúdo dirigidos à criança. Por exemplo, *Disney.com* (http://disney.com) oferece uma variedade de atividades para crianças e também funciona como uma enorme ferramenta de *marketing*. (...) Estes grandes sites comerciais são como comunidades em si, com suas próprias lojas e mídias. Exemplos de outras empresas multinacionais com sites para crianças são a Kelloggs, Colgate e Nabisco. Estes *websites* parecem as comunidades de crianças ou *playgrounds online* encontrados em outras partes da Rede. O interesse subjacente é diferente, porque as empresas têm um interesse econômico em expor seus produtos às crianças. (SUNDIN apud CARLSSON; FEILITZEN, 2002, p.410)

Hoje as crianças são os maiores potenciais do mercado, são consumidores de todos os tipos de produtos que se ofertar inclusive na escolha do carro dos pais, por exemplo. As crianças estão no mercado primário, porque gastam o seu próprio dinheiro, no mercado de influências porque vem orientando os pais na forma de consumir o capital familiar, e constituem-se nos consumidores do futuro (McNeal, 2000).

Cabe ressaltar que é inerente à sociedade capitalista a incitação ao consumo e é essencial para este processo a concorrência e a utilização de estratégias de vendas – como as propagandas, embalagens atraentes, etc. As propagandas fazem parte da cultura de um povo, refletindo a ideologia daquela comunidade. Fazer propaganda significa difundir ideias, crenças, princípios e doutrinas; são consideradas como uma excelente técnica de comunicação destinada a divulgar as qualidades específicas e diferenciadas de determinado produto (Martins, 1992).

> O objetivo de toda produção é o consumo, com os indivíduos maximizando suas satisfações mediante a aquisição de um elenco de mercadorias em constante expansão, esse desenvolvimento produz maiores oportunidades de consumo manipulado e controlado. Afirma-se que a expansão da produção capitalista, especialmente depois do impulso recebido da gerência científica e do "fordismo", necessitou da construção de novos mercados e da "educação" de novos públicos consumidores, por meio da publicidade e da mídia (Featherstone, 1995, p. 32).

A variedade de produtos a serem ofertados são frutos do processo de globalização e cabem às propagandas o convencimento do telespectador pela melhor opção. Entra nesta seara, além dos fatores já descritos, no caso de produtos de alimentação, a capacidade da satisfação do consumidor no que se refere ao paladar e à praticidade. Para tanto, os produtos industrializados, como bolachas, refrigerantes, etc.; os produtos práticos (como os congelados, pré-prontos, enlatados, etc.) são ótimas opções para a busca da praticidade, de economia de tempo e de bom paladar – típico de alimentos que utilizam gorduras *trans* que acentuam o sabor e interferem na saúde. Sendo assim, cabe afirmar: as propagandas influenciam não só nas escolhas infantis, mas na qualidade alimentar da família inteira.

Diante de um leque enorme de produtos similares, todo diferencial pode significar um fator decisivo para a eleição da mercadoria. As agências de publicidade apostam principalmente nas embalagens para despertar a atenção, pois estas devem ter o potencial de ser "vendedores mudos". Estudos apontam que o *design* das embalagens possui mensagens visuais diretas, que transmitem significados decisivos para a aceitação do produto através da captação de fatores cognitivos e motivacionais do consumidor, que foram despertados pela imagem anunciada (Bauer; Gaskell, 2005). Pesquisas especulam que a coloração é um dos atributos de maior impacto; apontam que os jogos de cores, de estímulos proporcionados pela embalagem repercutem no sucesso do produto (Mestriner, 2002). Segundo Farina (2000) e outros pesquisadores, em geral as cores quentes, como o vermelho e o amarelo, são aplicadas preferencialmente em embalagens de alimentos, bebidas e na rede *Fast Food* uma vez que estimulam o sistema nervoso central, abrindo o apetite, instigando uma sensação de bem-estar e alegria, além de se destacarem visualmente e serem mais facilmente identificadas enquanto que as cores frias, como o azul, a prata e os tons pastéis são frequentemente usadas em alimentos *light*, pois provocam uma sensação de leveza, de equilíbrio, frescor e diminuição do apetite.

Para Santos (2009), as crianças têm preferências, mas o paladar não se configura como quesito básico para o consumo, pois o prazer de consumir aquele alimento não se encontra vinculado a uma necessidade de fome. Consumir determinado produto tem sido caracterizado como elemento de inclusão para as crianças. Este fenômeno não é novo; entre os adolescentes, o uso de determinadas marcas de roupas, acessórios, etc. sempre figura como representantes do pertencimento ao grupo. O fato do deslocamento do esforço da inclusão, que por consequência demonstra a sensação de exclusão, ainda durante a infância, alerta para a prematuridade da tendência ao sofrimento emocional e a depressão na sociedade dos jovens que, tempos atrás, estariam brincando pelas ruas e correndo livremente. A comida (a partir do que é anunciado nas propagandas) ganha um novo sentido:

o de engordar o vazio interno da frustração; já os produtos passaram a significar o ter, o ser e o poder.

A pesquisa realizada em Porto Alegre (2007) apontou que diante dos apelos explicitados pelas propagandas, as famílias têm feito uma opção: algumas vão ao supermercado desacompanhas dos filhos, acreditando assim exercer algum controle sobre o descontrole alimentar; outras sucumbem às solicitações, pois acreditam tratar-se de um consumo necessário, visto referir-se à alimentação. Propaganda engorda porque transforma a comida em brincadeira.

4. Regulação de propagandas, uma polêmica necessidade

Historicamente o Brasil luta contra a fome e é impossível não reconhecer a desumana condição de vida de milhares de pessoas no país, num quadro de miséria absoluta, não tendo do que se alimentar; mas, por outro lado, parte da população soma-se ao quadro de desnutrição, motivada essencialmente por desconhecimento e outros condicionantes, como a falta de qualidade na alimentação, desequilíbrio alimentar ou excesso de ingesta. Desde 1991, a Organização Mundial da Saúde – OMS – considera a obesidade uma forma de desnutrição, mas é necessário que se compreenda que se trata de uma situação decorrente de má alimentação.[4]

Entende-se que a questão da epidemia da obesidade traz à tona uma realidade que assola os brasileiros: a de não saber comer. Por essa, entre outras razões, o Governo brasileiro, desde 1986, tem investido mais atenção à questão alimentar.

A partir da Constituição de 1988, a saúde brasileira passou a ser regida pelo SUS – Sistema Único de Saúde –, que possui, em sua proposta, um modelo de saúde voltado para as necessidades da população, procurando resgatar o compromisso do Estado com o bem-estar social, especialmente a saúde coletiva, integrando-o como um dos direitos de cidadania (Polignano, 2005). A atenção à alimentação é pre-

---

[4] A má alimentação necessita ser avaliada sob três perspectivas distintas: da fome, da desnutrição e da pobreza. Um indivíduo poderá ser pobre sem ser afetado pelo problema da fome, bastando que sua condição de pobreza se expresse por carências básicas outras que não a alimentação. A situação inversa, ocorrência da fome na ausência da condição de pobreza, ocorre apenas excepcionalmente por ocasião de catástrofes naturais. Fome e desnutrição tampouco se equivalem (Monteiro, 2003, p. 4). A pobreza é, segundo Abranches, Coimbra e Santos (1998), a desproteção. E, neste sentido, a política brasileira de combate à pobreza é específica, combinando ações sociais compensatórias, aspectos das políticas sociais permanentes e elementos de políticas setoriais. Porém, os desdobramentos reais da política brasileira de combate à pobreza ainda não conseguiram atingir as raízes da miséria, cabendo a esse montante da população um estado de absoluta carência, que se expressam na dificuldade de acesso às oportunidades de moradia, renda, saúde, vida e bem-estar (Santos; Scherer, 2012).

vista no Sistema Único de Saúde (SUS); o art. 3° da Lei n° 8.080/90 define que a alimentação constitui um dos fatores determinantes e condicionantes da saúde da população, cujos níveis expressam a organização social e econômica do país. O art. 6° trata das atribuições do SUS: "a vigilância nutricional e orientação alimentar e o controle de bens de consumo que, direta ou indiretamente, se relacionem com a saúde, compreendida todas as etapas e processos, da produção ao consumo" (Brasil, SUS, p.4). Porém, este princípio previsto no SUS ainda não era suficiente para responder às múltiplas questões que se fazem presente na complexa relação da alimentação.

Com o entendimento da importância da vigilância às questões de consumo, foi criada, a partir do Código de Defesa do Consumidor,[5] a Política Nacional das Relações de Consumo,[6] com o objetivo de atender às necessidades dos consumidores, a partir do reconhecimento da situação de vulnerabilidade em relação ao mercado de consumo. O artigo 2° considera consumidor toda pessoa, física ou jurídica, que adquire ou utiliza produto ou serviço como destinatário final.

É importante salientar que o artigo 6° do Código de Defesa do Consumidor confere ao cidadão:

I – a proteção da vida, saúde e segurança contra os riscos provocados por práticas no fornecimento de produtos e serviços considerados perigosos ou nocivos;
II – a educação e divulgação sobre o consumo adequado dos produtos e serviços, asseguradas à liberdade de escolha e a igualdade nas contratações;
III – a informação adequada e clara sobre os diferentes produtos e serviços, com especificação correta de quantidade, características, composição, qualidade e preço, bem como sobre os riscos que apresentem;
IV – a proteção contra a publicidade enganosa e abusiva, métodos comerciais coercitivos ou desleais, bem como contra práticas e cláusulas abusivas ou impostas no fornecimento de produtos e serviços; (...)

Observa-se que em relação às ofertas, o Código é bastante claro. O artigo 31 estabelece que a oferta e apresentação de produtos ou serviços devam assegurar informações corretas, claras, precisas, ostensivas e, em língua portuguesa, sobre suas características, qualidade, quantidade, composição, preço, garantia, prazos de validade, origem, entre outros dados, bem como sobre os riscos que apresentam à saúde e segurança dos consumidores. No mesmo documento, a publicidade é discutida em toda Seção III, dos artigos 36 ao 38, condenando a propaganda enganosa e abusiva.

---

[5] Lei n° 8.078, de 11 de setembro de 1990.

[6] A Política Nacional de Relações de Consumo adotada tem por objetivo o atendimento das necessidades dos consumidores, o respeito a sua dignidade, sua saúde e segurança, a proteção de seus interesses econômicos, a melhoria da sua qualidade de vida, assim como a transparência e harmonia das relações de consumo (SANTOS, 2009).

Por outro lado, nascido no berço da publicidade, em 1980, foi criado o Conselho Nacional de Autorregulamentação Publicitária (CONAR[7]). Esta organização não governamental tem a missão de impedir a prática de propagandas abusivas ou enganosas e, ao mesmo tempo, zelar pela liberdade de expressão comercial, assegurada pela Constituição Federal. Segundo o próprio CONAR (2006), o Código Brasileiro de Autorregulamentação Publicitária nasceu de uma ameaça ao setor, quando, no final dos anos 70, o Governo Federal pensava em sancionar uma lei criando uma espécie de censura prévia à propaganda. Se a lei fosse implantada, nenhum anúncio poderia ser veiculado sem que antes recebesse um carimbo "De Acordo" ou algo parecido.

Em 2006, o CONAR, atento às discussões sobre hábitos alimentares saudáveis, que ocorrem em nível global, principalmente fruto da epidemia de obesidade, e começaram a ganhar força junto às autoridades, sente-se ameaçado por projetos de Lei que visam à restrição e até a proibição de publicidade de categorias como: refrigerantes e alguns produtos alimentícios. Frente a este oriente, o CONAR atualiza a Sessão 11 e o Anexo H do Código Brasileiro de Autorregulamentação Publicitária, direcionando-o ao público infantil e juvenil e estabelecendo novas regras para anúncios de produtos voltados a este alvo.

O público infantil ganha destaque, e uma regulamentação especial, devido à menor capacidade de discernimento desta faixa etária (Conselho Nacional de Autorregulamentação Publicitária, 2006). A reforma amplia os conceitos da Seção 11, destacando o elemento ético nos apelos da sociedade de consumo. As novas recomendações preveem que as propagandas dirigidas às crianças e adolescentes:

- não devem conter apelo imperativo de consumo, como frases do tipo "peça para a mamãe comprar";
- devem se constituir em fatores coadjuvantes, junto aos pais, educadores, autoridades e comunidade pela formação positiva dos jovens;
- não deve desmerecer valores sociais positivos; e
- devem refletir restrições técnicas e eticamente recomendáveis.

Outra iniciativa do CONAR, em 2006, foi a elaboração de novas normas éticas relacionadas à publicidade de alimentos e bebidas. Foram incluídos na regulamentação que:

---

[7] O Conselho Nacional de Autorregulamentação Publicitária (CONAR) está atento a todas estas manifestações, e se posicionou lançando no início de fevereiro de 2013 as novas regras para comerciais destinados às crianças. Apesar de suas decisões não terem força de lei e as adesões serem voluntárias, como este órgão zela pela credibilidade do seu ramo, as suas regras costumam ser aceitas pelo mercado (SANTOS, 2009).

A publicidade de alimentos, refrigerantes, sucos, etc. NÃO deve:

- Encorajar o consumo excessivo;
- Menosprezar a importância da alimentação saudável;
- Apresentar os produtos como substitutos das refeições;
- Empregar apelos de consumo ligados a *status*, êxito social e sexual, etc.;
- Desmerecer o papel dos pais e educadores como orientadores de hábitos alimentares saudáveis.

Por outro lado, os anúncios DEVEM:

- Usar terminologia que corresponda ao licenciamento oficial do produto. Exemplos: "diet", "light", "não contém açúcar", etc.;
- Valorizar a prática de atividades físicas.

No Brasil, a partir de 2003, as autoridades ensaiam ações relacionadas ao controle das propagandas alimentícias, bem como medidas para combater a obesidade. Entre outros, propõe-se que os destaques nutritivos dos alimentos não devam receber qualquer destaque promocional, que a propaganda comercial de alimentos nas emissoras de rádio e televisão estaria liberada no horário compreendido entre 21 horas e 6 horas da manhã. Além disso, estas propagandas poderiam ficar proibidas nos meios eletrônicos, inclusive Internet, na forma fixa ou móvel em estádio, pista, palco ou local similar e na forma de propaganda indireta contratada, também denominada *merchandising*, nos programas de rádio e televisão, produzidos ou não no país, em qualquer horário (Santos, 2009).

Certamente, houve muitos avanços. Estados como Santa Catarina, Distrito Federal, Bahia e São Paulo, entre outros, vêm, há algum tempo, adotando medidas voltadas ao controle alimentar das crianças, principalmente a partir de hábitos saudáveis na merenda escolar e do controle de produtos comercializados nos bares e cantinas escolares. A lógica sugere uma aproximação da doença da obesidade com práticas de educação. Atualmente, vem-se contando com campanhas de esclarecimento dirigidas a empresas e escolas. Em conjunto, os Ministérios da Saúde e da Educação têm exibido, através do projeto TV Escola, vídeos educativos sobre alimentação saudável e a prática de exercícios físicos. Já em 2006 foi sancionada a Lei nº 11.265 (Brasil, 2006), sobre a regulamentação da comercialização de alimentos para lactantes e crianças. No mesmo ano o Ministério Público, engajando-se na questão da obesidade infantil, determinou que as redes de alimentação desvinculassem a venda de lanches a brindes, o que há muito é utilizado em alguns países. Porém, mesmo assim, a epidemia da obesidade segue assombrando.

Observa-se que o caso específico das propagandas de alimentos, o Brasil não é o único país em preocupar-se. Alguns países possuem regulamentações para controlar qualquer propaganda cujo público-alvo são crianças. A OMS realizou uma pesquisa em 73 países, incluindo o Brasil, constatando que: 85% (62 países) possuem regulamentação para propagandas na televisão dirigidas às crianças; 63% (46 países) possuem regulamentações estatutárias; 70% (51 países) têm códigos de autorregulamentação e 44% (32 países) possuem restrições específicas sobre publicidade televisiva para crianças (HAWKES, 2004). Seguem alguns exemplos de iniciativas de países em relação às propagandas voltadas para crianças:

- No Canadá, na publicidade para crianças é fortemente restrita à utilização de técnicas subliminares e comercias que induzam a criança diretamente a adquirir um produto.
- A Austrália proíbe comerciais durante programas para crianças em idade pré-escolar e restringe a quantidade e frequência de comerciais durante a programação infantil.
- A Dinamarca faz restrições quanto à utilização de figuras e animais de programas infantis nos comerciais.
- No código de autorregulamentação da Itália são impostas restrições específicas e inclui-se a previsão de penalidades financeiras para casos de abuso.

A regulação das propagandas de alimentos voltadas para as crianças configura-se não como um ato de censura, mas como uma prática de saúde educativa, no sentido de harmonizar o entendimento das crianças de que alimentação é saúde. A utilização de embalagens ou de outras estratégias que associem o alimento com brincadeiras prejudica uma escolha alimentar adequada. A responsabilidade em relação às crianças é multifacetada; é prioritariamente da família, mas o Estado e a sociedade civil não se eximem deste compromisso. Qualificar as propagandas no sentido de não "venderem" prejuízos às crianças significa direcionar as indústrias de produtos alimentícios pela busca da qualidade dos produtos.

5. Considerações finais

O eixo central deste texto é a discussão sobre a influência das propagandas, especialmente as que anunciam alimentos, nos hábitos infantis e as consequências do estímulo ao consumo na infância. A principal motivação para esta discussão parte de uma situação epidêmica de obesidade infantil e da sinalização, pelas famílias, de que as propagandas influenciam no que as crianças gostam de comer. Observou-se que as propagandas, principalmente na televisão, têm investido nas crianças como potenciais consumidores apesar de elas não estarem organizadas para lidar com as complexas relações de consumo.

O texto não pretende eleger vilões, ao contrário, entende-se que a interlocução entre a Saúde, o Direito e a Comunicação possam contribuir para o crescimento saudável das crianças, pois promover o desenvolvimento das crianças é responsabilidade da família, do Estado e da sociedade civil. Pode-se afirmar que as propagandas influenciam no que as crianças querem comer e que essas escolhas estão vinculadas à imaginação presente nas propagandas: embalagens atrativas, cores intensas, personagens simpáticos e populares, brindes e a associação do produto com brincadeiras (e logo com felicidade) são algumas das estratégias de maior sucesso.

As propagandas apresentam produtos pouco saudáveis, produzidos em esteiras industriais que visam a uma equação previsível: o sucesso em relação à concorrência: bolachinhas, salgadinhos, refrigerantes, balas, etc. não propiciam ganhos à saúde, ao contrário, desencadeiam várias doenças, entre as quais a obesidade. Certamente o comportamento de cada criança vai depender de inúmeras variáveis como: experiências anteriores, ambiente cultural e familiar, frequência da exposição à mídia e características do expectador infanto-juvenil. Tais condições determinarão a maneira como cada criança irá interpretar a imagem e como será o seu comportamento em relação ao anúncio.

Crianças e adultos, por motivos diferentes, são atidos pelas propagandas – elas promovem, nas crianças, a sensação de que serão iguais aos personagens dos produtos. Força, coragem e muita fantasia se fazem presentes no imaginário das crianças. Aos pais, adultos ou responsáveis, a ideia de que estão sendo bons cuidadores é muito agradável. Apesar do cuidado com a saúde, mas contrariando as recomendações da importância da "comidinha caseira", que normalmente é composta por produtos "frescos", a comida idealizada é a preferida.

Cabe salientar que a qualidade alimentar constitui elemento básico para a condição nutricional das crianças. Quando ocorre uma ruptura na lógica de alimentar-se de forma saudável, e a comida ganha o significado de instrumento de prazer, carinho, lazer ou compensação, aumentam os riscos dos transtornos alimentares. Por fim, chama-se a atenção para a necessidade de cuidados em relação aos anúncios e propagandas, pois, especificamente aquelas que promovem alimentos e são direcionadas ao público infantil, interferem em questões de saúde, de direitos e na educação das crianças.

Referências

ABRANCHES, S.H; COIMBRA, M.A; SANTOS, W.G. *Política social e combate à pobreza.* 4 ed. Rio de Janeiro: Zahar, 1998.

ARIÈS, P. *História social da criança e da família.* 2 ed. Rio de Janeiro: LTC, 1981.

BAUDRILLARD, J. *A sociedade de consumo.* São Paulo: Edições 70, 2005.

BAUER, M. W; GASKELL, G. *Pesquisa qualitativa com texto, imagem e som: um manual prático.* 9. ed. Petrópolis: Vozes, 2005.

BRASIL. *Lei n. 8.078, de 11 de setembro de 1990.* Dispõe sobre a proteção do consumidor e dá outras providências. Código de Defesa do Consumidor. Diário Oficial da União, Brasília, 12 set. 1990.

———. *Estatuto da Criança e do Adolescente:* Lei Federal 8.069/1990. Porto Alegre: CEDI-CA-RS – Secretaria do Trabalho, Cidadania e Assistência Social. Rio Grande do Sul, 1990.

———. *Constituição da República Federativa do Brasil.* Brasília: Senado Federal, 1988.

———. *Lei n° 11.265, de 3 de janeiro de 2006.* Regulamenta a comercialização de alimentos para lactentes e crianças de primeira infância e também a de produtos de puericultura correlatos. Diário Oficial da União. Brasília, 04 jan. 2006.

———. *Lei n° 8.080* – Lei Orgânica da Saúde.

———. *Código Nacional de Autorregulação Publicitária.* 2006. <Disponível em http://www.conar.org.br/>. Acesso em: 30 jul. 2013.

BUJES, M. I. E. *Infância e maquinarias.* Rio de Janeiro: DP & A, 2002.

CHARLOT, B. *A mistificação pedagógica.* Rio de Janeiro: Guanabara, 1986.

DUARTE, V. *Nutrição e obesidade.* 2 ed. Porto Alegre: Artes e Ofícios, 2001.

FARINA, Modesto; PERES, Clotilde; BASTOS, Dorinho. *Psicodinâmica das cores em comunicação.* 6. ed. São Paulo: Edgard Blusher, 2011.

FEATHERSTONE, M. *Cultura de consumo e pós-modernismo.* Trad. Julio Assis Simões. São Paulo: Studio Nobel, 1995.

GOMES, P. B. M. B. Mídia, imaginário de consumo e educação. *Revista Educação & Sociedade,* ano XXII, n. 74, p.191-207, 2001.

HAWKES, C. *Marketing food to children:* the global regulatory environment. World Health Organization, 2004. Disponível em: http://www.who.int. Acesso em: 25 jun. 2013.

HITCHINGS, E.; MOYNIHAN, P. J. The relationship between television food advertisements recalled and actual foods consumed by children. *Journal of Human Nutrition and Dietetics,* v. 11, n.06, p.511-517, 1998.

IBGE. *POF-Pesquisa de Orçamento Familiar 2008-2009.* Disponível em: <http://www.ibge.gov.br>. Acesso em: 10 jul. 2013.

JOVCHELOVITCH, S. *Mídia e consumo.* Porto Alegre. PUCRS Informação, n.124, p.26, maio-jun. 2005.

KISHIMOTO, T. M. *Jogo, brinquedo, brincadeira e a educação.* 6 ed. São Paulo: Cortez, 1994.

LINN, S. *Crianças do consumo:* infância roubada. Trad: Cristina Tognelli. São Paulo: Instituto Alana, 2006.

LIPOVETSKY, G. *Metamorfoses da cultura liberal:* ética, mídia e empresa. Tradução: Silva, JM. Porto Alegre: Sulina, 2004.

MALUF, Ângela Cristina Munhoz. *A importância das brincadeiras na evolução dos processos de desenvolvimento humano.* 2003. Disponível em: http://www.psicopedagogia.com.br/opiniao/opiniao.asp?entrID=132. Acesso em: 05 maio 2013.

MARTINS, J. S. *O poder da imagem*: o uso estratégico da imagem criando valor subjetivo para a marca. São Paulo: Intermeios, Comunicação e Marketing, 1992.

McNEAL, J. U. *Children as consumers of commercial and social products*. Washington, Pan American Health Organization, 2000.

MESTRINER, Fábio. *Design de embalagem*. Curso Avançado. São Paulo: Prentice Hall, 2002.

MONTEIRO C. A. *A dimensão da pobreza, da desnutrição e da fome no Brasil*. Estudos Avançados. São Paulo, v.17, n.48, p.7-20, 2003.

MOREIRA, A. S. *Cultura midiática e educação infantil*. Educação Social, Campinas, v.24, n.85, p. 1203-1235, dez. 2003.

POLIGNANO, M. V. *História das políticas de saúde no Brasil*. Disponível em: <http://www.medicina.ufmg.br/dmps/internato/saude_no_brasil.pdf>. Acesso em: 17 jun. 2013.

SANTOS, A. M; GROSSI, P. K. *Mídia e consumismo: clivagens da violência invisibilizada*. Serviço Social e Sociedade. São Paulo, v.83, p.116-127, 2005. ISSN 0101-6628.

SANTOS, A. M; SHERER, P. T. *Política alimentar brasileira*: fome e obesidade, uma história de carências. Revista Textos & Contextos, Porto Alegre, v. 11, p.92-105, 2002. ISSN 1677-9509.

SANTOS, A. M.; GROSSI, P. K. *Infância comprada*: hábitos de consumo na sociedade contemporânea. Revista Textos & Contextos. Porto Alegre, v. 6, n. 2, p. 443-454, jul./dez. 2007. 448. ISSN 1677-9509.

SANTOS, A. M. *Sociedade de consumo: criança e propaganda, uma relação que dá peso*. Porto Alegre: EDIPUCRS, 2009. ISBN 978-85-7430-837-1.

SUNDIN, Ebba. As crianças online: a participação das crianças na internet. In: CARLSSON, Ulla; FEILITZEN, Cecília Von (Orgs.). *A criança e a mídia*: imagens, educação, participação. São Paulo: Cortez; Brasília: UNESCO, 2002.

— 3 —

Publicidade infantil e modos de construção do sujeito: uma breve abordagem psicanalítica das relações objetais

GRACY KEIM[1]

Sumário: Introdução; 1. Publicidade, sociedade e os modos de subjetivação contemporâneos; 1.1. A vulnerabilidade infantil frente ao mercado publicitário; 2. Comunicação publicitária infantil e a tessitura de uma sociedade de consumo; 3. Meios publicitários infantis: imaginário e realidade nas condições de possibilidade de relações objetais; 4. Conclusão; Referências.

Introdução

A publicidade infantil é uma temática que perpassa diferentes áreas do saber, o que aponta a importância atual de sua discussão e análise por outros vieses que não o publicitário em si. Em que medida está-se, enquanto sociedade civil, tratando com seriedade sua regulamentação? De que modo as crianças são afetadas por este mercado publicitário? Como se avalia tal afetação na perspectiva jurídica? Como se atém aos impactos publicitários na formação de subjetividades e desenvolvimento de personalidade das crianças?

Tais questionamentos são pertinentes ao se abordar as suas implicações frente à infância na sociedade contemporânea. Dentre tais implicações, destacam-se os mais diversos estímulos publicitários de consumo para a formação de cidadãos livres e com criticidade.

---

[1] Graduada em Ciências Jurídicas e Sociais, na Pontifícia Universidade Católica do Rio Grande do Sul, graduanda em Psicologia, no Centro Universitário Metodista do IPA (IPA), especialista em Educação à distância, na Universidade Católica de Brasília (UCB), mestre em Direito Público com dissertação na área da construção do conhecimento jurídico, na Universidade do Vale dos Sinos (UNISINOS), professora universitária no Centro Universitário Ritter dos Reis (Uniritter).

O modo como o mercado publicitário apresenta-se atualmente considera as crianças como um nicho de mercado específico. Em uma sociedade consumista, crianças são consideradas público-alvo de grande atração e de um modo extremamente apelativo na maioria das vezes. O público infantil mobiliza, em seus desejos de consumir, o desejo de consumo e satisfação de seus pais também, ou seja, envolve-se um modo de atenção de toda a funcionalidade familiar, enquanto uma "entidade de consumo", com diversidade de produtos disponíveis, comungando dos desejos entre si. Um televisor, por exemplo, ou um computador, é desejável entre pais e filhos, as mídias áudio e televisivas, interconectam pais e filhos, na multiplicidade do ato de consumir.

Nesta "teia" de consumo, laços sociais são formados, e também forma-se a subjetividade de sujeitos. Os meios publicitários atingem de modo muito importante as vidas das famílias na sociedade, possibilita-se, desse modo, questionar como as relações objetais são desenvolvidas em um meio cada vez mais fluido, ágil, de satisfação imediata, no intuito do gozo pleno pela publicidade do que pode e deve consumir.

"Relações objetais" é um conceito psicanalítico abordado, em especial, pela Psicanálise mais contemporânea, a qual trabalha com conceitos apropriados da psicanalista Melanie Klein (1882-1960). Trata-se de um modo de constituir-se como sujeitos a partir da interiorização dos objetos[2] (que podem ser pessoas, como objetos totais, objetos parciais, objetos "bons", "maus" na nomenclatura kleiniana) em diferentes momentos da vida do ser humano desde o seu nascimento, na relação primária mãe-bebê. A interiorização destes objetos realiza-se de modo fantasioso e ansiogênico, frustrante também, o que importa para esta subjetividade em construção.[3]

A publicidade infantil torna-se extremamente abusiva ao condicionar sujeitos em formação a uma concepção de objetos plenos e impostos, conquista permanente e perene de satisfação e felicidade

---

[2] Neste sentido, importa aclarar a concepção da psicanalista Melanie Klein (ainda que de um modo breve e incipiente, pois não se adentra nas diferentes categorias trazidas pelos estudos desta renomada psicanalista), no escopo da revisão da obra desta, realizada pela autora e também psicanalista da escola kleiniana Hanna Segal: "Melanie Klein viu que crianças pequenas, incitadas pela ansiedade, estavam constantemente tentando dividir (*split*) seus objetos e seus sentimentos, e tentando reter sentimentos bons e introjetar objetos bons, ao passo que expeliam objetos maus e projetavam sentimentos maus. Seguindo o destino das relações de objeto da criança e a constante ação recíproca entre realidade e fantasia, divisão (*splitting*), projeção e introjeção, ela foi levada a ver como a criança constrói dentro de si mesma um complexo mundo interno". (SEGAL, Hanna. *Introdução à obra de Melanie Klein*. Rio de Janeiro: Imago, 1975, p. 14,15).

[3] SEGAL, 1975.

através dos mesmos, que são meramente movimentos (entre a noção ainda abstrata do adquirir e possuir) do imaginário que se realiza propriamente na linguagem dos mercados publicitários.

1. Publicidade, sociedade e os modos de subjetivação contemporâneos

O contexto nos engendra em um modo capitalista não mais apenas produtivo, mas voltado à emergência de consumir. Nesta esteira, as relações de consumo tornaram-se mais complexas, necessitando de progressiva regulação jurídica e várias formas de compreensão dos modos de subjetivação a partir desta realidade. Assim, como assegura Bauman, "a vida do consumidor, a vida de consumo, não se refere à aquisição e posse. [...] Refere-se, em vez disso, principalmente e acima de tudo, a *estar em movimento*".[4]

Em consumo,[5] nossas crianças estão expostas a este movimento, uma atemporalidade que tão somente flui a partir do que se deseja. Contudo, ressalta-se, as crianças não estão inseridas neste momento de "consumo", por vontade própria, ou por serem atualmente mais autoritárias, mais desenvolvidas, mais atentas à diversidade de estímulos. As crianças assim estão inseridas, pelas escolhas que a atual sociedade civil assume em suas inter-relações.

Esta inserção social traz condições de possibilidade cada vez mais "fluida", em um ambiente de tamanha rapidez, o qual não se coloca à frente da criticidade de certas condutas. Dentre tais condutas, o modo como o mercado publicitário atinge a infância apresenta-se na sua relação com a própria publicidade e consumo que possibilita modos de ser e estar nesta sociedade consumista para o público adulto.

E desse modo, os apelos parecem não ter importância, pois não se desvela algo que se subjetiva na contemporaneidade, o que seja, o consumo, o gozo, há uma inerência, uma naturalização desta publicidade aos modos de viver. Como enfaticamente afirma Kehl, "nosso gozo fugaz de neurônios submetidos às leis do mercado, embasba-

---

[4] BAUMAN, Zygmunt. *Vida para consumo*: a transformação das pessoas em mercadoria. Tradução Carlos Alberto Medeiros. Rio de Janeiro: Zahar, 2008, p. 126, grifo do autor.

[5] "A identificação do espectador como consumidor do produto que se apresenta como capaz de *agregar* valor à sua personalidade promove sua inclusão imaginária no sistema de gosto, na composição de estilos, que move a sociedade de consumo. Goza-se com isso: não tanto da própria inclusão (que pode não passar de uma fantasia), mas da exclusão do outro". (KEHL, Maria Rita. *A publicidade e o mestre do gozo*. *Revista do Programa de Pós-graduação em Comunicação e práticas de consumo*. ESPM, v.1, n. 2, 2004, p. 1-15, grifo do autor).

cados pelo brilho fetichista das mercadorias, serve ao Capital, único senhor cujo gozo não encontra limites".[6]

Vive-se em uma sociedade que pela primeira vez na história, conforme Bauman,[7] traz o gozo pela felicidade imediata, no agora sucessivo, a instantaneidade desta felicidade que se perpetua no momento.[8] Na propagação deste ideário, "a publicidade não vende produtos nem idéias, mas um modelo falsificado e hipnótico de felicidade".[9]

1.1. A vulnerabilidade infantil frente ao mercado publicitário

Interessa adentrar na instância do desejo através da perspectiva do consumo nas funcionalidades familiares, apontando a relação e responsabilização dos pais (representantes) para com seus filhos, no que tange a práticas abusivas do mercado publicitário infantil, bem como perceber que, para além do meio familiar, a sociedade, o Estado e suas regulações também são implicantes neste processo de zelo pela infância e juventude como sujeitos em desenvolvimento.

Aqui, atém-se para alguns vieses importantes na concepção de família e de infância a partir da Modernidade,[10] entrelaçando-se com as percepções destas categorias sociais na contemporaneidade. Intenta-se resguardar a infância, ao tratar da temática proposta neste artigo, responsabilizar, em sua seara, a família, trazer o papel de um adulto e suas condizentes condutas sociais; contudo, para além de se trazer a questão mercadológica e consumista atual na correlação com a publicidade infantil, tem-se de avaliar quem são as crianças, as famílias e os adultos neste entorno do século XXI[11] em que esta correlação se apresenta.

---

[6] KEHL, 2004, p. 9.

[7] "A instabilidade dos desejos e a insaciabilidade das necessidades, assim como a resultante tendência ao consumo instantâneo e à remoção, também instantânea, de seus objetos, harmonizam-se bem com a nova liquidez do ambiente em que as atividades existenciais foram inscritas e tendem a ser conduzidas no futuro previsível". (BAUMAN, 2008, p. 45).

[8] BAUMAN, 2008.

[9] TOSCANI, Oliveira. *A publicidade é um cadáver que nos sorri*. 6. ed. Tradução de Luiz Cavalcanti de M. Guerra. Rio de Janeiro: Ediouro, 2005, p. 27.

[10] "O amor pelas crianças em uma sociedade tradicional é incondicional, embora menos espalhafatoso: elas são amadas como garantias e apostas da reprodução social, como descendentes. Nosso amor narcísico, ao contrário, impõe condições. Pois a criança que, por razões reais, não pudesse corresponder aos nossos devaneios, não é mais nada. Seu corpo, desinvestido narcisicamente, se oferece ao sexo; sua morte não nos afeta, pois, de qualquer forma, ela não poderia mesmo, realmente, ser o espelho miniaturizado de nossa felicidade". (CALLIGARIS, Contardo. *Crônicas do individualismo cotidiano*. São Paulo: Ática, 1996, p. 215-221).

[11] "Mas o indivíduo moderno – justamente por ser livre de se inventar contra a tradição onde nasceu – só pode pensar no futuro. Por isso, a imagem, estática e finalmente débil, da satisfação de uma eterna criança não basta. Os filhos se tornarão adultos. E o amor narcísico para a criança se divide entre a vontade de contemplar sua felicidade apatetada e a preocupação que ela venha a ser um adulto feliz". (CALLIGARIS, 1996, p. 216).

Em sua conceituação, como assinala Rosa,[12] a família não mais assegura os ideais de um Estado, mas sim, aproxima-se das valorações e de desejos da pessoa humana, sua própria felicidade, em configurações familiares diversas. Os seres humanos, cada vez mais, apresentem as mudanças de suas vontades, de seus propósitos, "[...] em que pese a constância valorativa da imprescindibilidade da família enquanto ninho".[13]

As questões valorativas do "ninho familiar", ainda que numa formação mais nuclear, historicamente remontam à descoberta da infância no século XII. Contudo, sendo significativamente mais desenvolvida entre os séculos XVI e XVII, em especial com a educação moralista do século XVII. Não mais se detém aos jogos e brincadeiras[14] como característica de um período de primitivismo e irracionalismo, mas sim, volta-se ao desenvolvimento psicológico e às acepções morais da época.[15]

Por esta preocupação, socialmente regula-se a criança por sua incapacidade jurídica nos atos da vida civil, nas relações sociais a que integra. Esta regulação por base na teoria das incapacidades da Parte geral do Código Civil brasileiro, volve-se à vulnerabilidade da criança (desde a regulamentação de 1916). A criança possui um tratamento diferenciado, por sua compreensão e discernimento não ser o mesmo de um adulto, entenda-se a necessidade, em razão desta incapacidade, de medidas de proteção, acautelamentos cabíveis.[16] Com base nesta cautela, a criança necessita de proteção, neste viés sociojurídico.[17]

---

[12] ROSA, Conrado Paulino da. *iFamily*: um novo conceito de família? São Paulo: Saraiva, 2013.

[13] ROSA, 2013, p. 89.

[14] "Com o tempo a brincadeira se libertou de seu simbolismo religiosos e perdeu seu caráter comunitário, tornando-se ao mesmo tempo profana e individual. Nesse processo, ela foi cada vez mais reservada às crianças, cujo repertório de brincadeiras surge então como repertório de manifestações coletivas abandonadas pela sociedade dos adultos e dessacralizadas". (ARIÈS, Philippe. *História social da criança e da família*. 2. ed. Tradução de Dora Flaksman. Rio de Janeiro: LTC, 1981, p. 47).

[15] ARIÈS, 1981.

[16] FARIAS, Cristiano Chaves de; ROSENVALD, Nelson. *Direito civil*: teoria geral. 8. ed. Rio de Janeiro: Lumen Juris, 2010.

[17] "A personalidade se constrói pela comunhão de elementos herdados e constitucionais, com experiências marcantes da vida infantil e da vida adulta que darão um sentido de continuidade ao ser – sua identidade. A personalidade, expressão da pessoa, é composta de aspectos complementares, que emanam de várias fontes: do corpo, do reconhecimento familiar e social, e da auto-estima e auto-imagem que a pessoa tem de si. [...] Uma certa dose de vulnerabilidade é característica da personalidade, mas isso é maior na infância. Para um saudável e livre desenvolvimento, a integridade física-psíquica deve ser protegida e m face das ameaças que são uma constante dadas a inerente fragilidade e dependência que faz parte da natureza do ser humano". (GROENINGA, Giselle Câmara; TARTUCE, Flávio. O dano à integridade psíquica: uma análise interdisciplinar. In: FALAVIGNA, Maria Clara Osuna Diaz; HIRONAKA, Giselda Maria Fernandes Novaes (Coord.). *Ensaio sobre responsabilidade civil e pós-modernidade*. Porto Alegre: Magister, 2007, p. 99-125).

Por esta incapacidade, as crianças devem ser devidamente tuteladas seja por sua família pela sociedade como um todo, e pelo Estado, "[...] tutela proporcional à vulnerabilidade da personalidade no tocante à sua formação".[18] Para além do Código Civil, o qual manteve em 2002 com a mesma proteção da codificação de 1916, outros importantes dispositivos, asseguram a proteção integral a crianças e adolescentes em nosso sistema jurídico brasileiro.[19]

Em seu *caput*, o art. 227[20] da Constituição Federal, bem como também dispõe o Estatuto da Criança e do Adolescente, reza sobre a responsabilidade da família, da sociedade do Estado para com direitos fundamentais que devem ser devidamente assegurados às crianças e aos adolescentes.

Culturalmente, a infância retoma um período romântico de cuidados, proteção, cautela a crianças de determinado contexto. Cuidados de sobrevivência mínimos, desde a observância das taxas de natalidade e certa proteção para com as epidemias e mortalidade infantil. Avança-se, em especial no século XX, à proteção das crianças e adolescentes enquanto 'sujeitos'.

Na década de noventa no Brasil, evidencia-se a infância como período importante do desenvolvimento humano, promulgando-se o Estatuto da Criança e do Adolescente, paradigma de proteção à criança, relevando o direito familiar, a convivência mútua.[21] Há, en-

---

[18] GROENINGA; TARTUCE, 2007, p. 108.

[19] "É preciso extrair dessas regras o seu sentido ético, pelo qual a lei não existe no mundo jurídico apenas para ser exigida, senão que as partes cumpram-na, espontaneamente, como dever ético de solidariedade. No plano da ética, a lei que impõe regras protetoras à criança e ao adolescente deve ser recebida como garantia do Estado em preservar o futuro de suas gerações, moldadas em padrões de conduta sadia, de convivência". (SILVA, Moacyr Motta; VERONESE, Josiane Rose Petry. *A tutela jurisdicional dos direitos da criança e do adolescente*. São Paulo: LTr, 1998, p. 109).

[20] "Art. 227. É dever da família, da sociedade e do Estado assegurar à criança, ao adolescente e ao jovem, com absoluta prioridade, o direito à vida, à saúde, à alimentação, à educação, ao lazer, à profissionalização, à cultura, à dignidade, ao respeito, à liberdade e à convivência familiar e comunitária, além de colocá-los a salvo de toda forma de negligência, discriminação, exploração, violência, crueldade e opressão". (.BRASIL. Constituição da República Federativa do Brasil. Disponível em: <http://www.planalto.gov.br/ccivil_03/constituicao/constituicao.htm>_Acesso em: 30 dez. 2013. Paginação indeterminada). Neste mesmo sentido, dispõe o art.4° do Estatuto da Criança e do Adolescente (ECA). Lei n. 8069, de 13 de julho de 1990. "Art. 4° É dever da família, da comunidade, da sociedade em geral e do poder público assegurar, com absoluta prioridade, a efetivação dos direitos referentes à vida, à saúde, à alimentação, à educação, ao esporte, ao lazer, à profissionalização, à cultura, à dignidade, ao respeito, à liberdade e à convivência familiar e comunitária". (BRASIL. Lei n. 8069, de 13 de julho de 1990. Dispõe sobre o Estatuto da Criança e do Adolescente e dá outras providências. Disponível em: <http://www.planalto.gov.br/ccivil/_03/leis/I8069.htm>. Acesso em 30 dez. 2013 Paginação indeterminada).

[21] "Art. 3° A criança e o adolescente gozam de todos os direitos fundamentais inerentes à pessoa humana, sem prejuízo da proteção integral de que trata esta Lei, assegurando-se-lhes, por lei ou por outros meios, todas as oportunidades e facilidades, a fim de lhes facultar o desenvolvimento físico, mental, moral, espiritual e social, em condições de liberdade e de dignidade". (BRASIL, 2013, paginação indeterminada).

tão, uma mudança paradigmática que reitera a desnaturalização da infância como período de proteção, mas sim, como a construção histórica de um fenômeno que assegura seus garantes por vieses sociais, psicológicos e jurídicos.

Na perspectiva paradigmática racional, lógica de um idealismo platônico, a infância, como fenômeno culturalmente produzido, deveria ser acautelada por instituições sociais pertinentes, especialmente família, escolas, abrigos (orfanatos), visando à educação formadora de cidadãos, 'sujeitos políticos' disciplinados. Desse modo, visava-se a uma busca institucional de práticas enquadrantes, aprendizagem que enfatizassem o conhecimento racional e abstrato, comportamentos condicionados e atitudes mais subordinadas.

Sabe-se que tais condutas, neste país, foram reforçadas em períodos ditatoriais (Estados de fato) em que a infância se manteve como fenômeno instituído para formação política, proteção veiculada a futuros prósperos, ao sacrifício pelo trabalho árduo, aprendizagens que inserem os "infantes" destes contextos, em um processo educacional de limites disciplinadores.

A necessária regulamentação do mercado publicitário infantil corrobora o imprescindível resguardo[22] das crianças de apelos midiáticos, ou de qualquer outro meio publicitário que possa inferir, perniciosamente, sobre sua formação, ou seja, no modo como esta criança se subjetivará com base neste apelo, nesta comunicação trazida de um modo tão ágil, repetitivo. Neste sentido, evidenciando a abusividade dos meios de comunicação publicitária, na década de noventa o Código de Defesa do Consumidor, como mais um dispositivo regulamentador, enfatiza a proibição à publicidade enganosa e abusiva também voltada a crianças e a adolescentes.[23]

---

[22] Nesta referência ao resguardo, intenta-se à noção de devaneios trazida por Calligaris (1996), de um modo paradoxal no desvelar da criança que há em uma adulto, entenda-se por este, alguém que amadureceu e suporta os tensionamentos das frustrações e satisfações da vida. Assim, afirma o autor: "Como não constatar que a felicidade que queremos contemplar nelas é a caricatura de nossos devaneios? [...] A nova forma de amor consiste, em suma, em querê-las independentes de penosas obrigações (contrariamente aos grandes), mas (como os grandes) dependentes dos objetos da satisfação que tentamos colocar ao alcance de sua mão". (CALLIGARIS, Contardo. *Crônicas do individualismo cotidiano*. São Paulo: Ática, 1996, p. 215-221)

[23] "Art.37 – É proibida toda publicidade enganosa ou abusiva. [...] § 2º É abusiva, dentre outras a publicidade discriminatória ou de qualquer natureza, a que incite à violência, explore o medo ou a superstição, *se aproveite da deficiência de julgamento e experiência da criança*, desrespeita valores ambientais, ou que seja capaz de induzir o consumidor a se comportar de forma prejudicial ou perigosa à sua saúde ou segurança."(BRASIL. Lei n.8.078, de 11 de novembro de 1990. Dispõe sobre a proteção do consumidor e dá outras providências. Disponível em: <http://www.planlato.gov.br/ccivil_03/leis/I8078.htm>. Acesso em: 30 dez. 2013. Paginação indeterminada, grifo nosso).

Reitera-se que a acriticidade de adultos, frente à intencionalidade de consumo publicitário, implica a exposição de crianças a um modelo consumista, implicando práticas de consumo nocivas, pois não há o discernimento infantil para ater-se a tal conteúdo apelativo. Desse modo, a publicidade infantil limita o infante em sua potencialidade de desenvolvimento mais flexível, e, consequentemente, o mercado capitalista autorregulador atinge muito precocemente os modos de subjetivação.[24]

2. Comunicação publicitária infantil e a tessitura de uma sociedade de consumo

Para além da compreensão de todo um meio consumista em que as famílias (adultos e crianças) se inserem, deve-se ter um olhar atento às normatizações necessárias em razão da concepção de vulnerabilidade das crianças na sociedade atual. O modo como ocorre a comunicação para assegurar tal consumo, conforme critérios regulamentados, traz à publicidade um *ethos* diferenciado, já que nesta visão "[...] a publicidade não vende produtos, mas um modo de vida, um sistema social. Homogêneo. Associada a uma indústria conquistadora".[25]

Ao questionar a função comunicativa[26] dos publicitários, afirmando como o faz Toscani,[27] que não há esta função comunicativa e reflexiva, incitando ao mero consumo, deve-se inquirir também, de qual comunicação está-se falando neste contexto. O que seria realmente "comunicar" às famílias, às crianças, aos adultos na contemporaneidade fugaz e imediatista do consumo?

Inicialmente, percebe-se que no nicho publicitário, em especial no infantil, o apelo imagético[28] destaca-se, e neste aspecto cabe a crí-

---

[24] "A 'subjetividade' dos consumidores é feita de opções de compra – opções assumidas pelo sujeito e seus potenciais compradores; sua descrição adquiri a forma de uma lista de compras. O que se supõe ser a materialização da verdade interior do self é uma idealização dos traços materiais – 'objetificados' – das escolhas do consumidor". (BAUMAN, 2008, p. 24).

[25] TOSCANI, 2005, p. 163.

[26] "Os publicitários não cumprem a sua função: comunicar. Carecem de ousadia e de senso moral. Não refletem sobre o papel social, público e educativo da empresa que lhes confia um orçamento. [...] Não querem pensar nem informar o público, com medo de perder os anunciantes. A responsabilidade deles é imensa. Têm a incumbência de refletir sobre a comunicação de uma marca, sem ficar apenas no puro *marketing*. Precisam impulsionar esse sistema publicitário que anda em círculos, incita a consumir cada vez mais e já não convence. A condição humana é inseparável do consumo; neste caso, por que a comunicação que o acompanha deveria ser superficial?". (TOSCANI, 2005, p. 25).

[27] TOSCANI, 2005.

[28] "O ícone substitui o verbo. A imagem tornou-se a verdade. Sua manifestação física além das palavras. Certamente, tudo depende de qual imagem!". (TOSCANI, 2005, p. 166).

tica comunicativa apontada por Toscani,[29] pois a função deste comunicar por imagens traz às crianças um mundo ilusório e fantasioso que só se torna possível em um universo de consumo de produtos variados, sejam os brinquedos, os jogos, os alimentos, os vestuários, os cosméticos. Assim, "a publicidade é o lugar-comum da realidade, portanto é a realidade".[30]

A publicidade comunica o necessário movimento do mercado capitalista,[31] ou seja, comunica a necessidade do consumo, necessidade esta que não está circunscrita apenas no universo infantil, mas apresenta-se para os adultos, atrela-se no laço social, faz-se em um modo de comunicar-se contemporâneo, perfazendo imagens, palavras, movimentos que se publicizam por diferentes veículos.

Essa conjuntura adentra como um modo comunicativo que traz um sentido unívoco, voltado ao sistema neoliberal e às relações de consumo de base.[32] A multiplicidade de significados pressupõe outras formas de relação com o consumo, o que publicitariamente não é evidenciado ao comunicar. "Na atualidade é, especialmente, dos fluxos comunicativos que a biopolítica extrai seu saber operativo, definindo seu campo de inserção".[33]

Interessa sim, a este individualismo neoliberal, que exista um direcionamento comunicativo, uma ideia comum do bom-senso, uma forma mais identitária que na verdade reitera o sentido cartesiano do pensar, a logicidade aristotélica que nos apresenta organizadamente a necessidade de publicizar o que se quer consumir.

Contudo, além de se evidenciar que esta lógica é insuficiente quando tomadas as mais variadas formas de comunicação possível, em linguagens estéticas inclusive, aponta-se que a publicidade, em especial a infantil, para além de meramente publicizar tais conteúdos, faz-se de uma comunicação que se aproxima com outras linguagens.

---

[29] TOSCANI, 2005.

[30] TOSCANI, 2005, p. 167, 168.

[31] "Na fase consumista do capitalismo contemporâneo a verdadeira mola do poder não é mais a repressão dos representantes pulsionais, mas a administração do gozo. [...] Além disso, a proliferação da mercadoria – imagem consolida a 'democratização' do gozo, uma vez que, se poucos tem acesso à posse das mercadorias, todos podem ter acesso ao gozo das imagens". (KEHL, 2004, p. 13).

[32] "A modernidade não só inventa o Homem como faz do elogio da comunicação autorreferente sua condição de sobrevivência. No entanto, o ideal que nasceu como filho dileto da vontade de congregação humana produz também seu avesso. Uma sociedade amplamente capaz de cumprir sua vocação comunicativa e, paradoxalmente, cada vez mais sectarizada, estratificada, composta pelo princípio de um novo individualismo francamente neoliberal que destrói o espaço público, esvazia progressivamente a ação política e empobrece a experiência mundana". (RATTO, Cleber Gibbon. *Compulsão à comunicação*: ética, educação e autorreferência. Curitiba: Appris, 2012, p. 14).

[33] RATTO, 2012, p. 80.

PUBLICIDADE E PROTEÇÃO DA INFÂNCIA

No que tange à linguagem publicitária infantil, deve-se avaliar sua importância como modo de comunicar-se com sujeitos em formação, com aqueles em que a lógica-formal não é o foco comunicativo, o que lhes traz outros modos de percepção da realidade.

De posse do exposto, Ratto[34] traz a categoria psicanalítica do inconsciente ao vislumbrar essa variação de condições de possibilidades, não expressas necessariamente em uma linguagem unívoca racional. Desenvolve-se com outros disparadores, que incitam experiências e movimentam não apenas o consumo, movimentam modos de percepção desta realidade que, para as crianças, estão em formação constante. "Inconscientes seriam todas as forças vivas do mundo que não cabem na linguagem. A linguagem, então, será tomada aqui como expressão sempre re-encenada de um narcisismo primário. Uma vontade de duração, de ordem, de aquietamento identitário".[35]

Aquietamento identitário que impossibilita outros modos de linguagem que não sejam voltados à unicidade de comunicação ao consumo. Não há preocupação com o desenvolvimento da experiência diversa, da criticidade e relações com a realidade que se apresenta a este público infantil.

Este olhar às relações que envolvem a criança em sua formação, e por isso, a necessária tutela por sua vulnerabilidade, atém-se às relações objetais tão importantes no transcurso do desenvolvimento humano, transpondo, neste caso, um viés de entendimento dinâmico psicanalítico.

Partindo da questão comunicacional contemporânea, importa a influência publicitária e sua linguagem em todo este processo. A publicidade apresenta-se como o real a quem? A toda a sociedade. Pressupõe-se que os adultos identifiquem esta linguagem unívoca do mercado publicitário ao mercado capitalista de um sistema neoliberal. Linguagem que se diversifica, supostamente, apenas em suas facetas estéticas, imagéticas na relação entre satisfações e necessidades sociais, resultando unívoca ao mercado.

3. Meios publicitários infantis: imaginário e realidade nas condições de possibilidade de relações objetais

A comunicação transversaliza-se nas relações sociais estabelecidas e ampliadas. Neste aspecto torna-se interessante avaliar o consumo e sua publicidade, não apenas em uma perspectiva social, mas

---

[34] RATTO, 2012.
[35] RATTO, 2012, p. 99.

também na formação do psiquismo infantil, a partir das relações com objetos externos e suas internalizações nos modos de subjetivar-se pela concepção da Psicanálise.

Neste viés psicanalítico, a relação díade (pré-edípica) bebê-mãe tem relevância de análise para formação psíquica do ser humano.[36] De um modo, ainda que ampla e sem maiores aprofundamentos teóricos no âmbito da Psicanálise propriamente dita (freudiana ortodoxa, ou em perspectivas mais contemporâneas) a mãe seria o primeiro "outro"[37] com quem este bebê se relaciona de um modo fusional, ao iniciar seu desenvolvimento cíclico de vida.

Aos poucos, afasta-se desta mãe e será com a introdução de um "terceiro", um "outro"[38] em uma relação então não mais fusional, a princípio na figura paterna, que esta criança em um complexo edípico segue na formação de seu psiquismo. Com este outro (relacional) em um interdito, um limite, denominações diversas possíveis por entendimentos dinâmicos na abordagem psicanalítica.

Enaltece-se, pois, compreender a importância deste "outro", do que se apresenta na diferenciação da díade em um amor primitivo com a função da maternagem representada e possivelmente presentificada na figura de mãe. E assim, compreender a avaliação de relações objetais na formação e desenvolvimento infantil e a inserção da publicidade em todo este percurso.[39]

---

[36] "A natureza dessa relação bipessoal primitiva pode ser considerada como uma instância da relação objetal presente no amor primário, [...] e qualquer terceiro que nela interfira tende a ser sentido como um pesado encargo ou uma força intolerável. Outra notória qualidade dessa relação é a imensa diferença de intensidade entre os fenômenos de frustração e de satisfação. Enquanto esta última acontece por meio de uma adaptação do objeto ao sujeito que, mesmo provocando sensações de bem-estar naturais e suaves, só pode ser observador com muita dificuldade, a frustração – experimentada como falta de adaptação do objeto – produz sintomas extremamente intensos e tumultuados". (PEIXOTO JÚNIOR, Carlos Augusto. *Michael Balint*: a originalidade de uma trajetória psicanalítica. Rio de Janeiro: Revinter, 2013, p. 59).

[37] "A compreensão da alteridade e da importância do 'outro' na constituição do psiquismo e da personalidade humana destaca-se neste estudo, já que este 'outro' coloca-se nas relações objetais deste sujeito. [...] quando se trata de estímulos internos, a criança não tem escapatória, e somente poderá operar uma tentativa de resolução através do outro ser humano tutelar. É por isso que o objeto humano é constituído pelo Outro. O que define para este objeto seu campo de alteridade e, portanto, a alienação do sujeito a respeito dele. Este objeto, no imaginário constitui-se como idealizado e no Real, como impossível. Em seu lugar, para representá-lo, aparece o significante". (JERUSALINSKY, Alfredo. *Psicanálise e desenvolvimento infantil*: um enfoque transdisciplinar. Tradução de Diana Myriam Lichtenstein et al. Porto Alegre: Artes Médicas, 1988, p. 23).

[38] De acordo com compreensões diversas da teorização psicanalítica, alguns autores referem-se ao "outro" e alguns ao "Outro" (viés psicanalítico lacaniano), ressaltando seu lugar relacional, compreensão do "eu".

[39] "Um aspecto comum a todas as formas primitivas de relação objetal é que nelas o objeto é sempre tido como certo – sem que haja a necessidade de considerar que ele possa ser indiferente –, o que possibilita que ele se torne um parceiro operatório a partir de um trabalho de conquista". (PEIXOTO JÚNIOR, 2013, p. 36).

As crianças desenvolvem mecanismos de defesa projetivos de identificação[40] com os objetos que se inter-relacionam, ocorrendo transferências positivas ou negativas, modulando seus afetos, suas ansiedades neste tensionamento com os objetos experimentados. Este processo, que se volta à originalidade dos objetos primários, possibilitaria, para os psicanalistas kleinianos, o "mecanismo transferencial".[41]

A função do *alter* na constituição do psiquismo humano apresenta-se em várias acepções de teorias psicológicas. Ao tratar-se da Psicologia infantil, psicanalistas kleinianos[42] desenvolvem teorizações acerca da relevância dos objetos na intersubjetividade infantil, o brinquedo[43] e a existência de 'neuroses transferenciais' devem ser balizados no manejo técnico em psicoterapias infantis.

Desse modo, a criança passa a relacionar-se de um modo mais ampliado, não somente com a mãe, com o pai ou familiar, mas 'outros' inserem-se nos modos de relação (objetificadas) que são dispostas, apresentadas ao pleno desenvolvimento, de modo a perfazer a instância da alteridade na vida humana. Sem dúvida, faz-se mister o brinquedo e as fantasias infantis na formação do psiquismo humano, manejando-se em suas variâncias relacionais com todo o entorno, seja a família, a escola e outros meios de interação possibilitado.

Nesta seara relacional, a publicidade cumpre um papel importante na apresentação dos diversos objetos disponíveis para a intersubjetividade infantil (interações das crianças nesta realidade). Reitera-se que há para esta criança, um mundo fantástico publicitário, o qual

---

[40] "Identificação projetiva: é o resultado da projeção de partes do eu (*self*) no objeto. Pode ter como resultado não só o fato de que se perceba o objeto como tendo adquirido as características da parte projetada do eu (*self*) mas também o de que o eu (*self*) se torne identificado com o objeto de sua projeção". (SEGAL, 1975, p. 141).

[41] Vide ABERASTURY, Arminda. *Psicanálise da criança*: teoria e técnica. 7. ed. Tradução da Ana Lúcia Leite de Campos. Porto Alegre: Artes Médicas, 1982, p. 67.

[42] Acerca das relações objetais, destaca-se os estudos da psicanalista Melanie Klein, na Psicologia infantil, asserta a autora Arminda Aberastury: "[...] Melanie Klein era de opinião que, pelo processo de simbolização, a criança conseguia distribuir o amor a novos objetos e novas formas de gratificação. Mais tarde afirmou que também distribui suas angústias e que pelos mecanismos de repartir e repetir as diminui e domina, afastando-se de seus objetos perigosos". (ABERASTURY, 1982, p. 67).
Em que pese as divergências teóricas com a psicanalista Anna Freud, pois esta não acreditava na possibilidade de transferência infantil, ao contrário de Klein, o ambiente externo foi bem concebido pelas duas psicanalistas, referente à Anna Freud, a autora Aberastury acrescenta: "Ainda que se pense que a neurose da criança, como a do adulto, é o resultado de um conflito interno entre a vida instintiva e o ego e o superego, na criança a influência do mundo externo sobre sua neurose é diferente". (ABERASTURY, 1982, p. 64).

[43] "A aparição do brincar, no sentido próprio de lançar o objeto longe de di, de distanciar-se dele, e reter a significação do ato em relação ao Outro, é capital no desenvolvimento, porque é através dessa significação que a criança se apropria imaginariamente da realidade: no exercício de sua fantasmática sempre velada pelo desdobramento de sua fantasia". (JERUSALINSKY, 1988, p. 28, 29).

passa a ser a realidade, ou seja, os objetos apresentados, por vias comunicacionais diversas, passam a ser objetos reais de interação, objetos que se tornam o "outro", que passam a implementar a alteridade possível. Evidencia-se, porém, como estas relações são manejadas com o fantástico e fluído universo publicitário infantil pela efetiva mediação de adultos,[44] os quais devem fortalecer os laços intersubjetivos na constituição de reais vínculos, de real alteridade presumivelmente.

Nas relações objetais o ser humano constitui-se por estar em interação com o "outro", e por colocar-se na falta deste "objeto" também. O que se diz dele no relacional, e como tensiona e suporta as ausências a partir de objetos que satisfazem, ou não, frustram também pela falta.[45]

4. Conclusão

A contemporaneidade caracteriza-se por seu imediatismo e por suas relações de consumo cada vez mais fugazes. Não há dúvida que os modos de subjetivação perpassam por esta seara de maior fluidez. No entanto, deve-se ater para alguns processos comunicacionais que permeiam os laços sociais, a alguns modos de encontro com um 'outro', de identificações que constituem o psiquismo humano para além de uma troca imediata de produtos e serviços, como objeto, em um capitalismo neoliberal.

A publicidade traz este objeto em sua linguagem, um lugar em que não há falta do mesmo. O 'outro' é consumível para satisfação imediata, e nesta perspectiva, as crianças subjetivam-se como público alvo em um consumismo que não possui, em seu processo comunicacional publicitário, o interesse em trabalhar o desejo nas relações com objetos externos, mas sim, movimentar o consumo no desejo satisfeito por objetos que são substituíveis, consumíveis, não duráveis, que não comportam nenhum tensionamento de frustração em uma relação.

---

[44] No que tange à necessária mediação de adultos no processo de discernimento para com o conteúdo publicitário infantil e seus modos de veiculação, afirma-se: "[...] o processo de adoecimento psíquico é fruto da falta de compreensão na infância por parte daqueles que são responsáveis pela criação de uma criança, negando a ela certas gratificações necessárias e impondo-lhes outras irrelevantes, supérfluas ou até mesmo prejudiciais." (PEIXOTO JÚNIOR, 2013, p. 79).

[45] Nesse sentido, vide Alfredo Jerusalinsky: "Por isso, o papel do semelhante não é puramente imaginário, como no caso das outras espécies de animais, mas é significante. Inclusive esse imaginário, no humano, dependerá do outro, porque de acordo com o que o Outro deseje, o que psicologicamente se constituirá como imago do objeto faltante será essencialmente diferente. [...] É porque a criança trabalha essa estrutura, que faz da *ausência da coisa* sua possibilidade de se tornar objeto, é que seu olhar investiga e suas mãos experimentam." (JERUSALINSKY, 1988, p. 25, 26).

A formação humana imprescinde de mecanismos que produzam sentidos diversos, dentre eles, no viés psicanalítico, as relações objetais primárias e as que se amplificam em diferentes fases do desenvolvimento são relevantes. Não se esgota o modo de relacionar-se com "objetos" distintos no decorrer da vida, compensações são desenvolvidas, suportam-se frustrações, na vivência da falta intenta-se satisfazer-se, tudo isso em funcionamentos mais próximos do que se concebe para a normalidade do convívio.

O período da infância vulnerabiliza-se pelo modo em que as relações objetais mais primárias são constituídas. Se este objeto está constituído por relação em que a linguagem publicitária faz a mediação entre o imaginário e o fantasioso, então não há um adulto, um interdito, um limite nesta apresentação que satisfaz o sujeito em seu completo e imediato gozo, não haverá espaço para frustrar-se, pois a lógica consumista não permite o tensionamento por seus meios publicitários (frustração-satisfação-frustração), tão característico e necessário na formação do psiquismo na infância.

Não possibilitar a "falta" em um meio relacional de perene busca pela completude da relação díade materna – perspectiva psicanalítica – possibilita o desenvolvimento de comportamentos mais patológicos. Assim, deve-se perceber que a publicidade infantil não é uma mera linguagem imagética com cores e movimentos que aguçam a fantasia infantil, também o é, mas tem de ser delimitada em sua interação por um 'outro' adulto que componha o universo de relações objetais com a criança.

Se assim não o for, passará perniciosamente a ser o "outro" abusivo que se coloca no imediato da satisfação, que se renova enquanto objeto constantemente, e que compromete a constituição de modos de subjetivar-se. Há formação de psiquismos infantis mais saudáveis naquilo que se pode compreender pela potencialidade de suportar e administrar os variados tensionamentos da vida, para além da dimensão do consumo, também viver os variados "outros" que se entrelaçam no caminho.

Referências

ABERASTURY, Arminda. *Psicanálise da criança: teoria e técnica.* 7.ed. Tradução da Ana Lúcia Leite de Campos. Porto Alegre: Artes Médicas, 1982.

ARIÈS, Philippe. *História social da criança e da família.* 2. ed. Tradução de Dora Flaksman. Rio de Janeiro: LTC, 1981.

BAUMAN, Zygmunt. *Vida para consumo: a transformação das pessoas em mercadoria.* Tradução Carlos Alberto Medeiros. Rio de Janeiro: Zahar, 2008.

BRASIL. *Constituição da República Federativa do Brasil.* Disponível em: <http://www.planalto.gov.br/ccivil_03/constituicao/constituicao.htm>_Acesso em: 30 de dezembro de 2013.

BRASIL. *Lei n. 8069, de 13 de julho de 1990.* Dispõe sobre o Estatuto da Criança e do Adolescente e dá outras providências. Disponível em: <http://www.planalto.gov.br/ccivil/_03/leis/I8069.htm>. Acesso em 30 de dezembro de 2013.

BRASIL. *Lei n.8.078, de 11 de novembro de 1990.* Dispõe sobre a proteção do consumidor e dá outras providências. Disponível em: <http://www.planlato.gov.br/ccivil_03/leis/I8078.htm>. Acesso em: 30 de dezembro de 2013.

CALLIGARIS, Contardo. *Crônicas do individualismo cotidiano.* São Paulo: Ática, 1996. p.215-221.

FARIAS, Cristiano Chaves de; ROSENVALD, Nelson. *Direito civil:* teoria geral. 8.ed. Rio de Janeiro: Lúmen Júris, 2010.

GROENINGA, Giselle Câmara; TARTUCE, Flávio. O dano à integridade psíquica: uma análise interdisciplinar. In.: FALAVIGNA, Maria Clara Osuna Diaz; HIRONAKA, Giselda Maria Fernandes Novaes (Coord.). *Ensaio sobre responsabilidade civil e pós-modernidade.* Porto Alegre: Magister, 2007, p. 99-125.

JERUSALINSKY, Alfredo. *Psicanálise e desenvolvimento infantil:* um enfoque transdisciplinar. Tradução de Diana Myriam Lichtenstein et al. Porto Alegre: Artes Médicas, 1988.

KEHL, Maria Rita. A publicidade e o mestre do gozo. *Revista do Programa de Pós-graduação em Comunicação e práticas de consumo.* ESPM, v.1, n.2, 2004, p.1-15.

PEIXOTO JÚNIOR, Carlos Augusto. *Michael Balint:* a originalidade de uma trajetória psicanalítica. Rio de Janeiro: Revinter, 2013.

RATTO, Cleber Gibbon. *Compulsão à comunicação:* ética, educação e autorreferência. Curitiba: Appris, 2012.

ROSA, Conrado Paulino da. *iFamily:* um novo conceito de família? São Paulo: Saraiva, 2013.

SEGAL, Hanna. *Introdução à obra de Melanie Klein.* Rio de Janeiro: Imago, 1975.

SILVA, Moacyr Motta; VERONESE, Josiane Rose Petry. *A tutela jurisdicional dos direitos da criança e do adolescente.* São Paulo: LTr, 1998.

TOSCANI, Oliveira. *A publicidade é um cadáver que nos sorri.* 6. ed. Tradução de Luiz Cavalcanti de M. Guerra. Rio de Janeiro: Ediouro, 2005.

— 4 —

A publicidade e seus reflexos no desenvolvimento da criança: o papel da família e da educação

MARIA REGINA FAY DE AZAMBUJA[1]

Sumário: Introdução; 1. A posição da criança na legislação brasileira: da doutrina penal do menor à proteção integral; 2. A proteção integral à criança e as relações de consumo; 3. Reflexos da educação nas relações de consumo: os jovens e o consumo do álcool; 4. Considerações finais; Referências.

Introdução

O final do século XX foi cenário de profunda mudança no significado da infância. Estudos produzidos em diversos países chamaram a atenção para a relevância dos primeiros anos de vida e para formas diferentes de cuidar daqueles que se encontram nessa etapa da vida, caracterizada como fase especial de desenvolvimento.

Em que pese os conhecimentos produzidos, a situação da infância não se alterou com a rapidez que os achados científicos estavam a exigir. Segundo a UNICEF e outras organizações internacionais, cerca de 51 milhões de nascimentos não são registrados a cada ano nos países em desenvolvimento; aproximadamente 218 milhões de crianças entre os cinco e 14 anos estão envolvidos no trabalho infantil; calcula-se que 1,2 milhões de crianças são vítimas, a cada ano, do tráfico de pessoas; mais de 300.000 crianças são soldados e explorados em conflitos armados que se desenvolvem em mais de 30 países. Estima-se que cerca de 143 milhões de crianças são órfãs de um ou ambos os progenitores;[2] as

---

[1] Procuradora de Justiça, Coordenadora do Centro de Apoio Operacional da Infância, Juventude, Educação, Família e Sucessões do Ministério Público do Estado do Rio Grande do Sul; Especialista em Violência Doméstica pela USP; Mestre em Direito pela UNISINOS; Doutora em Serviço Social pela PUCRS; Professora de Direito da Criança e do Adolescente e Direito de Família na PUCRS; professora convidada da Universidade do Amazonas, UNAMA; Voluntária no Programa de Proteção à Criança do Hospital de Clínicas de Porto Alegre; Sócia do IARGS, IBDFAM/RS, SORBI e ABMCJ.

[2] LONGO, Victor; Carlos Wilson. *UNICEF*: direitos das crianças são violados de forma massiva. Disponível em: <http://www.redandi.org//verPublicacao.php5?id=7828#122344>. Acesso em: 21 nov. 2008.

lesões corporais são a maior causa de morte em crianças de um a quatro anos[3] e, ainda, a América Latina e o Caribe têm 228 meninas e meninos sendo abusados a cada hora por alguém em torno da sua família.[4]

No Brasil, o cenário não é diferente. No período de 2008 e 2011, aproximadamente três milhões e setecentos mil crianças e adolescentes, com idade entre cinco e dezessete anos, estavam trabalhando.[5] Na área da educação, uma em cada quatro crianças de 4 a 6 anos estão fora da escola, sendo que 64% das crianças pobres não vão à escola durante a primeira infância. Por outro lado, embora a desnutrição entre crianças menores de um ano tenha diminuído em mais de 60% nos últimos cinco anos, cerca de sessenta mil crianças com menos de um ano são desnutridas. Na saúde, a cada dia, cento e vinte e nove casos de violência psicológica, física, sexual e negligência contra crianças e adolescentes são notificados através do Disque 100.[6]

As novas descobertas científicas, advindas especialmente das áreas da saúde e educação, ao lado do reconhecimento dos direitos humanos, influenciaram condutas no âmbito público e privado, refletindo-se nos documentos internacionais e nas legislações produzidas em diversos países, em especial, no Brasil.

Em nosso país, a Constituição Federal de 1988, ao reconhecer a criança e o adolescente como sujeito de direitos, abriu caminho à edição de legislações que passaram a trabalhar com a nova concepção atribuída à infância e adolescência, merecendo destaque o Estatuto da Criança e do Adolescente e o Código de Defesa do Consumidor.

1. A posição da criança na legislação brasileira: da doutrina penal do menor à proteção integral

Voltar o olhar para o passado, ainda que recente, permite-nos avaliar a dificuldade que envolve a proteção da criança e o longo caminho percorrido até a conquista da condição de sujeito de direitos.

---

[3] AMERICAN COLLEGE OF SURGEONS. ATLS: Advanced Trauma Life Support. Program for physicians. Committee on trauma. Instructor Manual. Chicago: American College of Surgeons, 1993, p. 11/12. In: ZAVASCHI, Maria Lucrecia Scherer e Colaboradores. Crianças e adolescentes vulneráveis: o atendimento interdisciplinar nos Centros de Atenção Psicossocial. Porto Alegre: ARTMED, 2009, p. 31.

[4] JUNGMANN, Mariana. *Agência Brasil*: para diretor do Unicef, raiz da exploração sexual de crianças é social e não econômica. Disponível em: <http://www.agenciabrasil.gov.br/noticias/2008/11/27/materia.2008-11-27.1860634807/view>. Acesso em: 1º dez. 2008.

[5] ANDI. Trabalho infantil doméstico: números alarmantes. Disponível em <http://www.andi.org.br/infancia-e-juventude/pauta/trabalho-infantil-domestico-numeros-alarmantes.> Acesso em: 13 jun. 2013.

[6] UNICEF. Infância e adolescência no Brasil. Disponível em: <http://www.unicef.org/brazil/pt/activities.html>. Acesso em: 13 jun. 2013.

Dentro desta perspectiva de maior atenção à infância, documentos internacionais são editados trazendo o alerta para a vulnerabilidade desta parcela da população. A Declaração de Genebra, em 1924, afirmou "a necessidade de proclamar à criança uma proteção especial", abrindo caminho para conquistas importantes que foram galgadas nas décadas seguintes. Em 1948, as Nações Unidas proclamaram o direito a cuidados e à assistência especial à infância, através da Declaração Universal dos Direitos Humanos, considerada a maior prova histórica do *consensus omnium gentium* sobre um determinado sistema de valores.[7] Os Pactos Internacionais de Direitos Humanos, indiscutivelmente, proporcionaram a mudança de paradigmas experimentada no final da década de oitenta e início dos anos noventa na área da proteção à infância.

Seguindo a trilha da Declaração dos Direitos Humanos, em 1959, tem-se a Declaração dos Direitos da Criança,[8] e, em 20/11/89, a Assembleia Geral das Nações Unidas proclama a Convenção das Nações Unidas sobre os Direitos da Criança, mais importante marco na garantia dos direitos daqueles que ainda não atingiram os dezoito anos.[9] Antes mesmo da aprovação da mencionada Convenção, pela Assembleia Geral das Nações Unidas, com texto original redigido em árabe, chinês, espanhol, francês, inglês e russo, o Brasil já havia incorporado em seu texto constitucional (art. 227)[10] as novas diretrizes.

A Convenção das Nações Unidas sobre os Direitos da Criança[11] afirma o direito de a criança conhecer e conviver com seus pais, a não ser quando incompatível com seu melhor interesse; o direito de

---

[7] BOBBIO, Norberto. *A Era dos Direitos*. 2. tiragem. Rio de Janeiro: Elsevier, 2004, p. 47.

[8] PEREIRA, Tânia Maria da Silva; MELO, Carolina de Campos. Infância e Juventude: os direitos fundamentais e os princípios consolidados na Constituição de 1988. *Revista Trimestral de Direito Civil*, Rio de Janeiro: PADMA, v. 3, p. 89-109, jul./set. 2000. "A criança gozará de proteção especial e disporá de oportunidades e serviços a serem estabelecidos em lei ou por outros meios de modo que possa desenvolver-se física, mental, espiritual e socialmente de forma saudável e normal, assim como em condições de liberdade e dignidade. Ao promulgar lei com este fim, a consideração fundamental a que se atenderá será o interesse superior da criança".

[9] TEJADAS, Sílvia da Silva. *Juventude e Ato Infracional*: as múltiplas determinações da reincidência. Porto Alegre: EDIPUCRS, 2008, p. 41. "A proposta da Convenção das Nações Unidas sobre os Direitos da Criança traz consigo outra dimensão ética, pois se reconhece que ao Estado não cabe tutelar pessoas, mas tutelar o direito que é reconhecido às crianças e aos adolescentes, como sujeitos e cidadãos".

[10] Art. 227. É dever da família, da sociedade e do Estado assegurar à criança, ao adolescente e ao jovem, com absoluta prioridade, o direito à vida, à saúde, à alimentação, à educação, ao lazer, à profissionalização, à cultura, à dignidade, ao respeito, à liberdade e à convivência familiar e comunitária, além de colocá-los a salvo de toda forma de negligência, discriminação, exploração, violência, crueldade e opressão.

[11] A Convenção das Nações Unidas sobre os Direitos da Criança, adotada pela Assembléia Geral das Nações Unidas, em 20.11.89, foi ratificada pelo Brasil em 26.01.90, aprovada pelo Decreto legislativo n. 28, de 14.9.90, vindo a ser promulgada pelo Decreto presidencial n. 99.710, de 21.11.90.

manter contato com ambos os genitores, caso seja separada de um ou de ambos; as obrigações do Estado, nos casos em que as separações resultarem de ação do Poder Judiciário, assim como a obrigação de promover proteção especial às crianças, assegurando ambiente familiar alternativo apropriado ou colocação em instituição, considerando sempre o ambiente cultural da criança. Ao debruçar-se sobre a Convenção, menciona Bruñol:

> A Convenção representa uma oportunidade, certamente privilegiada, para desenvolver um novo esquema de compreensão da relação da criança com o Estado e com as políticas sociais, e um desafio permanente para se conseguir uma verdadeira inserção das crianças e seus interesses nas estruturas e procedimentos dos assuntos públicos.[12]

A Convenção das Nações Unidas sobre os Direitos da Criança, em que pese sua relevância no âmbito nacional e internacional, é ainda pouco manuseada e assimilada pelos diversos segmentos sociais, vindo a comprometer sua aplicação em maior escala e seriedade pelos povos firmatários. Para exemplificar, o artigo 3, n. 1, determina que todas as ações relativas às crianças, levadas a efeito por instituições públicas ou privadas de bem-estar social, tribunais, autoridades administrativas ou órgãos legislativos, devem considerar, primordialmente, o melhor interesse da criança.[13]

O que vem a ser o melhor interesse da criança (*the best interest*), mencionado na normativa internacional?

Na atualidade, a aplicação do princípio *the best interest* permanece como padrão. O novo paradigma considera, sobretudo, "as necessidades da criança em detrimento dos interesses dos pais, devendo realizar-se sempre uma análise do caso concreto".[14] Não se trata de conceito fechado, definido e acabado. Relaciona-se diretamente com os direitos humanos e com a dignidade da pessoa humana, fundamento da República e "alicerce da ordem jurídica democrática".[15] Nas palavras de Morais, "é na dignidade humana que a ordem jurídica (democrática) se apoia e constitui-se". Não há como pensar em dig-

---

[12] BRUÑOL, Miguel Cillero. O interesse superior da criança no marco da Convenção Internacional sobre os Direitos da Criança. In: MENDEZ, Emílio García; BELOFF, Mary (orgs.). *Infância, Lei e Democracia na América Latina.* v. 1. Blumenau: FURB, 2001, p. 92.

[13] Ver acórdãos que versam sobre o Superior Interesse as Criança: STJ, Recurso Ordinário em Mandado de Segurança nº 19103/RJ; STJ, Recurso Ordinário em Mandado de Segurança nº 11064/MG; TJRGS, Agravo de Instrumento nº 70015391758; TJRGS, Agravo de Instrumento nº 70016798654; TJRGS, Agravo de Instrumento nº 70015902729; TJRGS, Agravo de Instrumento nº 70014814479; TJRGS, Apelação Cível nº 70014552947.

[14] PEREIRA, Tânia da Silva. *O melhor interesse da criança*: um debate interdisciplinar. Rio de Janeiro: Renovar, 1999, p. 3.

[15] MORAIS, Maria Celina Bodin de. O conceito de dignidade humana: substrato axiológico e conteúdo normativo. In: SARLET, Ingo W. (org.). *Constituição, Direitos Fundamentais e Direito Privado*. Porto Alegre: Livraria do Advogado, 2006, p. 117.

nidade da pessoa sem considerar as vulnerabilidades humanas, passando a nova ordem constitucional a dar precedência aos direitos e às prerrogativas "de determinados grupos considerados, de uma maneira ou de outra, frágeis e que estão a exigir, por conseguinte, a especial proteção da lei".[16] No que tange à infância, o estabelecimento de um sistema especial de proteção por parte do ordenamento jurídico funda-se nas diferenças que esta parcela da população apresenta frente a outros grupos de seres humanos, autorizando a aparente quebra do princípio da igualdade por serem "portadoras de uma desigualdade inerente, intrínseca", recebendo "tratamento mais abrangente como forma de equilibrar a desigualdade de fato e atingir a igualdade jurídica material e não meramente formal".[17]

Para Machado, a "Constituição de 1988 criou um sistema especial de proteção dos direitos fundamentais de crianças e adolescentes", "nitidamente inspirado na chamada Doutrina da Proteção Integral".[18] Cabe lembrar Bobbio, quando ressalta que:

> (...) uma coisa é ter um direito que é, enquanto reconhecido e protegido; outra é ter um direito que deve ser, mas que, para ser, ou para que passe do dever-ser ao ser, precisa transformar-se, de objeto de discussão de uma assembléia de especialistas, em objeto de decisão de um órgão legislativo dotado de poder de coerção.[19]

No Brasil, a legislação atual, na área da infância, refletindo a cultura dominante, foi antecedida de dois momentos principais, assim nominados: a) Doutrina Penal do Menor e b) Doutrina da Situação Irregular.

A Doutrina Penal do Menor caracterizou-se pela forte influência do direito penal no tratamento destinado à população infanto-juvenil, à época denominada de *menores*. Ao tempo do Código Penal do Império (1830) e do Código Penal de 1890, dispúnhamos de:

> Medidas especiais prescritas para aqueles que, apesar de não terem atingido a maioridade, tivessem praticados atos que fossem considerados criminais; (...) o que organizava estes Códigos era a teoria da ação com discernimento que imputava responsabilidade penal ao *menor* em função de uma pesquisa da sua consciência em relação à prática criminosa.[20]

---

[16] MORAIS, Maria Celina Bodin de. O conceito de dignidade humana: substrato axiológico e conteúdo normativo. In: SARLET, Ingo W. (org.). *Constituição, Direitos Fundamentais e Direito Privado*. Porto Alegre: Livraria do Advogado, 2006, p. 118.

[17] MACHADO, Martha de Toledo. *A proteção Constitucional de Crianças e Adolescentes e os Direitos Humanos*. Baruere: Manole, 2003, p. 123.

[18] Idem, 108.

[19] BOBBIO, Norberto. *A Era dos Direitos*. 2. tir. Rio de Janeiro: Elsevier, 2004, p. 97.

[20] PEREIRA, Tânia da Silva. *Direito da Criança e do Adolescente*: uma proposta interdisciplinar. 2. ed. Rio de Janeiro: Renovar, 2008, p. 101.

Com a edição do segundo Código de Menores, em 1979 (Lei n° 6.697, 10/10/79), é inaugurada a Doutrina da Situação Irregular, marcada pelo assistencialismo, abrangendo "os casos de abandono, a prática de infração penal, o desvio de conduta, a falta de assistência ou representação legal, enfim, a lei de *menores* era instrumento de controle social da criança e do adolescente, vítimas de omissões da família, da sociedade e do estado em seus direitos básicos".[21] Embora tenha a lei disciplinado a situação de *menores* abandonados e delinquentes, não se ocupou o Código de Menores com o reconhecimento dos seus direitos. Nos ensinamentos de Rizzini, "o que impulsionava era resolver o problema dos *menores*, prevendo todos os possíveis detalhes e exercendo firme controle, por mecanismos de tutela, guarda, vigilância, reeducação, reabilitação, preservação, reforma e educação".[22]

O aumento da delinquência juvenil, o fracasso das políticas até então adotadas para atender os *menores* desvalidos e infratores, o clamor público com os problemas da infância, bem como a influência que o texto veio a originar a Convenção das Nações Unidas (1989), contribuíram significativamente para a mudança de paradigma que ocorreu em 1988.

Com o advento da Constituição Federal de 1988, a Doutrina da Situação Irregular cede lugar à Doutrina da Proteção Integral, alicerçada em três pilares: a) a criança adquire a condição de sujeito de direitos; b) a infância é reconhecida como fase especial do processo de desenvolvimento; c) a prioridade absoluta a esta parcela da população passa a ser princípio constitucional (art. 227). Segundo Munir Cury:

> Deve-se entender a proteção integral como o conjunto de direitos que são próprios apenas aos cidadãos imaturos; estes direitos, diferentemente daqueles fundamentais reconhecidos a todos os cidadãos, concretizam-se em pretensões nem tanto em relação a um comportamento negativo (abster-se da violação daqueles direitos) quanto a um comportamento positivo por parte da autoridade pública e dos outros cidadãos, de regra adultos encarregados de assegurar esta proteção especial. Por força da proteção integral, crianças e adolescentes têm o direito de que os adultos façam coisas em favor deles.[23]

O princípio do melhor interesse da criança encontra seu fundamento no reconhecimento da peculiar condição de pessoa humana em desenvolvimento atribuída à infância e juventude. Em 1988, "o ordenamento jurídico brasileiro acolheu crianças e adolescentes para o

---

[21] PEREIRA, Tânia da Silva. *Direito da Criança e do Adolescente*: uma proposta interdisciplinar. 2. ed. Rio de Janeiro: Renovar, 2008, p. 108.

[22] RIZZINI, Irene. *A Criança e a Lei no Brasil – Revisitando a História (1822-2000)*. Brasília, DF: NICEF; Rio de Janeiro: USU Ed. Universitária, 2000, p. 28.

[23] CURY, Munir. *Estatuto da Criança e do Adolescente Comentado*, Comentários Jurídicos e Sociais. 12. ed. São Paulo: Malheiros, 2013, p. 33.

mundo dos direitos e dos deveres: o mundo da cidadania".[24] Nas palavras de Gama, o princípio do melhor interesse da criança:

> Representa importante mudança de eixo nas relações paterno-materno-filiais em que o filho deixa de ser considerado objeto para ser alçado – com absoluta justiça, ainda que tardiamente – a sujeito de direito, ou seja, à pessoa merecedora de tutela do ordenamento jurídico, mas com absoluta prioridade comparativamente aos demais integrantes da família que ele participa.[25]

Não há como deixar de ressaltar a postura de vanguarda do Brasil, ao assumir, em 1988, o compromisso com a Doutrina da Proteção Integral, antes mesmo da aprovação da Convenção das Nações Unidas sobre os Direitos da Criança, representando "um norteador importante para a modificação das legislações internas no que concerne à proteção da infância em nosso continente".[26] Entre os direitos fundamentais assegurados à criança, encontramos, ao lado do direito à vida, à saúde, à educação, à liberdade, ao respeito, à dignidade, o direito à convivência familiar, por vezes seriamente comprometido quando os pais não conseguem exercer as responsabilidades impostas pelo poder familiar (artigo 1.634 Código Civil), valendo lembrar que "as relações estáveis, protetoras, respeitosas e amorosas dentro da família representam um importante fator protetor para o desenvolvimento saudável da criança".[27]

Um simples olhar sobre o cotidiano urbano nos sinaliza que nem todas as crianças e os adolescentes se incluem na população que efetivamente é contemplada com a garantia dos direitos fundamentais arrolados em lei, embora o legislador tenha afirmado, com clareza, que "nenhuma criança ou adolescente será objeto de qualquer forma de negligência, discriminação, exploração, violência, crueldade e opressão, punido na forma da lei qualquer atentado, por ação ou omissão aos seus direitos fundamentais" (art. 5º ECA).

Em que pese a resiliência de muitas crianças, no mundo atual, estima-se que 200 milhões de crianças com menos de cinco anos apresentam dificuldade para estarem desenvolvendo seu pleno potencial. Como consequência, "essas crianças terão menor sucesso escolar, vêm de famílias com renda mais baixa, com fertilidade mais alta e em pio-

---

[24] SÊDA, Edson. *Construir o passado ou como mudar hábitos, usos e costumes tendo como instrumento o Estatuto da Criança e do Adolescente*. São Paulo: Malheiros, 1993, p. 25.

[25] GAMA, Guilherme Calmon Nogueira da. *A nova filiação*: o biodireito e as relações parentais. Rio de Janeiro: Renovar, 2003, p. 456-467.

[26] PEREIRA, Tânia da Silva. *Direito da Criança e do Adolescente*: uma proposta interdisciplinar. 2. ed. Rio de Janeiro: Renovar, 2008, p. 7.

[27] ZAVASCHI, Maria Lucrecia Scherer. Crianças Vulneráveis. In: ZAVASCHI, Maria Lucrecia Scherer e Colaboradores. *Crianças e adolescentes vulneráveis*: o atendimento interdisciplinar nos Centros de Atenção Psicossocial. Porto Alegre: ARTMED, 2009, p. 26.

res condições de educar sua prole, contribuindo para a transmissão intergeracional da pobreza".[28]

Diversos fatores que vão desde a negligência familiar, social e omissão das políticas públicas, bem como interesses econômicos que se sobrepõem à proteção da criança, interferem no destino de nossos jovens, com sequelas que podem se estender ao longo da vida, não raras vezes com reflexos nas gerações seguintes, elevando o valor da dívida da nação brasileira para com aqueles a quem elegemos como prioridade absoluta.

2. A proteção integral à criança e as relações de consumo

A Doutrina da Proteção Integral, inserta na Constituição Federal e no Estatuto da Criança e do Adolescente, como analisada acima, atribui à criança e ao adolescente, a condição de sujeito de direitos, passando a exigir modificações nas relações da família, da sociedade e do poder público com esta parcela da população.

O Estatuto da Criança e do Adolescente e o Código de Defesa do Consumidor, ambos em vigor desde 1990, convergem no sentido do reconhecimento e proteção das populações vulneráveis, merecendo destaque, para este estudo, a população de crianças e adolescentes quando envolvidas, ainda que, indiretamente, nas relações de consumo.

Nesse sentido, o artigo 37, § 2º, do Código de Defesa do Consumidor, assinala:

> É abusiva, dentre outras, a publicidade discriminatória de qualquer natureza, a que incite a violência, explore o medo ou a superstição, *se aproveite da deficiência de julgamento e experiência da criança*, desrespeite valores ambientais, ou que seja capaz de induzir o consumidor a se comportar de forma prejudicial ou perigosa à sua saúde ou segurança. (grifo nosso).

As normas contidas no Código de Defesa do Consumidor, como assinala Adalberto Pasqualotto, "são favorecedoras da retomada do equilíbrio comprometido pela massificação da produção, determinadora da concentração de forças nas mãos das empresas e de uma desigualdade que se tornou estrututal".[29]

A Lei nº 8.090/1990, por sua vez, ao reconhecer a criança e o adolescente como pessoas em fase especial de desenvolvimento, acerta o

---

[28] BASSOLS, Ana Margareth Siqueira; DIEDER, Ana Lúcia; CZEKSTER, Michele Valent; et al. A criança pré-escolar. In: EIZIRIK, Cláudio; BASSOLS, Ana Margareth Siqueira (org.). *O Ciclo da Vida Humana*: uma perspectiva psicodinâmica. 2ª ed. Porto Alegre: Artmed, 2013, p.139.

[29] PASQUALOTTO, Adalberto. O destinatário final e o "consumidor intermediário". *Revista de Direito do Consumidor*, v. 74, p. 7-42, 2010.

passo com os conhecimentos advindos de outras ciências, em especial, com a saúde e a educação, que há muito trabalham com esta compreensão sobre as particularidades de cada etapa da vida humana. A legislação não detalhe as etapas do desenvolvimento, tampouco nos dá elementos suficientes para que o profissional que atua no sistema de Justiça possa entender e discernir os prejuízos que podem advir de uma conduta inadequada para as diferentes faixas etárias. Na atualidade, autores convergem no sentido de que "a pessoa evolui durante toda a vida, interagindo constantemente com o meio ambiente".[30] Para Erik H. Erikson, oito estágios do desenvolvimento acompanham a vida humana: bebê, primeira infância, infância intermediária, idade escolar, adolescência, adulto jovem, adulto e idoso, sendo que cada estágio apresenta aspectos positivos e negativos, marcados por crises emocionais que decorrem da cultura particular do indivíduo e das interações que faz com a sociedade em que vive.[31]. Em que pesem as particularidades que caracterizam cada etapa, as crianças, desde muito cedo, são expostas a inúmeros fatores externos, como a publicidade que as atinge através dos meios de comunicação de massa, a qualquer hora do dia, sem que grande parte dos pais e cuidadores atentem para os prejuízos que podem advir no desenvolvimento de seus filhos. Dispomos de conhecimentos que até pouco tempo eram desconhecidos, mas que, na atualidade, estão cientificamente comprovados e que podem auxiliar nas relações entre as crianças e a publicidade.

Por outro lado, estudos vindos da área da neurociência advertem que "o desenvolvimento do cérebro humano, desde o período embrionário até a idade adulta, ocorre de forma progressiva em complexidade, envolvendo processos como proliferação e migração neuronal, arborização sináptica, entre outros".[32] Especialistas advertem que "a magnitude do efeito das experiências precoces deve-se à grande plasticidade que o cérebro apresenta no início da vida, ou seja, à capacidade de responder a estímulos ambientais e se adaptar a eles".[33]

A publicidade, movida por questões econômicas, ciente dessas assertivas, não poupa esforços para atingir aqueles que se encontram em fase especial de desenvolvimento, sem levar em consideração que:

---

[30] EIZIRIK, Cláudio; BASSOLS, Ana Margareth Siqueira; GASTAUD, Marina Bento; et al. Noções básicas sobre o funcionamento psíquico. In: EIZIRIK, Cláudio; BASSOLS, Ana Margareth Siqueira (org.). *O Ciclo da Vida Humana*: uma perspectiva psicodinâmica. 2ª ed. Porto Alegre: Artmed, 2013, p.25.

[31] Idem, ibidem

[32] POLANCZYK, Guilherme Vanoni; ROHDE, Luis Augusto. Psiquiatria do desenvolvimento. In: EIZIRIK, Cláudio; BASSOLS, Ana Margareth Siqueira (org.). *O Ciclo da Vida Humana*: uma perspectiva psicodinâmica. 2ª ed. Porto Alegre: Artmed, 2013, p.54.

[33] Idem,.ibidem.

As experiências que caracterizam estresse tóxico influenciam de modo negativo o desenvolvimento cerebral, colocando o indivíduo em uma posição de vulnerabilidade a experiências ambientais subsequentes, com o comprometimento da saúde física e mental ao longo da vida.[34]

Para exemplificar, as crianças e jovens brasileiros, de até 17 anos, assistiam em média a três horas e meia de televisão por dia, ficando expostos a cerca de quarenta mil propagandas em um ano, segundo dados do Ibope (2006). Grossi e Santos assinalam uma média de dez propagandas durante o intervalo de programação de TV aberta. Advertem, ainda, as autoras:

> Pesquisa desenvolvida pela Unifesp avaliou o conteúdo das propagandas veiculadas nos intervalos de alguns programas infantis de televisão (nas duas principais emissoras de TV) e constatou que, para cada dez minutos de propaganda, um minuto tem objetivo de promover o consumo de produtos alimentícios, contribuindo para gerar hábitos nem sempre saudáveis.[35]

O consumidor, em qualquer etapa do desenvolvimento, sabidamente, é a parte mais fraca, mais frágil nas relações de consumo. Segundo Rizzatto Nunes, "essa fraqueza, essa fragilidade, é real, concreta, e decorre de dois aspectos: um de ordem técnica e outro de cunho econômico".[36] Para o autor, o primeiro aspecto decorre do fato de estar o consumidor "à mercê daquilo que é produzido", sendo que é do fornecedor a escolha do que irá produzir, quando e de que maneira irá produzir. O segundo aspecto, por sua vez, "diz respeito à capacidade econômica que, via de regra, o fornecedor tem em relação ao consumidor".[37]

No mesmo sentido, José Geraldo Filomeno assinala que:

> No âmbito da tutela especial do consumidor, efetivamente, é ele sem dúvida a parte mais fraca, vulnerável, se se tiver em conta que os detentores dos meios de produção é que detêm todo o controle do mercado, ou seja, sobre o que produzir, como produzir e para quem produzir, sem falar-se na fixação de sua margem de lucro.[38]

---

[34] POLANCZYK, Guilherme Vanoni; ROHDE, Luis Augusto. Psiquiatria do desenvolvimento. In: EIZIRIK, Cláudio; BASSOLS, Ana Margareth Siqueira (org.). *O Ciclo da Vida Humana*: uma perspectiva psicodinâmica. 2ª ed. Porto Alegre: Artmed, 2013, p.54.

[35] GROSSI, P. K.; SANTOS, Andréia Mendes dos. *Infância comprada*: hábitos de consumo na sociedade contemporânea. Textos e Contextos (online), v. 8, p. 1-15, 2007. Disponível em: <http://revistaseletronicas.pucrs.br/ojs/index.php/fass/article/viewFile/2327/3257.> Acesso em 13 jun. 2013.

[36] NUNES, Rizzato. *Comentários ao Código de Defesa do Consumidor*. 5ª ed. rev., atual. e ampl. São Paulo: Saraiva, 2010, p. 194.

[37] Idem, ibidem.

[38] FILOMENO, José Geraldo Brito. Da política Nacional de Relações de Consumo. In: GRINOVER, Ada Pellegrini; BENJAMIN, Antônio Herman de Vasconcellos e; FINK, Daniel Roberto; *et al.* (org.). *Código Brasileiro de defesa do Consumidor*. 10ª ed., rev., atual.e ref. Rio de Janeiro: Forense, 2011, p. 73-74.

Para Marques, Benjamin e Miragem:

A vulnerabilidade é mais um estado da pessoa, um estado inerente de risco ou um sinal de confrontação excessiva de interesses identificado no mercado (assim Rippert, *La règle morale*, p. 153), é uma situação permanente ou provisória, individual ou coletiva (Fiechter-Boulvard, Rapport, p. 324), que fragiliza, enfraquece o sujeito de direitos, desequilibrando a relação.[39]

Os mesmos autores, com propriedade, chamam a atenção para a hipervulnerabilidade decorrente de doença, em razão da idade e das necessidades especiais que algumas pessoas portam:

Produtos e serviços destinados a estes consumidores, assim como a publicidade a eles destinada deve guardar parâmetros mais qualificados (art. 37, § 2º, e art. 39, IV), ou além do abuso de poder dar azo a danos morais (REsp 980860-SP).[40]

Assim, se o consumidor é reconhecido como vulnerável nas relações de consumo, as crianças, como vêm sendo afirmado, são consideradas hipervulneráveis, merecendo maior proteção, em especial, na publicidade a elas dirigidas.

Referindo-se ao período de 6 (seis) a 12 (doze) anos, Ferreira e Araújo assinalam a dificuldade apresentada por esta faixa etária, no que diz respeito à capacidade de discriminar o real da fantasia. Para as autoras, "nos jogos virtuais, os valores do bem e do mal, da defesa da justiça ficam secundários, e o que vale é o desenrolar indiscriminado de poderes crescentes, não importando de quem seja". Como consequência, "o pensar das emoções dá lugar ao descarregar as emoções".[41]

Nesse contexto, Adalberto Pasqualotto adverte que "a publicidade também produz efeitos perversos: além de promover produtos nocivos, como o fumo e as bebidas alcoólicas, vendê-os indistintamente, inclusive para quem não poderia compra-los".[42]

Fundado nesses achados é que o Código de Defesa do Consumidor considera abusiva a publicidade que, aproveitando-se da deficiência de julgamento e experiência da criança, desrespeite valores ambientais, ou que seja capaz de induzir o consumidor a se comportar de forma prejudicial ou perigosa à sua saúde ou segurança.

---

[39] MARQUES, Claudia Lima; BENJAMIN, Antônio Herman V.; MIRAGEM, Bruno. *Comentários ao Código de Defesa do Consumidor*. 3ª ed. rev., atual. e ampl. São Paulo: Revista dos Tribunais, 2010, p. 197.

[40] Idem, p. 199.

[41] FERREIRA, Maria Helena Mariante; ARAÚJO, Marlene Silveira. *Idade escolar*: latência (6 a 12 anos) In: EIZIRIK, Cláudio; BASSOLS, Ana Margareth Siqueira (org.). *O Ciclo da Vida Humana*: uma perspectiva psicodinâmica. 2ª ed. Porto Alegre: Artmed, 2013, p.146.

[42] PASQUALOTTO, Adalberto. *Os efeitos obrigacionais da publicidade no Código de Defesa do Consumidor*. São Paulo: Revista dos Tribunais, 1997, p. 33.

Em 1982, a Câmara Internacional de Comércio, organização privada, já havia promulgado normas de orientação ao comportamento publicitário voltado à criança, alertando que:

A publicidade dirigida a crianças deve ser veraz e claramente identificável como tal; não deve aprovar a violência ou aceitar comportamentos que contrariem as regras gerais de comportamento social; não se pode criar situações que passem a impressão de que alguém pode ganhar prestígio com a posse de bens de consumo, que enfraqueçam a autoridade dos pais, contribuam para situações perigosas para a criança, ou que incentivem as crianças a pressionarem outras pessoas a adquirirem bens.[43]

Importante ressaltar que "o caráter de abusividade não tem necessariamente relação direta com o produto ou serviço oferecido, mas sim com os efeitos da propaganda que possam causar algum mal ou constrangimento ao consumidor".[44] Em outras palavras, "basta que haja perigo; que exista a possibilidade de ocorrer o dano, uma violação ou uma ofensa".[45]

Segundo lição de Antônio Herman de Vasconcellos e Benjamin, a publicidade não pode "exortar diretamente a criança a comprar um produto ou serviço; não deve encorajar a criança a persuadir seus pais ou qualquer outro adulto a adquirir produtos ou serviços; não pode explorar a confiança especial que a criança tem em seus pais, professores, etc.", salientando, ainda, que as diversas formas de publicidade abusiva não têm, necessariamente, o condão de causar prejuízo econômico ao consumidor, como ocorre com a publicidade enganosa.[46]

O mundo publicitário, movido por interesses econômicos advindos das empresas que fabricam os produtos que precisam ser consumidos, tem-se utilizado de inúmeras estratégias voltadas ao público infantil: "a cada nova aquisição de consumo pela criança, por exemplo, um novo lançamento de um boneco, já na embalagem é incutida, de forma subliminar, a ideia de que essa compra está incompleta. Na caixa já vêm assinalados todos os acessórios necessários para que então ela se complete".[47]

---

[43] BENJAMIN, Antônio Herman de Vasconcellos e. Das práticas comerciais. In: GRINOVER, Ada Pellegrini; BENJAMIN, Antônio Herman de Vasconcellos e; FINK, Daniel Roberto; *et al. Código Brasileiro de defesa do Consumidor.* 10ª ed., rev., atual.e ref. Rio de Janeiro: Forense, 2011, p. 359.

[44] NUNES, Rizzato. *Comentários ao Código de Defesa do Consumidor.* 5ª ed. rev., atual. e ampl. São Paulo: Saraiva, 2010, p. 548.

[45] Idem, p. 549.

[46] BENJAMIN, Antônio Herman de Vasconcellos e. Das práticas comerciais. In: GRINOVER, Ada Pellegrini; BENJAMIN, Antônio Herman de Vasconcellos e; FINK, Daniel Roberto; *et al. Código Brasileiro de defesa do Consumidor.* 10ª ed., rev., atual.e ref. Rio de Janeiro: Forense, 2011, p. 354 e 358.

[47] FERREIRA, Maria Helena Mariante; ARAÚJO, Marlene Silveira. Idade escolar: latência (6 a 12 anos) In: EIZIRIK, Cláudio; BASSOLS, Ana Margareth Siqueira (org.). *O Ciclo da Vida Humana:* uma perspectiva psicodinâmica. 2ª ed. Porto Alegre: Artmed, 2013, p. 146.

A publicidade, tal qual acima relatado, ativa novos desejos nas crianças que não se voltam ao brincar, ao criar ou compartilhar, reforçam o poder e despertam inveja; valorizam o ter em detrimento do ser.[48] Como ensinam Ferreira e Araújo, na ausência de uma vida e uma linguagem interior, instala-se um *vazio interno* e "a predominância de uma crescente e veloz estimulação externa; a cada momento se apresenta algo *novo*, externo, aumentando o vazio interno".[49]

Adalberto Pasqualotto, ao se referir a exposição da criança aos efeitos da publicidade, alerta para a exploração da vulnerabilidade desta parcela da população bem como

> Os conflitos familiares que daí podem decorrer, pela frustração dos desejos fomentados, particularmente nas famílias pobres; a consequência futura do tratamento de pequenos consumidores; os efeitos nocivos que alguns comestíveis industrializados, sucedâneos de produtos naturais, podem produzir sobre a saúde infantil; a confusão intencional entre programação e publicidade, entre outros.[50]

No momento em que os conhecimentos de outras ciências voltadas à infância se tornam disponíveis, perguntas precisam de respostas. Como conciliar as práticas produzidas pelo mercado de consumo com a proteção integral assegurada na legislação? Como fica nosso dever de velar pela dignidade da criança e do adolescente, pondo-os a salvo de qualquer tratamento violento? Como prevenir a ocorrência de ameaça ou violação dos direitos assegurados à criança e ao adolescente? Como mudar a realidade da publicidade que atinge a criança brasileira?

As respostas passam, necessariamente, pela participação da família e da escola, não podendo a sociedade e o poder público se eximirem de sua responsabilidade.

3. Reflexos da educação nas relações de consumo: os jovens e o consumo do álcool

A família é o primeiro agente socializador na vida da criança. Nas relações estabelecidas com os pais ou cuidadores é que se imprimem os primeiros padrões éticos que estarão presentes nas etapas seguintes do seu desenvolvimento. Quando esse primeiro agente socializador desempenha seu papel com responsabilidade, muito se está

---

[48] FERREIRA, Maria Helena Mariante; ARAÚJO, Marlene Silveira. Idade escolar: latência (6 a 12 anos) In: EIZIRIK, Cláudio; BASSOLS, Ana Margareth Siqueira (org.). *O Ciclo da Vida Humana*: uma perspectiva psicodinâmica. 2ª ed. Porto Alegre: Artmed, 2013, p. 146.

[49] Idem, ibidem.

[50] PASQUALOTTO, Adalberto. *Os efeitos obrigacionais da publicidade no Código de Defesa do Consumidor*. São Paulo: Revista dos Tribunais, 1997, p. 133.

investindo em prevenção à saúde física, social e emocional da criança e do adolescente. O desenvolvimento da autoestima, assim como a capacidade de cooperar com os outros e lidar com as frustrações ou decepções ocasionais, é facilitado com "uma atitude de confiança básica em relação ao mundo".[51]

Na família, refletem-se os impactos sociais e econômicos que se fazem presentes no mundo globalizado em que vivemos, recaindo sobre os filhos os benefícios e também os prejuízos advindos dessa conjuntura a qual todos estamos inseridos.

As mudanças decorrentes da emancipação feminina, em especial na segunda parte do século XX, influenciaram na configuração da família, na tarefa do cuidado aos filhos, fazendo com que o grupo familiar de hoje não apresente um único modelo, como ocorria em tempos passados. Vários arranjos são buscados para dar conta do cuidado dos filhos e da busca da felicidade que acompanha o ser humano. Nem sempre se torna fácil conciliar estes dois objetivos, uma vez que o cuidado e a proteção à criança é tarefa permanente e desafiadora que precisa ser conciliada com a busca da subsistência, hoje não mais tarefa exclusiva do homem. Paralelamente, a ânsia pela felicidade, estampada com frequência na mídia, contribui para elevar as dificuldades dos pais para voltarem o olhar aos filhos, deixando-os muitas vezes sem receber a atenção de que necessitam. Nesse sentido, Falceto e Waldemar[52] nos advertem: "já dispomos de dados sobre o que é essencial para um bom desenvolvimento psicológico; o principal ingrediente são adultos que se responsabilizem pelas demandas básicas dos filhos de cuidados, amor e limites, sem deixar de lado suas próprias necessidades".

Além da família, "nossas escolas, faculdades e outras instituições têm o dever de incentivar, na mente das crianças e dos jovens, padrões básicos de comportamento, como altruísmo e honestidade, desde as primeiras etapas da escola até a universidade",[53] dotando-os de recursos capazes de fazer frente aos incentivos, cada vez mais sofisticados, dos meios de publicidade que bombardeiam diariamente a todos nós. Estudos já demonstraram que:

---

[51] LEACH, Penelope. Começando com o pé direito. In: CAVOUKIAN, Raffi; OLFMAN, Sharna (org.). *Honrar a Criança*: como transformar este mundo. Tradução Alyne Azuma. São Paulo: Instituto Alana, 2009, p.57.

[52] FALCETO, Olga Garcia; WALDEMAR, José Ovídio Copstein. O ciclo vital da família. In: EIZIRIK, Cláudio; BASSOLS, Ana Margareth Siqueira (org.). *O Ciclo da Vida Humana*: uma perspectiva psicodinâmica. 2ª ed. Porto Alegre: Artmed, 2013, p.100.

[53] LAMA, Dalai. Apresentação. In: CAVOUKIAN, Raffi; OLFMAN, Sharna (org.). *Honrar a Criança*: como transformar este mundo. Tradução Alyne Azuma. São Paulo: Instituto Alana, 2009, p.17.

Do ponto de vista operativo, as estratégias de propaganda são bem sucedidas não apenas por associarem de forma direta o consumo de seu produto com uma série de imagens agradáveis, tornando a mensagem alegre, bonita, erótica ou engraçada, mas porque esta correlação está voltada à criação de memórias afetivas positivas, ou âncoras, fundamentais em qualquer processo de tomada de decisões.[54]

É na escola que a educação para o consumo deve ser complementada, como já vem ocorrendo em diversos estabelecimentos, a começar pela educação infantil, voltada às necessidades dos pequenos, prosseguindo no ensino fundamental, através de atividades curriculares, até atingir o ensino médio. Aspectos ligados à qualidade dos alimentos que consomem, "sua condição de exposição à venda, componentes artificiais, etc., bem como quanto a preços das mercadorias e outros aspectos de cunho econômico",[55] são temas importantes de serem discutidos desde cedo com as crianças, que, em breve, vão se constituir na população jovem e consumidora ativa.

No âmbito do ensino superior, universidades têm oferecido disciplinas específicas, como Direito da Criança e do Adolescente e Direito do Consumidor, como se verifica na Faculdade de Direito da Pontifícia Universidade Católica do Rio Grande do Sul – PUCRS. Assim, na vigência do Estatuto da Criança e do Adolescente e do Código de Defesa do Consumidor, temas antes não discutidos passaram a integrar a formação dos jovens, ainda que muito há por ser feito.

Além da educação ministrada através das diversas disciplinas curriculares, deve ainda ser oportunizada pelos próprios fornecedores, "tendo-se em conta os aspectos éticos, procurando bem informar o consumidor sobre as características dos produtos e serviços já colocados no mercado, ou ainda os que serão aí colocados, à disposição do público consumidor".[56]

Aliando-se às formas acima citadas, entidades voltadas ao direito do consumidor, em diversas regiões do país, têm editado cartilhas explicativas e informativas, muitas delas voltadas ao público infantil, como, por exemplo, as criadas pelo Ministério Público de Pernambuco e a desenvolvida pela parceria entre o Desembargador do Tribunal de Justiça de São Paulo, Dr. Rizzato Nunes, a ex-diretora Executiva do

---

[54] JUNDI, Sami A. R. J. El; PINSKY, Ilana. O impacto da publicidade de bebidas alcoólicas sobre o consumo entre jovens: revisão da literatura internacional. *Revista Brasileira de Psiquiatria*, 2008: 30(4): 362-74, p.363.

[55] FILOMENO, José Geraldo Brito. Da política Nacional de Relações de Consumo. In: GRINOVER, Ada Pellegrini; BENJAMIN, Antônio Herman de Vasconcellos e; FINK, Daniel Roberto; et al. (org.). *Código Brasileiro de defesa do Consumidor*. 10ª ed., rev., atual.e ref. Rio de Janeiro: Forense, 2011, p. 86.

[56] Idem, p. 154.

PROCON de São Paulo, Dra. Marli Aparecida Sampaio, a Maurício de Souza Produções e a Universidade Metodista de São Paulo.[57]

Movidos pelo incentivo da mídia, os adolescentes, na atualidade, ingerem bebida alcoólica cada vez mais cedo, fato que vem chamando a atenção de diversos segmentos sociais. Pesquisa Nacional de Saúde Escolar (PeNE), realizada entre abril e setembro de 2012, aponta que os estudantes de Porto Alegre são os que mais consomem bebida alcoólica no país (34,5%). Os dados da capital gaúcha foram obtidos com 1.455 alunos de 52 escolas do 9º ano do ensino fundamental, na faixa etária entre de 13 e 15 anos. Na segunda posição aparece Florianópolis (34,1%), sendo que os menores percentuais foram encontrados em Belém (17,3%) e Fortaleza (17,4%).[58]

Também fonte de atenção é o alerta dos pesquisadores: "quanto mais precoce o início do uso do álcool, maior é o risco de surgirem consequências graves".[59] Os dados acima chamam a atenção para a grave situação enfrentada por nossos jovens, movidos pela publicidade, uma vez que "o *marketing* de bebidas alcoólicas é, atualmente, uma indústria que atua globalmente, tanto em países industrializados quanto naqueles em desenvolvimento". No Brasil, "a cerveja é associada com futebol e carnaval, enquanto nos Estados Unidos, por exemplo, essa relação acontece com beisebol e o futebol americano (*Super Bowl*)".[60]

Os dados brasileiros sobre o consumo do álcool estão em consonância com a avaliação da Organização Mundial da Saúde (OMS) "para as regiões mundiais com maior impacto para problemas relacionados ao álcool". Para a América do Sul, "a estimativa de perdas devido a problemas de saúde atribuídos ao uso do álcool é de 8 a 15% dos anos de vida perdidos por adoecimento ou mortalidade precoce, as mais altas do planeta".[61]

No Brasil, os resultados de pesquisas desenvolvidas por especialistas da Universidade de São Paulo (USP) são alarmantes em relação

---

[57] Também participaram do projeto a Editora Atlas, Nova Mercante, RR Donnelley Moore e a Associação Civil SOS consumidor.

[58] ALMEIDA, Kamila. Álcool e adolescentes: capital é líder em consumo. ZERO HORA, Porto Alegre, p. 36, 20 de junho de 2013.

[59] TAVARES, Beatriz Franck; BÉRIA, Jorge Umberto; LIMA, Maurício Silva de. Prevalência do uso de drogas e desempenho escolar entre adolescentes. *Revista de Saúde Pública* 2001: 35(2): 150-158.

[60] JUNDI, Sami; PINSKY, Ilana. O impacto da publicidade de bebidas alcoólicas sobre o consumo entre jovens: revisão da literatura internacional. *Revista Brasileira de Psiquiatria*, 2008: 30(4): 362-74, p. 363.

[61] Idem, ibidem.

ao uso do álcool: "as brasileiras ocuparam o terceiro lugar, depois do índice para mulheres russas e americanas".[62]

Portanto, não faltam justificativas para voltarmos o olhar e as ações para a prevenção. Nesse sentido, o Ministério Público do Rio Grande do Sul, em 2011, instituiu o Fórum Permanente de Prevenção ao Uso e à Venda de Bebida Alcoólica por Crianças e Adolescentes, reunindo diversas instituições públicas e privadas com o objetivo de manter, em caráter permanente, os signatários mobilizados no intuito de desenvolver atividades de prevenção à venda e ao consumo de bebidas alcoólicas por crianças e adolescentes, com a adoção de providências que visem à conscientização das famílias e dos responsáveis, dos professores e educadores, agentes de saúde, bem como a adoção de medidas de fiscalização, a serem desenvolvidas pelo Poder Público, com a participação da sociedade.

Entre as ações desenvolvidas, merece destaque a criação de grupo de trabalho para fiscalizar e oferecer proteção aos adolescentes nas festas de formatura de quatro escolas particulares que solicitaram ao Ministério Público providências para o enfrentamento das situações difíceis registradas nos anos anteriores devido ao uso do álcool pelos adolescentes. Durante o ano de 2012, as quatro escolas realizaram ações de prevenção com os pais, alunos e corpo docente, alertando para os prejuízos do uso do álcool em idade precoce. Paralelamente, a equipe da fiscalização também se preparou, cuidadosamente, para o trabalho, reunindo representantes do Ministério Público, Conselho Tutelar, equipe de saúde, com ambulância e médicos especialistas, Secretaria Municipal de Indústria e Comércio (SMIC), Brigada Militar e o Departamento de Proteção à Criança e ao Adolescente da Polícia Civil, além da EPTC, através da operação Balada Segura. Todos sabiam que nas quatro noites de festas haveria a equipe encarregada de fiscalizar e oferecer proteção. Mesmo assim, o trabalho foi intenso. No ambiente interno das festas de formatura não é permitido o uso de bebida alcoólica, desde 23/05/2012, em decorrência de Termo de Ajustamento e Conduta firmado pelas produtoras e o Ministério Público.

Em face dessa proibição, o uso da bebida alcoólica inicia bem antes, começando, por vezes, nas próprias residências, com a conivência de pais, através dos *concentras*, como costumam denominar, chegando ao local das festas já embriagados e totalmente vulneráveis, como se pode constatar. Pais contratam vãs para levar os filhos e o grupo de amigos, desembarcando da condução quase sem condições de se man-

---

[62] DOSSIÊ SOBRE ALCOOLISMO. Comportamento, USP online. São Paulo, 25 de fevereiro de 2013. Disponível em: <http://www5.usp.br/22980/nova-edicao-de-revista-da-usp-traz-dossie-sobre-alcoolismo/>. Acesso em 10 jul. 2013.

terem em pé. Muitos não conseguiram ingressar na festa, sendo encaminhados diretamente ao atendimento médico disponível no local. As cenas são indescritíveis: sapatos altos ao lado, roupas molhadas pelo vômito, casos graves tendo que ser encaminhados ao Pronto Socorro. Os adolescentes embriagados não entraram na festa e só foram liberados após o comparecimento dos pais, apresentação ao Conselho Tutelar e Ministério Público, com boletim de atendimento médico.

Os pais, acordados no meio da noite, chegavam por vezes assustados, por vezes demonstrando reprovação à conduta dos filhos. Poucos pais, talvez por comodismo ou constrangimento, mandaram os irmãos mais velhos buscarem os seus filhos, situação igualmente bastante difícil para os que receberam esta árdua tarefa de ocupar o lugar dos responsáveis legais. O trabalho estendeu-se das 23h às 6h da manhã, de forma ininterrupta. Os pais que lá foram chamados não deixavam de agradecer o cuidado que o grupo de proteção e fiscalização dedicou aos seus filhos.

As formaturas daquele final de ano passaram. No entanto, as festas continuam a acontecer e a seguir o mesmo ritual. Poucos são os movimentos que buscam alertar e coibir a venda de bebida alcoólica por crianças e adolescentes. Percebe-se uma conivência silenciosa por parte das famílias, das escolas, da sociedade e do Poder Público, contribuindo para os alarmantes índices de uso precoce do álcool, com consequências desastrosas na vida de uma geração que tinha muito a comemorar.

4. Considerações finais

Como amplamente abordado, a infância, historicamente, foi desrespeitada e pouco valorizada. É recente a garantia de direitos à população que ainda não atingiu os dezoito anos, o que somente veio a ocorrer, no Brasil, após a vigência da Constituição Federal de 1988.

Em 1990, o Estatuto da Criança e do Adolescente e o Código de Defesa do Consumidor aliam-se na árdua tarefa de proteger a infância. Sabe-se, no entanto, que a lei, por si só, não muda a realidade. É preciso o envolvimento de todos os segmentos da sociedade para transformar as situações vivenciadas por esta camada da população, marcada por repetidas situações de negligência, abandono e violência, que são transmitidas através das gerações.

A publicidade, em que pese os dispositivos legais trazidos com o Estatuto da Criança e do Adolescente, o Código de Defesa do Consumidor, o Código Brasileiro de Autorregulamentação Publicitária, bem como a atuação do Ministério Público e o controle realizado pelo Conselho Nacional de Autorregulamentação Publicitária – CONAR –, tem como alvo estimular o consumo e movimentar grandes cifras, desconsiderando, na maior parte das vezes, a hipervulnerabilidade de seus destinatários diretos ou indiretos.

Muito já se avançou no campo da educação para o consumo. Contudo, muito ainda há que ser feito no âmbito da família, da escola e das universidades. Não faltam aliados, em especial, o Estatuto da Criança e do Adolescente e o Código de Defesa do Consumidor. A mudança por todos desejada só será possível quando as novas gerações, através da informação e do conhecimento dos dispositivos legais, passarem a exigir seus direitos, tornando-se cidadãos conscientes e participativos.

O uso do álcool, em especial pelos adolescentes, é constantemente estimulado pela publicidade, ainda que vedações existam quanto às propagandas. As crianças e os jovens não podem abdicar da presença de adultos capazes de garantir a sua proteção, quer no ambiente familiar, quer no ambiente escolar.

Reconhecer a vulnerabilidade da infância e, ao mesmo tempo, o seu grande potencial humano, pode servir de estímulo a ações educativas que venham ao encontro do desenvolvimento saudável dessa parcela da população. A participação responsável da família e da escola são indispensáveis, assim como a presença do poder público, para construir uma sociedade mais justa, solidária e fraterna, caminho inexorável para uma vida mais digna e saudável.

Referências

ALMEIDA, Kamila. Álcool e adolescentes: capital é líder em consumo. In: *Zero Hora*, Porto Alegre, p.36, 20 de junho de 2013.

AMERICAN COLLEGE OF SURGEONS. ATLS: *Advanced Trauma Life Support*. Program for physicians. Committee on trauma. Instructor Manual. Chicago: American College of Surgeons, 1993, p. 11/12. In: ZAVASCHI, Maria Lucrecia Scherer e Colaboradores. *Crianças e adolescentes vulneráveis*: o atendimento interdisciplinar nos Centros de Atenção Psicossocial. Porto Alegre: Artemed, 2009.

AMIN, Andréa Rodrigues. *Curso de Direito da Criança e do Adolescente*. 2. ed. Rio de Janeiro: Lúmen Júris, 2007.

ANDI. *Trabalho infantil doméstico*: números alarmantes. Disponível em <http://www.andi.org.br/infancia-e-juventude/pauta/trabalho-infantil-domestico-numeros-alarmantes.> Acesso em: 13 jun. 2013.

BASSOLS, Ana Margareth Siqueira; DIEDER, Ana Lúcia; CZEKSTER, Michele Valent; et al. A criança pré-escolar. In: EIZIRIK, Cláudio; BASSOLS, Ana Margareth Siqueira (org.). *O Ciclo da Vida Humana*: uma perspectiva psicodinâmica. 2ª ed. Porto Alegre: Artmed, 2013, p.127-141.

BENJAMIN, Antônio Herman de Vasconcellos e. Das práticas comerciais. In: GRINOVER, Ada Pellegrini; BENJAMIN, Antônio Herman de Vasconcellos e; FINK, Daniel Roberto; *et al. Código Brasileiro de defesa do Consumidor*. 10ª ed., rev., atual.e ref. Rio de Janeiro: Forense, 2011, p. 259-510.

BOBBIO, Norberto. *A Era dos Direitos*. 2. tiragem. Rio de Janeiro: Elsevier, 2004.

BRASIL. *Decreto nº 99.710, de 21 de novembro 1990*. Promulga a Convenção sobre os Direitos da Criança. Diário Oficial, Brasília, 22 de novembro de 1990.

——. *Lei nº 8.090, de 13 de julho de 1990* – Estatuto da Criança e do Adolescente. Disponível em: <http://www.planalto.gov.br/ccivil_03/Leis/L8069.htm>. Acesso em: 15 jul. 2013.

——. *Lei nº 8.078, de 11 de setembro de 1990* – Código de Defesa do Consumidor. Disponível em: <http://www.planalto.gov.br/ccivil_03/leis/l8078.htm.> Acesso em: 15 jul. 2013.

——. *Superior Tribunal de Justiça, Recurso Ordinário em Mandado de Segurança* nº 19103/RJ, Quarta Turma, Relator Ministro Jorge Scartezzini, DJ 17/10/2005, p. 294.

——. *Superior Tribunal de Justiça, Recurso Ordinário em Mandado de Segurança* nº 11064/MG, Quarta Turma, Relator Ministro Jorge Scartezzini, DJ 25/04/2005, p. 349.

RIO GRANDE DO SUL. *Tribunal de Justiça do Estado do Rio Grande do Sul, Agravo de Instrumento* nº 70015391758, Sétima Câmara Cível, Relatora Desembargadora Maria Berenice Dias, 16 de agosto de 2006, Passo Fundo.

——. *Tribunal de Justiça do Estado do Rio Grande do Sul, Agravo de Instrumento* nº 70016798654, Sétima Câmara Cível, Relator Desembargador Luiz Felipe Brasil Santos, 8 de novembro de 2006, Espumoso.

——. *Tribunal de Justiça do Estado do Rio Grande do Sul, Agravo de Instrumento* nº 70015902729, Sétima Câmara Cível, Relator Desembargador Luiz Felipe Brasil Santos, 6 de setembro de 2006, Porto Alegre.

——. *Tribunal de Justiça do Estado do Rio Grande do Sul, Agravo de Instrumento* nº 70014814479, Sétima Câmara Cível, Relatora Desembargadora Maria Berenice Dias, 7 de junho de 2006, Santa Vitória do Palmar.

——. *Tribunal de Justiça do Estado do Rio Grande do Sul, Apelação Cível* nº 70014552947, Sétima Câmara Cível, Relator Desembargador Luiz Felipe Brasil Santos, 2 de agosto de 2006, Alvorada.

BRUÑOL, Miguel Cillero. O interesse superior da criança no marco da Convenção Internacional sobre os Direitos da Criança. In: MENDEZ, Emílio García; BELOFF, Mary (orgs.). *Infância, Lei e Democracia na América Latina*. v. 1. Blumenau: FURB, 2001.

CURY, Munir. *Estatuto da Criança e do Adolescente Comentado*, Comentários Jurídicos e Sociais. 12. ed. São Paulo: Malheiros, 2013.

DOSSIÊ SOBRE ALCOOLISMO. *Comportamento*, USP online. São Paulo, 25 de fevereiro de 2013. Disponível em: <http://www5.usp.br/22980/nova-edicao-de-revista-da-usp-traz-dossie-sobre-alcoolismo/>. Acesso em 10 jul. 2013.

EIZIRIK, Cláudio; BASSOLS, Ana Margareth Siqueira; GASTAUD, Marina Bento; *et al*. Noções básicas sobre o funcionamento psíquico. In: EIZIRIK, Cláudio; BASSOLS, Ana Margareth Siqueira (org.). *O Ciclo da Vida Humana*: uma perspectiva psicodinâmica. 2ª ed. Porto Alegre: Artmed, 2013, p.15-30.

FALCETO, Olga Garcia; WALDEMAR, José Ovídio Copstein. O ciclo vital da família. In: EIZIRIK, Cláudio; BASSOLS, Ana Margareth Siqueira (org.). *O Ciclo da Vida Humana*: uma perspectiva psicodinâmica. 2ª ed. Porto Alegre: Artmed, 2013, p.95-109.

FERREIRA, Lúcia Maria Teixeira. Tutela da Filiação. In: PEREIRA, Tânia da Silva. *O Melhor Interesse da Criança:* um debate interdisciplinar. Rio de Janeiro: Renovar, 1999.

FERREIRA, Maria Helena Mariante; ARAÚJO, Marlene Silveira. Idade escolar: latência (6 a 12 anos) In: EIZIRIK, Cláudio; BASSOLS, Ana Margareth Siqueira (org.). *O Ciclo da Vida Humana*: uma perspectiva psicodinâmica. 2ª ed. Porto Alegre: Artmed, 2013, p.143-153.

FILOMENO, José Geraldo Brito. Da política Nacional de Relações de Consumo. In: GRINOVER, Ada Pellegrini; BENJAMIN, Antônio Herman de Vasconcellos e; FINK, Daniel Roberto; et al. (org.). *Código Brasileiro de defesa do Consumidor.* 10ª ed., rev., atual.e ref. Rio de Janeiro: Forense, 2011, p. 71-143.

——. Dos direitos básicos do consumidor. In: GRINOVER, Ada Pellegrini; BENJAMIN, Antônio Herman de Vasconcellos e; FINK, Daniel Roberto; et al. (org.). *Código Brasileiro de defesa do Consumidor.* 10ª ed., rev., atual.e ref. Rio de Janeiro: Forense, 2011, p. 145-177.

GAMA, Guilherme Calmon Nogueira da. *A nova filiação*: o biodireito e as relações parentais. Rio de Janeiro: Renovar, 2003.

GROSSI, P. K.; SANTOS, Andréia Mendes dos. *Infância comprada: hábitos de consumo na sociedade contemporânea.* Textos e Contextos (*online*), v. 8, p. 1-15, 2007. Disponível em: <http://revistaseletronicas.pucrs.br/ojs/index.php/fass/article/viewFile/2327/3257.> Acesso em 13 jun. 2013.

JUNDI, Sami A. R. J. El; PINSKY, Ilana. O impacto da publicidade de bebidas alcoólicas sobre o consumo entre jovens: revisão da literatura internacional. *Revista Brasileira de Psiquiatria*, 2008: 30(4): 362-74, p.363.

JUNGMANN, Mariana. *Agência Brasil*: para diretor do Unicef, raiz da exploração sexual de crianças é social e não econômica. Disponível em: <http://www.agenciabrasil.gov.br/noticias/2008/11/27/materia.2008-11-27.1860634807/view>. Acesso em: 1° dez. 2008.

LEACH, Penelope. Começando com o pé direito. In: CAVOUKIAN, Raffi; OLFMAN, Sharna (org.). *Honrar a Criança*: como transformar este mundo. Tradução Alyne Azuma. São Paulo: Instituto Alana, 2009, p.53-66.

LAMA, Dalai. Apresentação. In: CAVOUKIAN, Raffi; OLFMAN, Sharna (org.). *Honrar a Criança*: como transformar este mundo. Tradução Alyne Azuma. São Paulo: Instituto Alana, 2009, p.17-18.

LONGO, Victor; Carlos Wilson. UNICEF: direitos das crianças são violados de forma massiva. Disponível em: <http://www.redandi.org//verPublicacao.php5?id=7828#122344>. Acesso em: 21 nov. 2008.

MACHADO, Martha de Toledo. *A proteção Constitucional de Crianças e Adolescentes e os Direitos Humanos*. Baruere: Manole, 2003.

MARQUES, Claudia Lima; BENJAMIN, Antônio Herman V.; MIRAGEM, Bruno. *Comentários ao Código de Defesa do Consumidor.* 3ª ed. rev., atual. e ampl. São Paulo: Revista dos Tribunais, 2010.

MORAIS, Maria Celina Bodin de. O conceito de dignidade humana: substrato axiológico e conteúdo normativo. In: SARLET, Ingo W. (org.). *Constituição, Direitos Fundamentais e Direito Privado*. Porto Alegre: Livraria do Advogado, 2006.

NUNES, Rizzato. *Comentários ao Código de Defesa do Consumidor.* 5ª ed. rev., atual. e ampl. São Paulo: Saraiva, 2010.

PASQUALOTTO, Adalberto. *Os efeitos obrigacionais da publicidade no Código de Defesa do Consumidor*. São Paulo: Revista dos Tribunais, 1997.

PEREIRA, Tânia da Silva. *Direito da Criança e do Adolescente*: uma proposta interdisciplinar. 2. ed. Rio de Janeiro: Renovar, 2008.

——. *Infância e adolescência*: uma visão histórica de sua proteção social e jurídica no Brasil. Revista de Direito Civil Imobiliário, Agrário e Empresarial, São Paulo, v.16, n.62, out./dez., 1992.

——. *O melhor interesse da criança*: um debate interdisciplinar. Rio de Janeiro: Renovar, 1999.

——; MELO, Carolina de Campos. Infância e Juventude: os direitos fundamentais e os princípios consolidados na Constituição de 1988. *Revista Trimestral de Direito Civil*, Rio de Janeiro: PADMA, v. 3, p. 89-109, jul./set. 2000.

POLANCZYK, Guilherme Vanoni; ROHDE, Luis Augusto. Psiquiatria do desenvolvimento. In: EIZIRIK, Cláudio; BASSOLS, Ana Margareth Siqueira (org.). *O Ciclo da Vida Humana*: uma perspectiva psicodinâmica. 2ª ed. Porto Alegre: Artmed, 2013, p.53-62.

RIZZINI, Irene. *A Criança e a Lei no Brasil* – Revisitando a História (1822-2000). Brasília, DF: NICEF; Rio de Janeiro: USU Ed. Universitária, 2000.

SARAIVA, João Batista Costa. *Adolescente em conflito com a lei*: da indiferença à proteção integral. Porto Alegre: Livraria do Advogado, 2003.

SÊDA, Edson. *Construir o passado ou como mudar hábitos, usos e costumes tendo como instrumento o Estatuto da Criança e do Adolescente*. São Paulo: Malheiros, 1993.

TAVARES, Beatriz Franck; BÉRIA, Jorge Umberto; LIMA, Maurício Silva de. Prevalência do uso de drogas e desempenho escolar entre adolescentes. *Revista de Saúde Pública* 2001: 35(2): 150-158.

TEJADAS, Sílvia da Silva. *Juventude e Ato Infracional*: as múltiplas determinações da reincidência. Porto Alegre: EDIPUCRS, 2008.

UNICEF. *Infância e adolescência no Brasil*. Disponível em: <http:www.unicef.org/brazil/pt/activities.html>. Acesso em: 13 jun. 2013.

ZAVASCHI, Maria Lucrecia Scherer. Crianças Vulneráveis. In: ZAVASCHI, Maria Lucrecia Scherer e Colaboradores. *Crianças e adolescentes vulneráveis*: o atendimento interdisciplinar nos Centros de Atenção Psicossocial. Porto Alegre: ARTMED, 2009.

Parte II

PUBLICIDADE, LIBERDADE E TRATAMENTO JURÍDICO DO TEMA

— 5 —

Publicidade e infância:
sugestões para a tutela legal das
crianças consumidoras

CLÁUDIA LIMA MARQUES[1]
KÁREN RICK DANILEVICZ BERTONCELLO[2]

Sumário: Introdução; I – A proteção das crianças consumidoras no Direito e legislação comparada; II – Sugestões para tutela legal das crianças consumidoras no Brasil e uma análise da primeira leitura do substitutivo ao PLS 283,2012; Considerações finais; Referências bibliográficas.

Introdução

Hoje, a publicidade infantil ainda é um tema polêmico.[3] A doutrina estrangeira é unânime que este grupo de consumidores são mais vulneráveis.[4] O exame da doutrina nacional e estrangeira, de suas preocupações e constatações, comparada à ausência de tutela especí-

---

[1] Professora Titular da Universidade Federal do Rio Grande do Sul. Vice-Coordenadora do PPG-Dir/UFRGS. Pesquisadora 1A e Líder do Grupo de Pesquisa do CNPq "Mercosul e Direito do Consumidor". Doutora em Direito pela Universidade de Heidelberg. Mestre em Direito pela Universidedade de Tübingen e Especialista em Integração Européia pela Universidade do Sarre. Advogada e Presidente do *Committee on International Protection of Consumers* da *International Law Association*. Londres. Diretora do Brasilcon.

[2] Juíza de Direito no RS, Mestre e Doutoranda pela Universidade Federal do Rio Grande do Sul. Especialista em Direito Europeu dos Contratos pela Universidade de Savoie/UFRGS. Diretora do Observatório do Crédito e Superendividamento do Consumidor (MJ/UFRGS). Professora da Escola da Magistratura do RS. Diretora do Brasilcon.

[3] Veja sobre publicidade infantil, NEFH, James, Misleading und unfair advertising, in HOWELLS, Geraint, RAMSAY, Iain e WILHELMSSON, Thomas, *Handbook of Research on International Consumer Law*, Elgar Publishing, 2010, p. 120 e seg, FROTA. Mário. A publicidade infanto-juvenil: perversões e perspectivas. Curitiba: Juruá, 2006, p. 15 e seg., no Brasil, a bela obra de DIAS, Lucia Ancona Magalhães. *Publicidade e direito*. São Paulo: Ed. RT, 2011, p. 153 e seg. E o artigo de BENJAMIN, Antônio Herman, O controle jurídico da publicidade. *Revista de Direito do Consumidor 9*, p. 25-57.

[4] Veja, por todos, RAMSAY, Ian. *Consumer law and policy*. 3. ed. Hart: Londres, 2012, p. 162, comentando o porque tantos países são contra a harmonização máxima em temas que afetam este grupo.

fica a endereçar proteção às crianças consumidoras no Brasil chama a atenção. Há claro receio com os efeitos naturais gerados pela publicidade nas crianças, mas não há ainda certeza na definição dos valores que a nossa própria sociedade deve seguir.

A relação da publicidade com o público-alvo infantil tem sido objeto de profundas reflexões,[5] dada a preocupação com a necessidade de estabelecer limites na exploração desta "vulnerabilidade exacerbada".[6] Um panorama resumido da tutela legal destinada à criança consumidora em alguns países, reconhecendo sua "vulnerabilidade agravada"[7] como condição *a priori* na sociedade de consumidores, parece muito útil.

A compreensão do que é ser criança na sociedade de consumo impõe algumas ponderações sobre os padrões e limites éticos utilizados na publicidade endereçada às mesmas e aos pais e educadores como início da contextualização da problemática investigada. Destaque-se que a rotina familiar da nossa época, via de regra, substituiu o exemplo da atuação zelosa da mãe administradora do lar e provedora do acompanhamento individualizado das dificuldades do crescimento dos filhos pela ininterrupta programação infantil veiculada em canais de televisão aberta ou paga, seguidos de publicidade destinada aos infantes ou aos próprios pais como forma de orientação de como proporcionar maior felicidade.[8] A esse respeito, Baudrillard já escrevera que a "felicidade constitui a referência absoluta da sociedade de consumo, revelando-se como o equivalente autêntico da *salvação*".[9]

E a felicidade é ofertada através da publicidade.[10] No caso do público infantil, exemplo da importância deste mercado já foi identifi-

---

[5] Veja, por todos, L'HEUREUX, Nicole; LACOURSIÈRE, Marc. *Droit de la Consommation*, 6. ed. Yvon Blais, 2011, p. 565 a 570.

[6] A expressão é do Min. Antônio Herman de Vasconcellos e Benjamin ao declarar: "a questão da publicidade que envolva a criança como uma daquelas a merecer atenção especial. É a necessidade de atenção especial. É em função do reconhecimento dessa vulnerabilidade exacerbada (hipossuficiência, então) que alguns parâmetros especiais devem ser traçados". *In*: GRINOVER, Ada Pellegrini *et al*. *Código brasileiro de defesa do consumidor: comentado pelos autores do anteprojeto*, 9ª edição. São Paulo: Revista dos Tribunais, 2007, p.355.

[7] A expressão aqui adotada a partir das lições do professor Bruno Miragem como abaixo estudaremos: MIRAGEM, Bruno. *Curso de direito do consumidor*, 3ª ed. São Paulo: 2012, p.103.

[8] Veja sobre a denominada "intimidade debilitada" entre pais e filhos, decorrente da falta de convivência e de companheirismo no seio familiar, facilitou a "comercialização" da relação parental: "Os mercados de consumo propõem reprimir ou eliminar qualquer escrúpulo moral rudimentar que possa permanecer no coração dos pais após o declínio da posição de vigilante na casa da família"BAUMAN, Zygmunt. *Vida a crédito*. Rio de Janeiro: Zahar, 2010, p. 208-209.

[9] BAUDRILLARD, Jean. *A sociedade de consumo*. Lisboa: Edições 70, 2007, p. 47.

[10] Veja sobre a importância da publicidade em nossa sociedade, PASQUALOTTO, Adalberto. *Os efeitos obrigacionais da publicidade no Código de Defesa do Consumidor*. São Paulo: Ed. RT, 1997, p. 9 e seg. E, a obra de PEZZELLA, Maria Cristina C. *A eficácia jurídica na defesa do consumidor – O poder do jogo da publicidade*. Porto Alegre: Livraria do Advogado, 2004.

cado em pesquisa feita pelo IBOPE, que atestou "O poder dos pequenos", ao constatar que as crianças brasileiras entre 4 e 11 anos passam de 5 horas e 17 minutos em frente à TV. Outras dificuldades são adicionadas às peculiaridades do crescimento na sociedade de consumo quando uma pesquisa da Fundação Case, São Paulo, em 2006, revela que: "acesso rápido ao consumo, a independência e o prestígio social são os principais motivadores de delitos entre os internados".[11]

Não bastasse as consequências imediatas na formação da conduta infantil, a força do mercado de consumo deste público demonstra que os pequenos já se tornaram "grandes perdulários antes mesmo de ganhar modestos salários":[12] Em 2000, 31 milhões de crianças e adolescentes americanos com idade entre 12 e 19 anos já controlavam 115 bilhões de dólares de consumidores. Apenas 4 anos depois, 33,5 milhões de crianças controlavam US$169 bilhões, ou aproximadamente US$ 91 dólares por semana cada criança.

Vejamos, pois, a proteção das crianças consumidoras no Direito e Legislação comparada em uma primeira parte e, em uma segunda, a análise dos projetos em curso no Brasil, a partir do substitutivo lido pelo e. Senador Ricardo Ferraço (ES) que incluiu a publicidade infantil nos projetos de Atualização do Código de Defesa do Consumidor.

I – A proteção das crianças consumidoras no Direito e legislação comparada

A reflexão sobre a necessidade de proteção das crianças consumidoras relativamente à publicidade enfrenta uma visão ambivalente de infância, construída pelos próprios adultos: de um lado, as crianças são vistas como inocentes que precisam ser protegidos do mercado de consumo e, ao mesmo tempo, são destinatárias do amor paterno concretizado através da aquisição de bens de consumo.[13] E a importância da atuação dos pais, ou do responsável legal, é reconhecida pelos estudiosos como determinante no "desenvolvimento infantil emocional e cognitivo saudável".[14]

---

[11] A esse respeito, veja: *Jornal Valor Econômico*, 14 a 16 de setembro de 2012, Caderno Eu & Fim de Semana, p.5 e 8.

[12] BARBER, Benjamin R. *Consumido: como o mercado consome crianças, infantiliza adultos e engole cidadãos*. Rio de Janeiro: Record, 2009, p.18.

[13] CROSS, Gary. Valves of adult desire: the regulation and incitement of children's consumption. *Childhood and consumer culture*. New York: Palgrave Macmillan, 2010, p.18.

[14] BAKAN, Joel. Crianças e o mundo corporativo. *In: Honrar a criança: como transformar este mundo*. CAVOUKIAN, Raffi; OLFMAN, Sharna (Org). São Paulo: Instituto Alana, 2009, p.243.

Daí por que vemos diversos países legislando acerca da limitação da publicidade voltada ao público infantil, uma vez que conhecida a realidade mundial da interação cada vez maior das crianças com equipamentos eletrônicos. Essa realidade é "fruto não apenas do marketing implacável das bugigangas eletrônicas para crianças, mas também do fato de os pais estarem menos disponíveis para as crianças por estarem trabalhando mais, com salários menores e menos segurança".[15]

No mesmo sentido, a atuação das mães já foi apontada como fator determinante na influência da socialização das crianças consumidoras, sendo definido que as mães "muito atuantes, rigorosas e calorosas nas relações com seus filhos tendem a monitorar e controlar mais as atividades de consumo das crianças, ao passo que as mães que respeitam e solicitam as opiniões das crianças usam mensagens que promovem a capacidade de decisão de compra e consumo".[16]

Com esse objetivo, passamos a relatar exemplos de regulamentação ocorridos em caráter compulsório ou facultativo, em nível legal e/ou de autorregulamentação, em diversos países como forma de contribuir para o debate sobre a necessidade e o conteúdo desta ingerência em prol da proteção da "vulnerabilidade agravada" das crianças.

Note-se inicialmente que, a exemplo do Art. 37 do CDC, o Art. 16 da Diretiva sobre Televisão (Diretiva do conselho 89/552/CEE) já proíbe a publicidade que explore a inexperiência e credubilidade das crianças e, em seu art. 22, a publicidade que se mostre perigosa, física, mental ou moralmente para crianças.[17] As regras de concorrência leal europeia também mudaram para incluir regras sobre o tema.[18]

Na França, o organismo de regulação é exercido pelo *Conséil Supérieur de l'Audiovisuel (CSA)*, cuja competência, em caso de descumprimento da lei, vai desde aplicação de multa até a dissolução da emissora.[19] Em fevereiro de 2012, o CSA elaborou a Carta de Proteção das crianças frente às mídias, relembrando os direitos das crianças

---

[15] BAKAN, Joel. Crianças e o mundo corporativo. *In: Honrar a criança: como transformar este mundo.* CAVOUKIAN, Raffi; OLFMAN, Sharna (Org). São Paulo: Instituto Alana, 2009, p.243.

[16] BLACWELL, Roger D. *et al. Comportamento do consumidor*, 9ª ed. São Paulo: Cengage Learning, 2011, p.406.

[17] NEFH, James, Misleading und unfair advertising, *in* HOWELLS, Geraint; RAMSAY, Iain; WILHELMSSON, Thomas, *Handbook of Research on International Consumer Law*, Elgar Publishing, 2010, p. 121.

[18] TAMM, Marina e TONNER, Klaus, *Verbraucherrecht*, Baden-Baden, Nomos, 2012, p. 228.

[19] Veja http://www.csa.fr/Espace-juridique/Decrets-et-arretes/Decrets-et-arretes-relatifs-a-la-publicite/Decret-du-27-mars-1992-concernant-le-regime-applicable-a-la-publicite-et-au-parrainage .

inclusive nas mídias.[20] Segundo o CSA, a classificação da publicidade é feita em 5 categorias, sendo que entre 6h e 22h30min só podem ser veiculados programas liberados para crianças menores de 12 anos de idade (categorias I e II). Outrossim, o *merchandising* e a publicidade subliminar são proibidos. A publicidade não deve trazer nenhum prejuízo aos menores, não podendo incitá-los diretamente a comprar um produto ou serviço ou a persuadir seus pais a comprá-los, conforme o Decreto de 27 de março de 1992.[21]

Na Itália, o panorama de regulamentação é semelhante ao da França, sendo exercido pelo Garante, *Autoritá per La Garanzie nelle Comunicazione,* que controla a mídia audiovisual e a mídia impressa.[22] A publicidade durante programas de desenhos animados com até 30 minutos de duração é proibida, assim como a publicidade que utilize personagens de desenhos animados, antes e depois de programas em que eles aparecem. O Decreto 425/91 estabelece que a publicidade televisiva não deve: a) incitar diretamente os infantes a adquirir um produto ou um serviço, valendo-se de sua inexperiência e credulidade; b) incitar diretamente os infantes a persuadir seus pais ou outra pessoa a adquirir um produto ou serviço; c) valer-se da particular confiança que as crianças depositam em seus pais , professores ou outras pessoas; d) mostrar, sem motivo, infância em situação perigosa.[23] [24]

Na Alemanha, por forte influência do legislador europeu,[25] há norma específica geral, considerando publicidades direcionadas para crianças (e induzindo a que peçam o produto ou serviço aos pais e terceiros) como violação da concorrência (Nr. 28 de cláusulas negras do anexo da Lei da concorrência, UWG, combinado com a proibição

---

[20] http://www.csa.fr/Television/Le-suivi-des-programmes/Jeunesse-et-protection-des-mineurs/Charte-Protection-de-l-enfant-dans-les-medias-Fevrier-2012 .

[21] Veja Art. 7, do decreto de 1992 no original: "La publicité ne doit pas porter un préjudice moral ou physique aux mineurs. A cette fin, elle ne doit pas: 1° Inciter directement les mineurs à l'achat d'un produit ou d'un service en exploitant leur inexpérience ou leur crédulité; 2° Inciter directement les mineurs à persuader leurs parents ou des tiers d'acheter les produits ou les services concernés; 3° Exploiter ou altérer la confiance particulière que les mineurs ont dans leurs parents, leurs enseignants ou d'autres personnes; 4° Présenter sans motif des mineurs en situation dangereuse." Fonte: http://legifrance.gouv.fr/affichTexte.do?cidTexte=JORFTEXT00000034 6165&fastPos=2&fastReqId=1966603428&categorieLien=cid&oldAction=rechTexte

[22] Veja http://www.lacomunicazione.it/voce/autorita-per-le-garanzie-nelle-comunicazioni/.

[23] CAPPARELLI, Sérgio *et al.* A proteção à infância na televisão europeia. *Contracampo,* Niterói, Vol. 8, p.87-103, 1° semestre/2003, p. 91.

[24] FROTA. Mário. *A publicidade infanto-juvenil*: perversões e perspectivas. Curitiba: Juruá, 2006, p. 21.

[25] Veja sobre a Diretiva europeia máxima que induziu a modificação da lei de concorrência UWG em 2008 (entrada em vigor em 30.12.2008), TAMM, Marina e TONNER, Klaus, *Verbraucherrecht,* Baden-Baden, Nomos, 2012, p. 228-229.

do § 3 Abs. 3)[26] e ainda mais restritiva para os canais estatais. Já o sistema de regulamentação é complexo, sendo o controle da radiodifusão, descentralizado, e exercido por cada um dos estados de acordo com suas especificidades. Em resumo, o anúncio não pode se dirigir diretamente à criança para solicitar o consumo, não podendo induzir a criança a pedir um produto aos pais ou a terceiros. Os comerciais não devem ainda abusar na utilização de personagens que detenham a confiança das crianças e dos jovens e também não devem exibir jovens em situação de perigo.[27] [28] Em recente julgado da Tribunal Federal Superior (BGH) a definição de criança até 14 anos foi mantida e mesmo o uso de expressões em inglês e gírias foi considerado "dirigido a crianças".[29]

Na Inglaterra, o sistema é também complexo, tendo mais de um organismo no controle. O principal órgão é a *British Broadcasting Commission*, que possui como principal função "assegurar uma programação 'decente' e de 'bom gosto". Já à *Independent Television Commission (ITC)* compete o "controle da programação das emissoras privadas com base em critérios e padrões definidos pelo *ITC Code*" e ao *Board of Governors* controlar "os valores como o pluralismo, a deontologia, a qualidade e a diversidade da programação".[30]

O ITC *Code of Advertising Standards and Practice*, de 1998, apresenta uma seção sobre publicidade e criança (Appendix I, Secção 7).[31] Nesta, criança é a menor de 15 anos,[32] mas há diferenciação para os maiores de 12,[33] tendo em conta a inexperiência da criança.[34] No n. 7.1

---

[26] O original da UWG é: "Unzulässige geschäftliche Handlungen im Sinne des § 3 Abs. 3 sind… Nr. 28: (…) die in eine Werbung einbezogene unmittelbare Aufforderung an Kinder, selbst die beworbene Ware zu erwerben oder die beworbene Dienstleistung in Anspruch zu nehmen oder ihre Eltern oder andere Erwachsene dazu zu veranlassen;"

[27] CAPPARELLI, Sérgio *et al.* A proteção à infância na televisão europeia. *Contracampo*, Niterói, Vol. 8, p. 87-103, 1° semestre/2003, p. 90.

[28] http://www.capparelli.com.br/direitos.php

[29] No original, BGH, Versäumnisurteil vom 17.07.2013 – I ZR 34/12 (Runes of Magic – Eine Werbung, die sprachlich von der direkten Ansprache in der zweiten Person Singular und überwiegend kindertypischen Begrifflichkeiten einschließlich gebräuchlicher Anglizismen geprägt wird, richtet sich gezielt an Kinder. UWG Nr. 28 Anh. zu § 3 Abs. 3).

[30] CAPPARELLI, Sérgio *et al.* A proteção à infância na televisão europeia. *Contracampo*, Niterói, Vol. 8, p. 87-103, 1° semestre/2003, p. 92.

[31] Veja http://www.ofcom.org.uk/static/archive/itc/itc_publications/codes_guidance/advertising_standards_practice2/index.asp.html.

[32] No original: "*SECTION 7: CHILDREN -Background: (1) The ITC is required to have special concern for the protection of children. The ITC regards people of 15 and under as children.*" fonte: http://www.ofcom.org.uk/static/archive/itc/uploads/REVISED_ADVERTISING_STANDARDS_CODE1.pdf.

[33] A regra no original é: "7.1.2. Unrealistic expectations – Advertisements for products of interest to children must take account of the level of experience of those in the relevant age groups so as to avoid arousing unrealistic expectations. Notes:…(3) *Children under four typically have little*

estão as práticas consideradas "pressão para a compra", que são exortação direta (*"7.2.1 Direct exhortation – Advertisements must not directly advise or ask children to buy or to ask their parents or others to make enquiries or purchases"*), pressão abusiva (*"7.2.2 Unfair pressure – Advertisements must not imply that children will be inferior to others, disloyal or will have let someone down, if they or their family do not use a particular product or service"*), presença de crianças como apresentadores (*"7.2.3 Children as presenters – Children in advertisements must not comment on product or service characteristics in which children their age would not usually be interested"*) e interatividade com resposta direta (*"7.2.4 Direct response – Advertisements which offer to sell products or services by mail, telephone, email, internet or other interactive electronic media must not be aimed at children"*). Em outras palavras, os anúncios não devem exortar as crianças a comprar ou a pedir para que outras pessoas comprem o produto ou serviço anunciado; nenhum anúncio pode conduzir crianças a acreditar que se elas não possuírem ou usarem algum produto ou serviço anunciado elas serão inferiores , de algum modo , às outras crianças ou suscetíveis a serem desprezadas ou ridicularizadas; nenhum anúncio deve levar a criança a comprar produtos ou serviços por correio, telefone ou *e-mail* de forma direta. Ainda há regras proibindo publicidades que causem dano moral, físico e condenando o buylling (*"7.3.3 Bullying – Advertisements must not encourage or condone bullying"*).

A doutrina brasileira ainda destaca que na Inglaterra personagens de programas infantis não podem aparecer em publicidade antes das 21 horas; a divulgação de produtos com base em programas infantis de televisão é proibida no período de duas horas antes ou depois dos programas; e nenhum anúncio pode insinuar que as crianças estão faltando com o seu dever ou não tendo lealdade caso não comprem ou incentivem outros a comprar os produtos ou serviços oferecidos pelo anúncio.[35]

De um modo geral, verificamos que estes países estabelecem um percentual máximo às emissoras privadas para o destino de mensagens publicitárias, variando de 10% a 20% do período de transmissão diária, sendo o índice mais alto se considerada a inclusão de outras formas de publicidade como *teleshopping*.[36]

---

ability to distinguish between imaginative scenes and reality. Those over about 12 generally have adult skills in this area." http://www.ofcom.org.uk/static/archive/itc/uploads/REVISED_ADVERTISING_STANDARDS_CODE1.pdf.

[34] No original: "Advertising must not take advantage of children's inexperience or their natural credulity and sense of loyalty" fonte http://www.ofcom.org.uk/static/archive/itc/uploads/REVISED_ADVERTISING_STANDARDS_CODE1.pdf.

[35] http://www.capparelli.com.br/direitos.php

[36] CAPPARELLI, Sérgio *et al.* A proteção à infância na televisão europeia. *Contracampo*, Niterói, Vol.8, p.87-103, 1° semestre/2003, p.98.

Na Áustria, a proteção se assemelha à alemã, através de regras de concorrência desleal que vedam a publicidade direta.[37] Na Bélgica, Luxembrugo e na Noruega, a publicidade antes e depois de programas infantis é proibida, a regra belga é a mais completa, proibindo que a publicidade apareça 5 minutos antes, durante e 5 minutos depois do programa infantil.[38]

Na Suécia, foi proibida a publicidade dirigida a crianças com menos de 12 anos na televisão e no rádio.[39] Na Finlândia, a publicidade que busca persuadir a criança a comprar um produto por meio de oferta direta é proibida,[40] assim proibiu-se que fornecedores financiassem (*sponsoring*) shows televisivos infantis.[41]

Na Dinamarca, as figuras e os bonecos que aparecem em programas infantis não podem figurar em publicidade. E na Grécia a publicidade de brinquedos para crianças é proibida entre 7 e 22 horas, sendo proibida em qualquer horário a publicidade de brinquedos de guerra. De um modo geral, os países europeus reservam o horário das 7h às 22h à programação familiar.[42]

A Diretiva 89/552/CEE, datada de 03 de outubro de 1989, e a Diretiva 2010/13/EU (versão codificada) estabelecem "medidas gerais para assegurar que as transmissões de televisão não prejudiquem seriamente o desenvolvimento físico, mental ou moral de menores".[43][44]

---

[37] Veja http://www.konsument.at/cs/Satellite?pagename=Konsument/MagazinArtikel/Detail&cid=318877716871&pn=5.

[38] NEFH, James, Misleading und unfair advertising, *in* HOWELLS, Geraint; RAMSAY, Iain; WILHELMSSON, Thomas. *Handbook of Research on International Consumer Law*, Elgar Publishing, 2010, p. 121.

[39] Idem, ibidem..

[40] http://www.capparelli.com.br/direitos.php

[41] NEFH, James, Misleading und unfair advertising, *in* HOWELLS, Geraint; RAMSAY, Iain; WILHELMSSON, Thomas. *Handbook of Research on International Consumer Law*, Elgar Publishing, 2010, p. 121.

[42] FROTA. Mário. *A publicidade infanto-juvenil*: perversões e perspectivas. Curitiba: Juruá, 2006, p. 21.

[43] Artigo 22: 1. Os Estados-Membros tomarão as medidas apropriadas para assegurar que as emissões televisivas dos organismos de radiodifusão sob a sua jurisdição não incluam quaisquer programas susceptíveis de prejudicar gravemente o desenvolvimento físico, mental ou moral dos menores, nomeadamente programas que incluam cenas de pornografia ou de violência gratuita. 2. As medidas referidas no nº 1 são igualmente aplicáveis a todos os programas susceptíveis de prejudicar o desenvolvimento físico, mental ou moral dos menores, excepto se, pela escolha da hora de emissão ou por quaisquer medidas técnicas, se assegurar que, em princípio, os menores que se encontrem no respectivo campo de difusão não verão nem ouvirão essas emissões. 3. Além do mais, sempre que esses programas não forem transmitidos sob forma codificada, os Estados-Membros assegurarão que os mesmos sejam precedidos de um sinal sonoro ou identificados pela presença de um símbolo visual durante todo o programa.

[44] Artigo 27: 1. Os Estados-Membros tomarão as medidas apropriadas para assegurar que as emissões televisivas dos organismos de radiodifusão sob a sua jurisdição não incluam quaisquer programas susceptíveis de prejudicar gravemente o desenvolvimento físico, mental ou moral

Nos Estados Unidos da América, as restrições de horários para publicidade na televisão foram aprovadas, em 1990, pelo *Children's Television Act* e implementadas em janeiro de 1992, com modificação em 1996.[45] A partir desta regulamentação ficou determinado que: o tempo máximo de publicidade nos programas infantis dirigidos aos menores de 12 anos é de 10,5 minutos por hora, nos finais de semana; e 12 minutos durante os dias úteis (Federal Communications Comission, The FCC and Broadcasting, 2001). A regulamentação também previu a necessidade de uma distinção clara entre programas e anúncios publicitários.[46] A doutrina atual, porém, é unânime que estas regras são insuficientes.[47] O órgão de controle, voluntário e autorregulamentador CARU (*Children's Advertising Review Unit*) deve promover uma publicidade infantil "responsável" e enviar os casos para a Federal Trade Comission, mas apesar dos esforços a doutrina é crítica que desde 1990 pouco se evoluiu.[48]

O Québec, no Canadá, notabilizou-se por procurar um caminho de meio, pois proibiu a publicidade "destinada às crianças" (art. 238 da Lei de proteção dos consumidores), mas abriu exceções para a publicidade considerada "menos condenáveis" (*formes de publicité considérées comme moins condamnables*).[49] Este caminho apresenta dificuldades, como a de identificar que publicidade é "destinada às crianças" (no caso menores de 13 anos), apesar dos critérios dados para o juiz (art. 239).[50] Entre as publicidades permitidas estão os encartes e revistas para crianças, as vitrines, etiquetas, embalagens, alguns tipos de prospectos, as publicidades de shows e espetáculos, e algumas publicidades televisivas, que devem seguir estritos padrões para "não incitar à compra" e atingir "padrões morais".[51] As sanções são

---

dos menores, nomeadamente programas que incluam cenas de pornografia ou de violência gratuita. 2. As medidas referidas no nº 1 são igualmente aplicáveis a todos os programas susceptíveis de prejudicar o desenvolvimento físico, mental ou moral dos menores, excepto se, pela escolha da hora de emissão ou por quaisquer medidas técnicas, se assegurar que, em princípio, os menores que se encontrem no respectivo campo de difusão não verão nem ouvirão essas emissões. 3. Além do mais, sempre que esses programas não forem transmitidos sob forma codificada, os Estados-Membros assegurarão que os mesmos sejam precedidos de um sinal sonoro ou identificados pela presença de um símbolo visual durante todo o programa.PT 15.4.2010 Jornal Oficial da União Europeia L 95/19.

[45] NEFH, James, Misleading und unfair advertising, *in* HOWELLS, Geraint; RAMSAY, Iain; WILHELMSSON, Thomas. *Handbook of Research on International Consumer Law*, Elgar Publishing, 2010, p. 120.

[46] http://www.capparelli.com.br/direitos.php

[47] Idem, ibidem.

[48] Idem, p. 120 e 121.

[49] Veja L´HEUREUX, Nicole; LACOURSIÈRE, Marc. *Droit de la Consommation*, 6. ed. Ed. Yvon Blais, 2011, p. 565.

[50] Assim idem, p. 566.

[51] Idem, p. 567-568.

pesadas, contrapropaganda retificadora, injunção e mesmo sanções penais.[52]

No Brasil, o art. 227 da Constituição Federal de 1988 assegura prioridade absoluta às crianças. Quanto à publicidade, a Lei n. 9.294/96, conhecida como Lei Murad, regulamentou o § 4º do artigo 220 da Constituição Federal. Delimitou a publicidade dos cigarros, dos medicamentos, terapias, defensivos agrícolas e das bebidas alcoólicas. Inicialmente, foi determinado horário de veiculação entre 21 horas e 6 horas, mas a modificação legislativa ocorrida em 2011 retirou esta previsão. O Estatuto da Criança e do Adolescente, Lei n.8.069/90, também contemplou o controle genérico da publicidade voltada ao público infantil, prevendo a necessidade de classificação prévia. E o Código de Defesa do Consumidor previu no artigo 37, § 2º, como abusiva a publicidade que se aproveita da "deficiência de julgamento e experiência da criança". Por último, o CONAR dispôs no artigo 37 algumas regras voltadas à orientação de como a publicidade deve preservar o livre desenvolvimento das crianças e dos jovens. As críticas a esta proteção por demais lacunosa levaram a sociedade civil a pedir mesmo o banimento da publicidade dirigida às crianças (até 12 anos)[53] e a responsabilização de pessoas famosas que participem nestas publicidades.[54]

A novidade foi a inclusão do tema no substitutivo apresentado na Comissão temporária de modernização do Código de Defesa do Consumidor (CDC), reunida dia 17 de outubro de 2013 para a apresentação do relatório final do senador Ricardo Ferraço (PMDB-ES) sobre projetos de lei do Senado (PLS 281, 282 e 283 de 2012) que propõem alterações no CDC e que incluiu o tema da publicidade infantil.[55] Vejamos.

II – Sugestões para tutela legal das crianças consumidoras no Brasil e uma análise da primeira leitura do substitutivo ao PLS 283,2012

Dois estágios da proteção dos vulneráveis são identificados no Direito Privado brasileiro: "O primeiro tem a ver com o combate à

---

[52] L'HEUREUX, Nicole; LACOURSIÈRE, Marc. *Droit de la Consommation*, 6. ed. Ed. Yvon Blais, 2011, p. 569.

[53] Veja que o instituto "Alana defende a restrição total de publicidade dirigida a crianças, durante Audiência Pública no Senado que discute mudanças no Código de Defesa do Consumidor (CDC). A audiência realizada no dia 29 de abril em Brasília, reuniu organizações, representantes de mercado e estudiosos para debater novas regras para sustentabilidade e para publicidade dirigida a crianças no CDC". Fonte: http://defesa.alana.org.br/post/49451221376/publicidade-infantil-no-senado .

[54] Veja a interessante obra de SCARTEZZINI GUIMARÃES, Paulo Jorge. *A publicidade ilícita e a responsabilidade das celebridades que dela participam*. São Paulo: RT, 2001.

[55] Veja http://www.portaldoconsumidor.gov.br/noticia.asp?id=25257 .

discriminação dos diferentes. O paradigma aqui é o da proteção". Já o segundo estágio está relacionado com a proteção e o respeito às diferenças, "assegurando o acesso, sem discriminação". E continuam: "O direito privado passa a conviver e valorizar as especificidades destes grupos vulneráveis, desenvolvendo instrumentos para compensar (não excluir, vitimizar ou acabar) com as diferenças, pois estas identificam os indivíduos de nossa sociedade".[56] A partir dessas assertivas, encontramos a instrumentalidade maior deste paradigma, que já não se contenta mais em endereçar direitos aos vulneráveis, mas impõe que o Estado (este no exercício de quaisquer dos Poderes desempenhados na República) e os particulares concretizem formas de compensação destas diferenças.[57]

A construção da condição da criança consumidora na pós-modernidade é marcada pela intensidade da participação dos infantes nas compras da família. Atualmente, o exercício de atividade laboral por ambos os pais faz com que os momentos de lazer sejam vivenciados através das idas ao supermercado e às lojas juntos. "Além disso, o divórcio é tão comum que pais ou mães separados em companhias dos filhos tornaram-se uma visão comum em cinemas, restaurantes e lojas".[58] Esta característica de nossa época faz com que as crianças sejam introduzidas precocemente no mercado de consumo, tornando familiar a rotina de desejar bens de consumo e, quiçá, banalizar a compra destes.

Nesse mesmo sentido, já explicamos que a vulnerabilidade é um estado *a priori* dos consumidores em geral e das crianças em particular e a própria etimologia do adjetivo "vulnerável" indica (deriva de *vulnus*, do latim, a significar machucado, atacado por um mal ou frágil; nas línguas indoeuropeias, *welanos*), uma vulnerabilidade "geral" ligada ao estado, à fraqueza, ao estágio do desenvolvimento, à idade, ao risco potencial de um grupo, classe ou coletividade.[59] A vulnerabilidade seria assim "o estado daquele que pode ter um ponto fraco, uma ferida (*vulnus)*, aquele que pode ser 'ferido' (*vulnerare)* ou é vítima facilmente".[60]

---

[56] MARQUES, Cláudia Lima; MIRAGEM, Bruno. *O novo direito privado e a proteção dos vulneráveis*. São Paulo: Revista dos Tribunais, 2012, p. 109-113.

[57] Idem, ibidem.

[58] UNDERHILL, Paco. *Vamos às compras! A ciência do consumo nos mercados globais*. Rio de Janeiro: Elsevier, 2009, p.161.

[59] MARQUES, Cláudia Lima. *Contratos no Código de Defesa do Consumidor: o novo regime das relações contratuais*, 6ª edição. São Paulo: Revista dos Tribunais, 2011, p.361-362.

[60] MARQUES, Cláudia Lima; MIRAGEM, Bruno. *O novo direito privado e a proteção dos vulneráveis*. São Paulo: Revista dos Tribunais, 2012, p.129.

E a vulnerabilidade de determinados grupos sociais tem sido apontada pela doutrina como merecedora de diferenciação em virtude do grau acentuado de fragilidade, conferindo-se nomenclatura especial, a exemplo dos consumidores "hipervulneráveis", segundo expressão do Min. Antônio Herman de Vasconcellos e Benjamin.[61] "Hipervulnerabilidade", já comentamos: "seria a situação social fática e objetiva de agravamento da vulnerabilidade da pessoa física consumidora, por circunstâncias pessoais aparentes ou conhecidas do fornecedor, como sua idade reduzida (assim o caso da comida para bebês ou da publicidade para crianças) ou sua idade alentada (assim os cuidados especiais com os idosos, no Código em diálogo com o Estatuto do Idoso, e a publicidade de crédito para idosos) ou sua situação de doente".[62]

Na mesma linha de entendimento, Bruno Miragem denomina de "vulnerabilidade agravada" aqueles consumidores que "estejam em posição de maior debilidade com relação à vulnerabilidade que se reconhece a um *consumidor standard*".[63]

A doutrina de Philip J. Landrigan[64] utiliza a expressão "Os mais vulneráveis" ao se referir às crianças nos estudos relacionados às consequências da exposição ambiental destas. O autor conclui que apenas a mudança na forma como vemos o mundo (e, por conseguinte, forma como estabelecemos as regras em sociedade) é que viabilizará a proteção das crianças aos perigos. A "vulnerabilidade agravada" também merece análise frente aos riscos do desenvolvimento, a exemplo dos estudos feitos sobre o uso precoce de celulares, decorrente da criação de um hábito de consumo introduzido na sociedade no interesse exclusivo da indústria dos telefones móveis.[65]

---

[61] A expressão foi utilizada em conferência proferida no congresso internacional "15 anos de CDC: balanço, efetividade e perspectivas", em 08 de setembro de 2005, Gramado – RS. *Apud* MARQUES, Cláudia Lima. *Contratos no Código de Defesa do Consumidor: o novo regime das relações contratuais,* 6ª ed. São Paulo: Revista dos Tribunais, 2011, p.335.

[62] MARQUES, Cláudia Lima. *Contratos no Código de Defesa do Consumidor: o novo regime das relações contratuais,* 6ª ed. São Paulo: Revista dos Tribunais, 2011, p. 360. Na mesma linha a jurisprudência: "A relevância social pode ser objetiva (decorrente da própria natureza dos valores e bens em questão, como a dignidade da pessoa humana, o meio ambiente ecologicamente equilibrado, a saúde, a educação) ou subjetiva (aflorada pela qualidade especial dos sujeitos – um grupo de idosos ou de crianças, p. ex. – ou pela repercussão massificada da demanda)" (REsp 347.752/SP, 2ª T., rel. Min. Herman Benjamin, j. 08.05.2007).

[63] MIRAGEM, Bruno. *Curso de direito do consumidor,* 3ª ed. São Paulo: 2012, p.103.

[64] LANDRIGAN, Philip J. Os mais vulneráveis. *In: Honrar a criança: como transformar este mundo.* CAVOUKIAN, Raffi; OLFMAN, Sharna (Org.). São Paulo: Instituto Alana, 2009, p.198.

[65] Bakan alerta que "as crianças correm risco de desenvolver tumores no ouvido e no cérebro pelo uso de celulares porque tem o crânio mais fino e o sistema nervoso subdesenvolvido". BAKAN, Joel. Crianças e o mundo corporativo. *In: Honrar a criança: como transformar este mundo.* CAVOUKIAN, Raffi; OLFMAN, Sharna (Org.). São Paulo: Instituto Alana, 2009, p. 245. A esse respeito, no Canadá, no Reino Unido, na Europa e na OMS há recomendação por autoridades de

Os consumidores "invisíveis" é outra forma ilustrativa de identificação da vulnerabilidade agravada da criança. Sob o enfoque do mundo corporativo e do mercado de consumo do *junk food*, as decisões e ações dos fornecedores de comida e bebida não poupam esforços em explorar a vulnerabilidade das crianças. Na visão de Joel Bakan, "dessa perspectiva vantajosa e patologicamente autoindulgente, as crianças são invisíveis – sua vulnerabilidade única é ignorada (a menos que preocupações estratégicas, como as relações públicas ou possíveis responsabilidades legais, tornem necessário que sejam levadas em consideração ou se finja fazê-lo) – ou exploráveis, como consumidores potenciais ou mão de obra barata".[66]

Nesse contexto, admitida a especial vulnerabilidade da criança consumidora, tivemos oportunidade de sugerir redação propositiva sobre publicidade infantil, a partir das observações resultantes da pesquisa.

No PLS 281, 2012, que atualiza a disposições gerais do CDC e trata do comércio eletrônico e à distância consideramos que poderia ser incluída uma norma principiológica e que trataria também das prejudiciais atualizações de programas e aplicativos, sempre oferecidas às crianças. O texto sugerido foi:

Art. 45-B: Parágrafo único. É abusiva a publicidade e a oferta dirigidas a crianças, assim como as atualizações e modificações de produtos e serviços já contratados, por telefone, MSM (SMS) ou email ou qualquer outro meio similar à distancia ou eletrônico.

O excesso de informação e de meios disponíveis para viabilizar esse acesso traduz hoje um pouco da dificuldade encontrada pelos pais e educadores em filtrar ou mesmo controlar o conteúdo veiculado às crianças na mídia eletrônica ou impressa. E essa complexidade, aqui vista pela definição de Edgar Morin, enquanto "fenômeno quantitativo", capaz de "quantidade de interações e de interferências entre um número muito grande de unidades", desperta para o questionamento sobre o grau de complexidade na orientação da criança consumidora.[67]

A redação sugerida encontra amparo no UK ITC *Code of Advertising Standards and Practice* do Reino Unido e é ilustrada pela prática atual do fornecimento de jogos gratuitos para as crianças com a posterior cobrança das atualizações, *upgrades* ou as ordenações das agendas de celulares, entre outros. Estas práticas são efetuadas sem

---

saúde sobre uso do celular; já na Noruega há recomendação aos pais para permitir entrega de celular apenas aos maiores de 13 anos.

[66] BAKAN, Joel. Crianças e o mundo corporativo. *In: Honrar a criança: como transformar este mundo.* CAVOUKIAN, Raffi; OLFMAN, Sharna (Org.). São Paulo: Instituto Alana, 2009, p. 240.

[67] MORIN, Edgar. *Introdução ao pensamento complexo.* 4ª ed. Porto Alegre: Sulina, 2011, p.34.

a identificação de que se trata de publicidade, sendo a distância um momento de especial vulnerabilidade, dada a probabilidade da criança estar sem a presença de adulto e "modificar" o contrato ou aceitar a oferta, desprovida do necessário esclarecimento. Nesse sentido, o novo parágrafo do art.45- B completaria o artigo 37, § 2°, do Código de Defesa do Consumidor em vigor, e integraria os "deveres", previstos no artigo 33 do CDC, do fornecedor que usa o meio eletrônico ou à distancia de não tornar as crianças brasileiras *targeting* de suas ofertas publicitárias, as chamadas ofertas diretas ou publicidades infantis, que a criança aceita com um *click*.

Esta norma seria um grande avanço no direito brasileiro justamente ao afirmar a noção de hipervulnerabilidade da criança, em especial em matéria de novas mídias e espaços de comércio (eletrônico) que o PLs 281,2012 tem como objeto.

Note-se que publicidade tem clara ligação com o endividamento das famílias, assim no PLS 283, 2012 sobre superendividamento parece haver espaço para tratar o tema, como sugeriu o MPSP, o Instituto Alana e vários outros experts durante o processo parlamentar. A norma sugerida seria:

Art.45- G. É abusiva a publicidade e a oferta direta dirigida a crianças que:
I – incitar diretamente as crianças a comprar ou a persuadir seus pais ou outra pessoa a adquirir um produto, serviço ou crédito;
II – incitar diretamente as crianças a adquirir um produto e serviço, especialmente a crédito, valendo-se da sua inexperiência ou da confiança que depositam em seus pais, professores ou outras pessoas.
Parágrafo único. É proibida toda a publicidade infantil que insinuar ou conduzir crianças a acreditar que se elas não possuírem ou usarem algum produto ou serviço, serão inferiores às outras crianças ou suscetíveis a serem desprezadas ou ridicularizadas, especialmente se dirigida a crianças de 7 anos.

A redação foi inspirada no Direito italiano e do Reino Unido, cujo paradigma é o consumo e o crédito responsável e refletido. Na Itália, como referido anteriormente, o Decreto 425 veda a incitação direta aos infantes para a aquisição de produtos ou serviços, apontando expressamente que a vedação está relacionada com a exploração da inexperiência e credulidade das crianças. Da mesma forma, este decreto veda o estímulo à persuasão das crianças sobre os pais, proíbe a exploração da confiança dos infantes sobre determinadas pessoas de seu ambiente, como os pais e professores, e impede que a infância seja relacionada com situação perigosa.

Na mesma linha, situa-se o *ITC Code of Advertising Standards and Practice*, do Reino Unido, datado de 1998. Como afirmado acima, esta regulamentação veda a instigação das crianças à compra ou ao pedido de compra a ser feito perante os pais. Além disso, esta legislação avançou ao proibir que anúncios transmitam mensagens capazes de afetar a formação do caráter e da personalidade dos pequenos, pois vedou a inserção de insinuação na publicidade. Significa dizer que é vedado que o anúncio insinue que as crianças estejam descumprindo algum dever de lealdade, por exemplo, caso não comprem. A proibição foi estendida, ainda, às hipóteses de mensagens que façam a criança acreditar que será inferior, desprezada ou ridicularizada caso não adquira ou use o produto.

A novidade aqui é o controle mais estrito da publicidade até 7 anos. A regulamentação direciona especial atenção aos menores de 7 anos de idade, reconhecendo-lhes maior vulnerabilidade. E nossa legislação guarda plena harmonia com esta previsão, haja vista que o artigo 54, IV, do Estatuto da Criança e do Adolescente estabelece que: "É dever do Estado assegurar à criança e ao adolescente: (...) IV – atendimento em creche e pré-escola às crianças de zero a seis anos de idade;". A leitura deste dispositivo legal identifica que o início da socialização e da capacitação da criança com o ensino fundamental obrigatório, via de regra, ocorrerá após os 7 anos de idade. A promoção de "conceitos ou ideias" está prevista na própria definição de publicidade comercial contida no artigo 8º do CONAR. Nesse sentido, mostra-se necessária a proteção especial das crianças menores expostas à publicidade.

Outrossim, o artigo 227 da Constituição Federal de 1988 assegura prioridade absoluta às crianças, revelando nas preocupações do legislador brasileiro, o objetivo de evitar a assédio de consumo, em especial na publicidade dirigida a crianças não em idade escolar, que em muitos países é proibida (na Noruega e Suécia a publicidade dirigida a menores de 12 anos é proibida), assim como o *bullying* publicitário e que as crianças sejam usadas para fomentar o superendividamento de suas famílias. Estas normas demonstram a preocupação do legislador em educar financeiramente as crianças e evitar publicidade infantil agressiva que hoje vemos em nosso país.

As sugestões foram encaminhadas ao Senado Federal. Lá tramitam outros projetos referentes à publicidade infantil. Destaque-se o PLS 282/2010, da Comissão de Meio Ambiente, Defesa do Consumidor e Fiscalização e Controle, que procura acrescer um § 5º ao art. 37 do Código de Defesa do Consumidor dispondo ser abusiva a publicidade de alimentos que induza o público infantil a padrões incompatíveis com a saúde, especialmente daqueles que contenham quantidades elevadas de açúcar, gordura saturada e trans, sódio e daqueles que contenham quantidades insuficientes de teor nutricional, além de outros definidos pela autoridade sanitária. Este aspecto da publicidade infantil também mereceria análise, mas talvez o CDC não fosse o local mais apropriado, e sim, o ECA.

Em 19 de outubro de 2013, em primeira leitura o substitutivo do e. Senador Ferraço incluiu algumas normas sobre publicidade infantil que merecem destaque e apoio. No relatório se lê: *"O presente relatório inclui, ainda, no substitutivo, normas gerais sobre proteção da criança. Das audiências públicas realizadas, restou a necessidade e a oportunidade de acrescentar regra sobre publicidade infantil. Sugestão do Instituto Alana, de outros órgãos do Sistema Nacional de Defesa do Consumidor e do Dr. Edgard Rebouças, foram consideradas".*

No PLS 283, 2012, que trata da prevenção e do tratamento do superendividamento, encontrava-se a outra norma, uma modificação no art. 37:

> Art. 37. (...)
> § 2° É abusiva, dentre outras:
> I – a publicidade discriminatória de qualquer natureza, a que incite à violência, explore o medo ou a superstição, se aproveite da deficiência de julgamento e experiência da criança, desrespeite valores ambientais, ou que seja capaz de induzir o consumidor a se comportar de forma prejudicial ou perigosa à sua saúde ou segurança;
> II – A publicidade dirigida à criança que promova discriminação em relação a quem não seja consumidor do bem ou serviço anunciado, contenha apelo imperativo ao consumo, estimule comportamento socialmente condenável ou, ainda, empregue criança ou adolescente na condição de porta-voz de apelo ao consumo.
> (...)

A norma vem justificada:

> Acresce, por esta relatoria, norma sobre publicidade e oferta dirigida a criança, seguindo os modelos do direito comparado, em especial o Direito Italiano e do Reino Unido. O Art. 227 da Constituição Federal de 1988 assegura prioridade absoluta às crianças, evitando o assédio de consumo, que em muitos países é proibida (na Noruega e Suécia a publicidade dirigida a menores de 12 anos é proibida), assim como o *bullying* publicitário e que as crianças sejam usadas para fomentar o superendividamento de suas famílias. Estas normas demonstram a preocupação em educar financeiramente as crianças e evitar publicidade infantil agressiva que hoje vemos em nosso país.

Considerações finais

Como a análise da legislação e do direito comparado demonstrou, muito há o que fazer no tema, e o direito brasileiro ainda está engatinhando na matéria, se um trocadilho pode ser usado. A atualização do CDC parece ser realmente uma esperança na melhoria da regulamentação da publicidade infantil no Brasil.

Em nossa opinião, seria uma pena não haver no PLS 281, 2012, nenhuma norma principiológica, que talvez pudesse apenas afirmar que "para os efeitos deste Código, a criança é considerada hipervulnerável perante à publicidade e comunicação mercadológica a ela dirigidas, devendo ser protegida pelo poder público". Isto já seria um grande avanço. De qualquer maneira, louve-se o projetado texto para o Art. 37, que, se aprovado fosse, já aportaria importante melhoria na proteção do consumidor criança no Brasil.

Mesmo que o substitutivo seja modificado, a que tudo indica, fica destacada a importante iniciativa do e. Relator Senador Ferraço de inclusão do tema da publicidade infantil no CDC. Também destaque-se que a preocupação do Parlamento brasileiro com o tema vem crescendo. Sem querer tecer conclusões deste artigo mais informativo, cabe-nos ao final esperar que, em breve, a publicidade infantil possa ser regulamentada com mais detalhamento no Brasil e a geração atual, tão borbardeada pela publicidade não se perca.

Referências bibliográficas

ALMEIDA, José Antonio. Publicidade e defesa do consumidor. *Revista de Direito do Consumidor*, São Paulo, n.21, p. 105-111, jan./mar. 1997.

AWAZU, Luis Alberto de Fischer. Alguns apontamentos acerca da relação entre ética na publicidade, a formação da criança e seus aspectos jurídicos. *Revista de Direito Educacional*, Vol. 4, p.233, jul. 2011.

BAKAN, Joel. Crianças e o mundo corporativo. *In: Honrar a criança: como transformar este mundo.* CAVOUKIAN, Raffi; OLFMAN, Sharna (Org). São Paulo: Instituto Alana, 2009.

BARBER, Benjamin R. Consumido: como o mercado consome crianças, infantiliza adultos e engole cidadãos. Rio de Janeiro: Record, 2009.

BAUDRILLARD, Jean. *A sociedade de consumo.* Lisboa: Edições 70, 2007.

BAUMAN, Zygmunt. *A sociedade sitiada.* Lisboa: Instituto Piaget, 2002.

——. *O mal-estar da pós-modernidade.* Rio de Janeiro: Jorge Zahar, 1998.

——. *Vida a crédito.* Rio de Janeiro: Zahar, 2010.

BENJAMIN, Antônio Herman, O controle jurídico da publicidade. *Revista de Direito do Consumidor* 9, p. 25-57.

BLACWELL, Roger D. *et al. Comportamento do consumidor,* 9ª edição. São Paulo: Cengage Learning, 2011.

CAPPARELLI, Sérgio *et al.* A proteção à infância na televisão europeia. *Contracampo,* Niterói, Vol.8, p.87-103, 1º semestre/2003.

CAVOUKIAN, Raffi; OLFMAN, Sharna (Org). *Honrar a criança: como transformar este mundo.* São Paulo: Instituto Alana, 2009.

CHAISE, Valéria Falcão. A publicidade em face do Código de Defesa do Consumidor. São Paulo: Saraiva, 2001.

CROSS, Gary. Valves of adult desire: the regulation and incitement of children's consumption. *Childhood and consumer culture.* New York: Palgrave Macmillan, 2010.

DIAS, Lucia Ancona Magalhães. *Publicidade e direito*. São Paulo: Ed. RT, 2011.

EFING, Antonio Carlos; BERGSTEIN, Laís Gomes; GIBRAN, Fernanda Mara. A ilicitude da publicidade invisível sob a perspectiva da ordem jurídica de proteção e defesa do consumidor. *Revista de Direito do Consumidor*, São Paulo, n.81, p.91-116, jan./mar. 2012.

FERNANDES, Daniela Bacellar. *Responsabilidade civil e direito do consumidor em face das mensagens subliminares*. Curitiba: Juruá, 2006.

FROTA, Mário. *A publicidade infanto-juvenil*: perversões e perspectivas. Curitiba: Juruá, 2006.

GOLDSMITH, Elizabeth B. *Consumer economics: issues and behaviors, second edition*. New Jersey: Pearson Prentice Hall, 2009.

GONÇALVES, Tamara Amoroso. Impactos da publicidade de alimentos dirigida a crianças: questões éticas e legais. *Revista Luso-Brasileira de Direito do Consumo*, Curitiba, Vol. I, n.4, p. 187-208, dez. 2011.

GRINOVER, Ada Pellegrini *et al*. *Código brasileiro de defesa do consumidor*: comentado pelos autores do anteprojeto, 9ª edição. São Paulo: Revista dos Tribunais, 2007.

GUÉGUEN, Nicolas. *100 petites expériences en psychologie du consommateur*. Paris: Dunod, 2005.

GUNTER, Barrie; FURNHAM, Adrian. *As crianças como consumidoras*: uma análise psicológica do mercado juvenil. Lisboa: Instituto Piaget, 1998.

JACKS, Nilda; CAPPARELLI, Sérgio (coords). *TV, família e identidade: Porto Alegre "Fim de Século"*. Porto Alegre: EDIPUCRS, 2006.

KAMENETZ, Anya. *Generation debt:* why now is a terrible time to be young. New York: Riverhead Books, 2007.

LACOUR, Clémence. *Vieillesse et vulnerabilité*. Aix-en-Provence: Presses Universitaires d'Aix-Marseille, 2007.

L'HEUREUX, Nicole, LACOURSIÈRE, Marc. *Droit de la Consommation*, 6. ed. Yvon Blais, 2011.

LORENZETTI, Ricardo Luis. *Teoria da decisão judicial: fundamentos de direito*. São Paulo: Revista dos Tribunais, 2009.

MARQUES, Cláudia Lima; MIRAGEM, Bruno. *O novo direito privado e a proteção dos vulneráveis*. São Paulo: Revista dos Tribunais, 2012.

——; BENJAMIN, Antônio Herman V.; MIRAGEM, Bruno. *Comentários ao Código de Defesa do Consumidor*, 3ª edição. São Paulo: Revista dos Tribunais, 2010.

——. *Contratos no Código de Defesa do Consumido*: o novo regime das relações contratuais, 6ª ed. São Paulo: Revista dos Tribunais, 2011.

MASSO Fabiano Del. *Direito do consumidor e publicidade clandestina*: um análise jurídica da linguagem publicitária. Rio de Janeiro: Elsevier, 2009.

MIRAGEM, Bruno. *Direito do consumidor*, 3ª ed. São Paulo: Revista dos Tribunais, 2012.

MORAES, Paulo Valério Dal Pai. *Código de Defesa do Consumidor:* o princípio da vulnerabilidade no contrato, na publicidade, nas demais práticas comerciais. Porto Alegre: Livraria do Advogado, 2009.

MORIN, Edgar. *Introdução ao pensamento complexo*, 4ª edição. Porto Alegre: Sulina, 2011.

NEFH, James, Misleading und unfair advertising, in HOWELLS, Geraint, RAMSAY, Iain e WILHELMSSON, Thomas, *Handbook of Research on International Consumer Law*, Elgar Publishing, 2010.

NISHIYAMA, Adolfo Mamoru. *A proteção constitucional do consumidor*, 2. ed. São Paulo: Atlas, 2010.

——; DENSA, Roberta. A proteção dos consumidores hipervulneráveis: os portadores de deficiência, os idosos, as crianças e os adolescentes. *Revista de Direito do Consumidor*, São Paulo, n.76, p. 13-45, out./dez. 2010.

PADILHA, Valquíria. *Shopping Center: a catedral das mercadorias*. São Paulo: Boitempo, 2006.

PASQUALOTTO, Adalberto. *Os efeitos obrigacionais da publicidade no Código de Defesa do Consumidor*. São Paulo: Revista dos Tribunais, 1997.

RODYCZ, Wilson Carlos. O controle da publicidade. *Revista de Direito do Consumidor*, São Paulo, n.8, p.58-68, out./dez. 1993.

——. O regime da publicidade abusiva no Código de Defesa do Consumidor. *In: A proteção do consumidor no Brasil e no MERCOSUL*. Porto Alegre: Livraria do Advogado, 1994.

SANTOS, Fernando Gherardini. *Direito do marketing*. Sào Paulo: Revista dos Tribunais, 2000.

SCHIFFMAN, Leon G.; KANUK, Leslie Lazar. *Comportamento do consumidor*, 9ª edição. Rio de Janeiro: LTC, 2009.

SCHMITT, Cristiano Heineck. A "hipervulnerabilidade" do consumidor idoso. *Revista de Direito do Consumidor*, São Paulo, n.70, p. 139-171, abr./jun. 2009.

SCHOR, Juliet B. *Born to buy*. New York: Scribner, 2005.

SEVERIANO, Maria de Fátima Vieira. *Narcisismo e publicidade*: uma análise psicossocial dos ideais do consumo na contemporaneidade. São Paulo: Annablume, 2001.

SILVA, Marcus Vinicius Fernandes Andrade da. *O direito do consumidor e a publicidade*. São Paulo: MP Editora, 2008.

UNDERHILL,Paco. *Vamos às compras!* A ciência do consumo nos mercados globais. Rio de Janeiro: Elsevier, 2009.

XAVIER, José Tadeu Neves. Os limites da atuação publicitária na condução de comportamentos sociais: o valor da ética no controle jurídico da publicidade. *Revista de Direito do Consumidor*, São Paulo, n.81, p.117-146, jan./mar. 2012.

— 6 —

O capitalismo, a sociedade de consumo e a importância da restrição da publicidade e da comunicação mercadológica voltadas ao público infantil

ISABELLA HENRIQUES[1]

Sumário: Introdução; 1. Capitalismo e sociedade de consumo; 2. A vulnerabilidade infantil e os apelos de mercado; 3. Considerações finais; Referências.

Introdução

A presente reflexão abordará especificamente a importância e a necessidade de restrição e mesmo de uma completa proibição do direcionamento à criança[2] de qualquer mensagem publicitária ou comunicação mercadológica. Esta última compreendida como toda e qualquer atividade de comunicação comercial para a divulgação de produtos e serviços independentemente do suporte ou do meio utilizado – além de anúncios impressos, comerciais televisivos, *spots* de rádio e *banners* na Internet, podem ser citados, como exemplos de comunicação mercadológica, as embalagens, promoções, *merchandising*, disposição de produtos nos pontos de vendas, uso de mascotes e personagens animados, etc.

Como se nota, o conceito de "comunicação mercadológica" abarca o que se entende tradicionalmente por publicidade – prática comercial que se vale dos meios de comunicação social de massa para difundir benefícios de determinado produto ou serviço cujo consumo se pretende incentivar perante o respectivo público consumidor po-

---

[1] Advogada e Mestre em Direito das Relações Sociais – Direitos Difusos e Coletivos – pela Pontifícia Universidade Católica de São Paulo (PUCSP).

[2] Nos termos do artigo 2º do Estatuto da Criança e do Adolescente considera-se criança a pessoa de até 12 anos de idade incompletos e adolescente aquela entre 12 e 18 anos de idade.

tencial ou efetivo. Ainda assim, ambos serão utilizados no decorrer deste texto, principalmente porquanto, para fins legais, o legislador pátrio refere-se apenas à publicidade.[3]

Antes de se iniciar a abordagem do tema propriamente dito, será apresentada uma breve análise do modelo econômico no qual se inserem a publicidade e a comunicação mercadológica nos dias atuais, na medida em que ambas são meios de divulgação que têm como único objetivo fomentar a comercialização dos mais diversos bens e serviços disponíveis no mercado de consumo com o intuito de gerar e aumentar a lucratividade de seus produtores ou realizadores. Em outras palavras, como a única finalidade da publicidade e da comunicação mercadológica é venal, cumpre observar tanto a razão dessa promoção de vendas – inclusive sob o ponto de vista histórico –, como o impacto que possuem na economia e também na sociedade.

Daí por que se passará a uma singela análise acerca do capitalismo e do conceito de sociedade de consumo no âmbito das relações de consumo, da publicidade e da comunicação mercadológica – especialmente daquelas voltadas ao público menor de 12 anos de idade – sem, no entanto, pretender-se exaurir a amplitude que uma discussão a esse respeito possa apresentar.

1. Capitalismo e sociedade de consumo

Sistema político e econômico em que os meios de produção e de distribuição são de propriedade privada e com fins de lucro, o capitalismo é o modelo dominante no mundo ocidental desde o final do feudalismo. Modelo em que majoritariamente as decisões sobre oferta, demanda, preço, distribuição e investimentos cabem à iniciativa privada e no qual os lucros são distribuídos para essa mesma iniciativa privada, que também é responsável por pagar os salários de sua mão de obra.

Ao longo dos anos, com o fortalecimento e a consolidação desse modelo político econômico, o liberalismo passou a ser difundido nas nações do ocidente, sendo que os Estados e mesmo os governos enfraqueceram-se cada vez mais, gerando, com isso, uma série de questões, como as que observa Zygmunt Bauman,[4] acerca do aumento das desigualdades sociais, da criminalização da população mundial que vive à margem do sistema e do afrouxamento dos laços humanos, com a

---

[3] Ainda que em alguns textos utilize o termo "propaganda comercial".

[4] BAUMAN, Zygmunt. *Danos Colaterais* – Desigualdades Sociais Numa Era Global. Rio de Janeiro: Zahar, 2013, p. 37.

submissão de todos os valores sociais ao capital – sem falar na ausência de valorosas regras e leis restritivas:

No estágio já alcançado pela globalização do capital e do comércio de mercadorias, nenhum governo, isolado ou mesmo em grupo, consegue equilibrar as contas. Sem isso, a capacidade de o 'Estado social' continuar com sua prática de erradicar efetivamente a pobreza no plano doméstico é inconcebível. Também *é difícil imaginar governos, isolados ou mesmo em grupos, capazes de impor limites ao consumo* e elevar os impostos até os níveis necessários para a continuação (que dirá expansão) dos serviços sociais. (grifos inseridos)

E mais:

Creio que o que está por trás da atual 'globalização da desigualdade' é a repetição atualizada, embora desta vez em escala planetária, do processo apontado por Max Weber nas origens do capitalismo moderno e por ele chamado de 'separação entre local de trabalho e local de residência'; em outras palavras, *a emancipação dos interesses empresariais em relação a todas as instituições socioculturais de supervisão e controle eticamente inspirados* então existentes (concentradas, naquela época, na residência/oficina familiar e, por meio dela, na comunidade local); e, por consequência, *a imunização das atividades empresariais contra todos os valores, exceto a maximização do lucro*. Com o benefício do tempo, podemos agora ver os desvios atuais como uma réplica ampliada desse processo original que já tem duzentos anos. Os resultados são os mesmos: *rápida expansão da miséria* (pobreza, desagregação de famílias e comunidades, fragilização e afrouxamento dos vínculos humanos diante do 'nexo financeiro' de Thomas Carlyle) *e uma nova 'terra de ninguém'* (uma espécie de Velho Oeste, a ser mais tarde recriado nos estúdios de Hollywood), *livre de leis restritivas e de supervisão administrativa, só esporadicamente visitada por juízes itinerantes.*[5] (grifos inseridos)

Não se quer aqui fazer uma crítica absoluta ao modelo, mas apresentar questões que podem e devem ser observadas até para um aprimoramento do sistema atual e futuro, a fim de que problemas resultantes desses anos de consolidação do capitalismo possam vir a ser sanados em prol de uma maior humanização das relações sociais, principalmente no âmbito do tema objeto de discussão, que é a publicidade infantil. Sem dúvidas que um dos grandes questionamentos que o capitalismo traz é a sua relação direta e mesmo completa dependência com o consumo e, por conseguinte, o vale tudo que a publicidade tem feito, inclusive em relação ao público infantil, na ânsia de vender mais e mais.

---

[5] BAUMAN, op. cit., p. 32. Vale notar que nessa obra Zygmunt Bauman questiona o fato de a civilização atual compactuar com a noção vigente na sociedade de que os mais fracos e mais pobres, que passam ao largo do sistema, consubstanciariam o denominado 'dano colateral' do sistema e que a desigualdade não seria um perigo para a sociedade como um todo e nem mesmo fonte dos problemas que a afetam. A esse respeito diz: "Pensar em termos de danos colaterais é presumir tacitamente *uma desigualdade de direitos e oportunidades preexistente*, ao mesmo tempo que se aceita a priori a distribuição dos custos da ação empreendida (ou, nesse sentido, de se desistir dela)". BAUMAN, op. cit., p. 12.

Como muitos autores da contemporaneidade têm alertado, o narcisismo do consumo, que é sustentáculo ao triunfo do capitalismo, pode vir a ser um risco crescente para sua própria manutenção, ao menos nos moldes em que se afigura atualmente. Isso porque, como bem diz Benjamin R. Barber:[6] "A vitória dos consumidores não é sinônimo de vitória dos cidadãos".

Nesse contexto, a expressão "sociedade de consumo" vem sendo utilizado para designar sociedades que se encontram em avançada etapa de desenvolvimento industrial capitalista e que se caracterizam pelo consumo massivo de bens e serviços, disponíveis graças a sua elevada produção e conseguinte disponibilização. O conceito de sociedade de consumo está atrelado ao de economia de mercado e, por fim, ao de capitalismo, entendendo-se por economia de mercado aquela desejosa de encontrar equilíbrio entre oferta e demanda por meio da livre circulação de capitais, produtos e pessoas, sem intervenção estatal – mas na qual geralmente a oferta excede a procura.

Vale observar que o aparecimento da chamada sociedade de consumo se deu no contexto do desenvolvimento industrial que, a partir de certa altura, e pela primeira vez em milênios de história, levou a que se tornasse mais difícil vender os produtos e serviços do que os fabricar ou disponibilizar. Referido excesso de oferta, aliado a uma enorme profusão de bens dispostos no mercado, levou tanto ao desenvolvimento de estratégias de *marketing* extremamente agressivas e sedutoras, como às facilidades de crédito para os consumidores em geral.

Nesse cenário, em que a demanda dos adultos tem se apresentado finita enquanto a oferta é cada vez mais interminável e onde parece já não bastar o lucro advindo do consumo de bens e serviços necessários, as crianças passaram a ser vistas como um novo e fantástico nicho de mercado sob três perspectivas: a do consumidor atual criança que é; a do consumidor do futuro adulto que será, e a do promotor de vendas que tem até 80% de influência em todas as compras feitas pela família, do automóvel do pai, passando pelo vestido da mãe, até o computador do irmão mais velho. A esse propósito Benjamin R. Barber observa que "o novo capitalismo precisa produzir um 'terremoto de bens e serviços infantis' dirigido a crianças com idade suficiente 'para articular suas preferências – ou seja, crianças de quatro anos ou mais'".[7]

---

[6] BARBER, Benjamin R. *Consumido – Como o mercado corrompe crianças, infantiliza adultos e engole cidadãos*. Rio de Janeiro – São Paulo: Editora Record, 2009, p. 14.

[7] BARBER, op. cit., p. 23.

PUBLICIDADE E PROTEÇÃO DA INFÂNCIA

Também Frei Betto[8] apresenta uma lúcida reflexão sobre esse que é o mundo em que vivemos hoje:

Hoje habitamos a fronteira entre a modernidade (que finda) e a pós-modernidade (que inicia).

O que distingue a pós-modernidade das épocas anteriores é *a nossa capacidade de criar e destruir, destruir e criar, sempre em busca de algo novo e melhor. Já não há durabilidade.* (...)

Muitos admitem: 'Agora o mundo mudou, e eu com ele. Meu idealismo também se tornou obsoleto. Já não bafeja a minha vaidade nem me traz vantagens. Findou o mundo em que havia heróis, protótipos, modelos a serem seguidos. *Hoje os paradigmas são pessoas de sucesso no mercado, celebridades, essa gente bonita e rica que ostenta luxo, esbanja saúde e ocupa sorridente as páginas das revistas de variedades.*

Vivemos agora no novo mundo em que tudo é continuamente deletável e descartável. Do meu computador ao carro, do estilo de vida à arte, tudo que é in *hoje será* out *amanhã.* Resta-me ficar atento a esse esforço permanente de atualização. E não me cobrem coerência! Se até minha aparência física sofre frequentes modificações por força de malhações e tratamentos estéticos, porque minha identidade deve continuar imutável?(...)

Tudo muito bonito e lógico.

Passados cinco séculos, o saldo não é dos mais positivos. Os dados são da Food and Agriculture Organization (FAO): somos 7 bilhões de pessoas no planeta, das quais metade vive abaixo da faixa da pobreza, e pouco mais de 1 milhão sobrevivem com fome crônica. Nada indica que se cumpram, até 2015, as *Metas do Milênio* da ONU, entre as quais a erradicação da miséria. (...)

Há futuro para a humanidade dentro do paradigma capitalista?

A resposta é sim se comungamos essa angústia, essa frustração aos sonhos idílicos da modernidade. Quem diria que a revolução russa terminaria em *gulags*, a chinesa em capitalismo de Estado; e tantos partidos de esquerda assumiriam o poder como o violinista que pega o instrumento com a esquerda e toca com a direita?

Nenhum sistema filosófico resiste, hoje, à mercantilização da sociedade: a arte virou moda; a moda, improviso; o improviso, esperteza. As transgressões já não são exceções, e sim regras. (...)

Na pós-modernidade, o sistemático cede lugar ao fragmentário, o homogêneo ao plural, a teoria ao experimental. A razão delira, fantasia-se de cínica, baila ao ritmo dos jogos de linguagem. Nesse mar revolto, muitos se apegam às 'irracionalidades' do passado, à religiosidade sem teologia, à xenofobia, ao consumismo desenfreado, às emoções sem perspectivas. (grifos inseridos)

É, pois, nessa sociedade de consumo, da pós-modernidade, que as práticas consumistas vêm sendo exploradas pelo mercado também sob o viés de se aliviar a culpa dos indivíduos – em um patente conflito ético que na grande maioria das vezes passa despercebido pela sociedade, anestesiada que está pelo culto ao consumo, como bem pontua Zygmund Bauman:[9]

---

[8] BETTO, Frei. *O que a vida me ensinou – o que me fez ser o que sou – o desafio é sempre imprimir sentido à existência.* São Paulo: Editora Saraiva, 2013, p. 72-77.

[9] BAUMAN, op. cit., p. 98-100.

(...) Conhecemos o sentimento de culpa de não sermos capazes de passar tempo suficiente com nossos amigos e familiares mais próximos e queridos; de ouvi-los falar de seus problemas com a atenção e a solidariedade que estes exigem; de 'estarmos sempre prontos a ajudar', a deixar de lado o que estamos fazendo no momento e corrermos para ajudar ou apenas compartilhar dores e consolo. Tais experiências, pelo contrário, tornam-se cada vez mais comuns em nossas vidas corridas. Só para ilustrar essa tendência: se vinte anos atrás, 60% das famílias americanas jantavam juntas regularmente, hoje apenas 20% delas se reúnem em torno da mesa de jantar.(...)
Claro, *os mercados de consumo não vão resolver para nós esses dilemas, muito menos afastá-los ou torná-los nulos e sem importância; e não esperamos que nos prestem qualquer desses serviços. Mas eles podem (e estão ávidos por isso) nos ajudar a aliviar ou até a suprimir as aflições da consciência culpada. E o fazem por meio dos presentes em oferta, preciosos e estimulantes, os quais você espia nas lojas ou pela internet, compra e usa para fazer com que as pessoas famintas por seu amor possam sorrir e se regozijar – ainda que por um breve momento. (...)*
O efeito colateral, claro, é que, ao anunciar e entregar analgésicos morais comercializados, os mercados de consumo só facilitam (em vez de prevenir) o esvanecer, o definhar e a desintegração dos vínculos inter-humano. (...)
Nossas intenções de fazer bem aos outros foram comercializadas. (...)
Intencionalmente ou não, os mercados de consumo são coadjuvantes no crime de romper os vínculos inter-humanos; coadjuvantes tanto antes quanto depois de cometido o crime. (grifos inseridos)

No que toca à questão da criança e de como o mercado se vale dessa sensação de culpa dos adultos, concomitante com o verdadeiro assédio publicitário ao qual está exposta a infância brasileira, com a apresentação de um rol inesgotável de brinquedos, roupas, alimentos e bugigangas de todos os tamanhos, tipos e preços, está o chamamento a seus pais e responsáveis para que supram suas culpas pela não presença ou pela ausência no dia a dia por meio de presentes e consumo. Vivemos no tempo em que os pais e responsáveis são levados a trabalhar cada vez mais horas para supostamente conseguirem suprir as necessidades de consumo de suas famílias, deixando de usufruir momentos diários com seus entes queridos, inclusive seus filhos, para os quais, com a finalidade de aplacar suas culpas dessa ausência, compram e consomem o tempo todo, em uma verdadeira roda viva.[10]

---

[10] "A mídia escrita e televisiva e os cartazes de rua sabem que esse grupo de crianças das classes media e alta, é um campo muito importante a ser explorado. Essas crianças devem ser estimuladas a comprar... Veja a TV, usada como babá eletrônica, e os programas infantis por ela veiculados, que substituem o contato físico e afetivo dos pais: o que fazem esses programas senão estimular à exaustão o consumo desenfreado? As dezenas de comerciais de brinquedos, guloseimas, refrigerantes, etc. que são bombardeadas nas cabeças das crianças, sem parar, estimulam-nas a consumir e a exigir dos pais a compra dessas coisas não necessárias. Como os pais sentem culpa por estarem ausentes e distantes, muitas vezes são tentados a ceder à pressão e a comprar inutilidades para os filhos, estimulando o consumo de alimentos artificiais, cheios de corantes, apenas porque não têm como enfrentar com tempo e disposição, as insistências e explicar as dificuldades desse consumo inadequado". MARTINS FILHO, José. *A Criança Terceirizada – Os descaminhos das relações familiares no mundo contemporâneo.* Campinas: Papirus, 2012, p. 83.

Mas não é só vendendo a possibilidade de aplacar as culpas que o mercado explora o consumo, também para firmar identidade e posição social, em outro conflito ético pouco percebido pelos indivíduos dessa modernidade líquida:

> (...) conciliar a capacidade de fixar-se a uma identidade com a de mudá-la quando se deseja – a capacidade de 'ser quem se é' com a de 'tornar-se outra pessoa'. É a posse simultânea das duas capacidades que o ambiente líquido-moderno exige, e são as ferramentas e os símbolos necessários para exercê-las que os mercados de consumo prometem fornecer. (...)
> Em suma, para ser moral *você precisa adquirir bens; para adquirir bens, precisa de dinheiro; para adquirir dinheiro, precisa vender-se – a um bom preço e com um lucro decente. Você não pode ser um comprador a menos que se torne uma mercadoria que pessoas desejem comprar.* Por conseguinte, o que você precisa é de uma identidade atraente, vendável. Você deve isso a si mesmo – porque, CQD, você o deve aos outros.[11] (grifos inseridos)

Por mais absurdo que isso possa parecer, essa mesma ideia de conquista de identidade e posição social por meio do consumo de bens e serviços é transmitida pelo mercado também a crianças desde a mais tenra idade. No país não mais são vistos exemplos como o caso clássico da tesourinha Mundial da Disney em cujo comercial televisivo as crianças diziam o bordão *eu tenho, você não tem.*[12] As publicidades sofisticaram-se, mesmo as dirigidas ao público infantil. Mas continuam dizendo a mesma coisa, de maneira mais velada e sutil, igualmente transmitindo aos pequenos o conceito de que para *ser* é preciso *ter* e que se não consumirem determinado produto ou serviço, se não tiverem o tênis da marca, a boneca do momento ou o bolo recheado da moda, não serão felizes, não estarão integrados nos seus grupos e serão excluídos da turma.

Não por acaso no recente documentário *Muito Além do Peso,*[13] de Estela Renner, uma médica relata que seu paciente adolescente come bananas no horário do intervalo do recreio, na escola, trancado dentro do banheiro, com vergonha de ser visto pelos colegas comendo frutas, e não os alimentos industrializados vendidos na cantina.

Por fim, e não menos importante, a terceira interface entre consumismo e ética apontada por Zygmunt Bauman[14] diz respeito ao consumo como gerador de impacto ambiental e de potencial risco à sustentabilidade do planeta Terra:

---

[11] BAUMAN, op. cit., p. 101-103.

[12] http://www.youtube.com/watch?v=zMFqTzH_dn0 [acesso em 15.9.2013]

[13] http://www.muitoalemdopeso.com.br/en [acesso em 15.9.2013]

[14] BAUMAN, op. cit., p.104-105.

> Também sabemos que os recursos limitados do planeta são modestos demais para acomodar níveis de consumo que se ampliam por toda parte, até atingir os padrões hoje alcançados nas regiões mais ricas do mundo; os mesmos padrões pelos quais tendem a ser avaliados sonhos, perspectivas, ambições e postulados do resto do planeta na era da autoestradas da informação (segundo alguns cálculos, isso exigiria multiplicar por cinco os recursos da Terra; seriam necessários cinco planetas no lugar do único que temos). (...)
>
> (...) a economia consumista tem apenas o céu como limite. Para ser eficaz na tarefa que assumiu, não pode se permitir reduzir o ritmo, muito menos fazer uma pausa e ficar parada.

Como obviamente não dispomos de mais de um planeta Terra, há pela frente uma imprescindível caminhada rumo à redução do consumo por parte das nações onde mais se consome – de tudo, inclusive supérfluos –, para que aquelas que vivem à margem possam minimamente iniciar o consumo de bens e serviços imprescindíveis à sua população – e o mesmo se diga em relação a parcelas da sociedade mais ricas em relação àquelas mais vulneráveis em países como o Brasil, onde há uma enorme desigualdade socioeconômica. No entanto, em que pese a simplicidade desse raciocínio e a facilidade de sua compreensão, pouco se fala na mídia convencional acerca dessa que é uma questão urgente para a humanidade. Muito se diz sobre reciclagem de lixo, sendo que crianças desde a educação infantil têm sido ensinadas a separar plásticos de papel,[15] sem que se pratique a vivência delas no próprio meio ambiente e na natureza ou que se tenha real consciência da desnecessidade de tantos bens de consumo.

Vale observar, como alguns autores atentam, dentre eles Gilles Lipovetsky,[16] que a sociedade do consumo encontra nessa fase da pós-modernidade o seu apogeu – inobstante as atualmente vivenciadas crises, inclusive do próprio capitalismo –, ainda que tenha como foco bens de consumo outros, quais sejam, a informação e a expressão individualista:

> Que erro anunciar precipitadamente o fim da sociedade de consumo quando está claro que o processo de personalização não cessa de ampliar suas fronteiras. A recessão atual, a crise energética, a consciência ecológica não fazem dobrar os sinos de finados da era do consumismo; estamos destinados a consumir cada vez mais objetos e informações, esportes e viagens, formação e relações, música e cuidados médicos. Isto *é a sociedade pós-moderna: não além do consumismo, mas, sim, na sua apoteose, na sua extensão até a esfera particular, até a imagem e o devir do ego conclamado a*

---

[15] Até mesmo o Ronald McDonald's tem ensinado crianças da educação infantil e do ensino fundamental sobre reciclagem e meio ambiente: http://defesa.alana.org.br/post/58420667028/a-invasao-do-mascote-de-fast-food [acesso em 15.9.2013].

[16] LIPOVETSKY, Gilles. *A Era do Vazio – ensaios sobre o individualismo contemporâneo*. São Paulo: Manole, 2005, Prefácio p. XIX-XXIV.

conhecer o destino da obsolescência acelerada, da mobilidade, da desestabilização.
(...)
Assim como a idade moderna foi obcecada pela produção e pela revolução, a idade pós-moderna é obcecada pela informação e pela expressão. (...)
Comunicar por comunicar, expressar-se sem qualquer outra finalidade a não ser expressar-se e ser ouvido por um micropúblico, o narcisismo revela, tanto aqui quanto em outros aspectos, a sua conivência com a ausência de substância pós-moderna, com a lógica do vazio. (grifos inseridos)

De todo o exposto, nota-se que a publicidade e a comunicação mercadológica – com seus apelos emocionais – continuam sendo técnicas essenciais à manutenção do *status quo* da sociedade de consumo e de sua ânsia consumista, em um modelo no qual se produz mais do que se necessita, do que se verdadeiramente quer e do que se pode consumir – inclusive sob o ponto de vista da disponibilidade de recursos naturais no planeta – mas em que se faz necessário o consumo para alimentar a lógica ainda presente de que o sistema político econômico vigente depende, para sua sobrevivência, da venda e compra de uma profusão de bens e serviços que estejam disponíveis no mercado.

Contudo, o que nos apresentam os mais autorizados pensadores dessa passagem da modernidade para a pós-modernidade, é o que o capitalismo precisa ser renovado e repensado para que possa e consiga corrigir os erros ora apontados e humanizar-se mais, a fim de permitir a extinção da miséria planetária e, com isso, impedir esse jogo do vale tudo pelo lucro, repensando a lógica consumista e possibilitando que limites claros a determinadas atividades comerciais sejam estipulados e de fato implementados. Até mesmo como forma de sua própria manutenção como sistema político econômico dominante.

A restrição e a completa proibição do direcionamento da publicidade e da comunicação mercadológica voltadas ao público infantil inserem-se também nesse contexto. Hoje, no Brasil, tais formas de atividade econômica encontram-se na prática sem quaisquer freios, valendo-se da peculiar fase de desenvolvimento em que estão crianças menores de 12 anos para aumentar exponencialmente a geração de lucro a empresas de diversos segmentos, sem qualquer ética ou preocupação com o impacto decorrente dessa conduta.

Certamente existem várias questões que precisam e devem ser objeto de reflexão nessa passagem histórica e ante a possibilidade de se olhar para trás com tal intuito. No presente caso, o que se quer analisar é tão somente um dos pontos possíveis dessa reflexão, que, no país, vem causado diversos danos à sociedade e fomentado por isso uma série de embates com o mercado: a absoluta falta de limites – objetivos e efetivos – para a publicidade no âmbito do chamamento das crianças a práticas consumistas. É o que se passa a demonstrar em seguida.

2. A vulnerabilidade infantil e os apelos de mercado

No intuito de chamar crianças para o consumo de produtos e serviços diversos por meio de sofisticadas técnicas de *marketing*, muitas vezes impossíveis de serem sequer notadas ou percebidas por esse público-alvo, o mercado publicitário brasileiro passou dos limites. Limites morais e éticos porquanto em termos de lei, ainda que se tenha o entendimento de ser a legislação pátria, interpretada conjunta e sistematicamente, bastante restritiva – como se demonstrará a seguir –, fato é que não há um comando único, específico e objetivo a esse respeito no ordenamento jurídico pátrio.

As regras da pretensa autorregulamentação brasileira, ainda que bem redigidas, da mesma forma não são observadas na prática – e nesse caso nem mesmo pela própria ONG Conar, responsável pela efetivação do Código Brasileiro de Autorregulamentação Publicitária, na medida em que é formada e financiada pelo mercado publicitário, de agências, anunciantes e veículos de comunicação, que possuem notório interesse comercial na manutenção dos apelos publicitários à infância.[17] Razão pela qual, no dia a dia, são as crianças brasileiras que estão desassistidas também quanto à proteção que lhes é devida no âmbito da comunicação comercial.

Essa proteção, ainda que não textualmente redigida em lei, no sentido de restringir ou proibir taxativamente o direcionamento da publicidade ou da comunicação mercadológica às crianças, é decorrente do fato de hoje o conceito de infância estar atrelado à condição de sujeitos de direito das crianças, que, não mais, como no passado, são consideradas propriedades de seus pais ou de adultos outros. A criança deixou de ser considerada um miniadulto com força de trabalho reduzida em relação ao homem e à mulher. Passou a ser vista como a pessoa em fase peculiar de desenvolvimento que é. Nem mais nem menos do que um adulto, diferente. E cuja diferença faz com que precise de mais cuidado, atenção e proteção, na medida em que é heterônoma.

---

[17] Interesse comercial tal que até impossibilita a instituição a se comportar de maneira isenta nos litígios a ela encaminhados por organizações com cuja bandeira não concorda, como não deixa dúvidas o parecer elaborado por um de seus conselheiros e apoiado por duas câmaras de julgamento no mês de junho de 2011, composto com diversas e vulgares ofensas ao Instituto Alana – ver nota de rodapé 33 da p. 52 do livro *Publicidade de Alimentos e Crianças – Regulação no Brasil e no Mundo*, São Paulo: Saraiva, 2013, obra conjunta coordenada pela autora deste artigo e por Veet Vivarta.

Ninguém duvida da necessidade de uma criança de dois anos não ficar sozinha em casa enquanto seus pais vão viajar. Da mesma forma todo mundo concorda que uma criança de quatro anos não deve andar sozinha pelas ruas da cidade. Ou uma criança de seis anos cuidar da sua alimentação e uma de onze decidir qual é a melhor opção de cuidados médicos para tratar uma pneumonia. Isso porque elas estão se desenvolvendo, não só fisicamente – crescendo a olhos vistos – mas também sob ponto de vista cognitivo, mental, psicológico e emocional. Assim como a alimentação infantil inicia-se com o aleitamento materno, passando depois para os líquidos, papinhas, introdução de sólidos, alimentação convencional e um dia talvez um prato de feijoada, o mesmo processo deve se dar no campo cognitivo. Aos poucos e respeitando-se cada fase do desenvolvimento infantil.

Nesse contexto, a publicidade e a comunicação mercadológica não poderiam, em hipótese alguma, ser dirigidas a pessoas com menos de 12 anos de idade na medida em que, segundo as mais abalizadas pesquisas científicas realizadas em todo o mundo, não conseguem responder com igualdade aos apelos mercadológicos, nem realizar uma análise crítica dessas mesmas mensagens.[18] Aliás, crianças muito novas, até por volta dos 6 anos – algumas pesquisas indicam que até os 8 anos de idade[19] – sequer conseguem reconhecer tais apelos como mensagens mercadológicas que são. Para essas, tudo é conteúdo de entretenimento, seja lá qual for a mídia em que estiver inserida a publicidade ou a comunicação mercadológica, elas simplesmente não as reconhecem como mensagens comerciais.

Já disse, a propósito, Pedrinho Archides Guareschi: "A consciência é o quanto de resposta que alguém consegue oferecer a uma pergunta e, diante da publicidade, a criança não tem o recurso necessário para sequer fazer a pergunta.". Porém, como a publicidade e a comunicação mercadológica na imensa maioria das vezes se dá por meios de comunicação visual, seja pela televisão, Internet ou dispositivos móveis, o que se tem visto é a comprovação da máxima do falecido Neil Postman, em seu livro *O desaparecimento da infância*:

---

[18] Somente após os 12 anos é que TODAS as crianças conseguem entender o caráter persuasivo da publicidade e fazer uma análise crítica sobre a mensagem comercial, segundo a revisão de pesquisas de todo o mundo *Children and television advertising* realizada para a *Swedish Consumer Agency* por Erling Bjurström, sociólogo contratado pelo Governo Sueco em 1994-95. Semelhante é o entendimento divulgado pelo Conselho Federal de Psicologia no Brasil, em parecer assinado por um dos maiores especialistas em psicologia do desenvolvimento Yves de La Taille: http://site.cfp.org.br/wp-content/uploads/2008/10/cartilha_publicidade_infantil.pdf [acesso em 15.9.2013].

[19] Somente por volta dos 8-10 anos é que as crianças conseguem diferenciar publicidade de conteúdo de entretenimento, segundo *Children and television advertising* realizada para a *Swedish Consumer Agency* por Erling Bjurström, sociólogo contratado pelo Governo Sueco em 1994-95.

"A prensa tipográfica criou o conceito de infância e a mídia eletrônica o fez desaparecer". As crianças estão aos poucos voltando a ser tratadas pelos adultos e, notadamente, pela mídia comercial, como mini-adultos – que se vestem como adultos, com trejeitos de adultos, que querem ter agenda lotada de tarefas como adultos, que consomem como adultos, etc.'– ainda que a legislação brasileira e mesmo internacional reconheça a criança textualmente como pessoa em peculiar fase de desenvolvimento.

O ponto é que crianças sempre serão crianças, e seu desenvolvimento não será abreviado por fatores externos de forma a conseguirem, efetivamente, compreender os acontecimentos e estímulos recebidos como se adultos fossem. O fato de as crianças estarem sendo bombardeadas com mensagens publicitárias diversas chamando-as a consumir cada vez mais não as fará ingressar no universo adulto como se adultas fossem, mas prejudicará seu sadio e feliz desenvolvimento porquanto informações não adequadas a sua faixa etária estarão lhes sendo antecipadamente apresentadas. Crianças não conhecem e não entendem a complexidade das relações de consumo e o fato de que o mercado sempre tentará lhes convencer a consumir algo porque sempre haverá uma oferta gigantesca de produtos e serviços ávida por ser consumida para que uma nova gama de ofertas seja apresentada e assim por diante ou, ao menos, enquanto o modelo econômico se alimentar dessa roda viva do consumo.

Bastam apenas 30 segundos para uma marca de alimentos influenciar uma criança[20] e, no entanto, a criança brasileira assiste a uma média de 5 horas e 22 minutos de televisão por dia,[21] enquanto, por outro lado, permanece apenas 3 horas e 15 minutos, em média, no ambiente escolar.[22] Situação tal que faz com que a subjetividade da criança brasileira seja muitíssimo mais influenciada e formada pela mídia e pela publicidade do que pelo ensino formal.

Daí por que se vislumbram no país, atualmente, diversas das mais danosas consequências advindas da publicidade e da comunicação mercadológica voltadas ao público infantil, tais como: consumismo, formação de valores materialistas, obesidade infantil, distúrbios alimentares, erotização precoce, estresse familiar, diminuição das brincadeiras criativas e violência pela busca de bens de consumo. Obviamente todas essas consequências são problemas multifatoriais, mas o que se quer aqui demonstrar é que a publicidade e a comuni-

---

[20] Associação Dietética Norte Americana – Borzekowiski / Robinson.

[21] Painel Nacional de Televisores (IBOPE/2012) – crianças entre 4 e 11 anos, classe ABC.

[22] FGV – Centro de Políticas Sociais: TEP – Tempo de Permanência na Escola / população brasileira em 2006. http://www3.fgv.br/ibrecps/rede/tpe/.

cação mercadológica são fatores importantes no seu aparecimento e desenvolvimento.

Apenas para citar como exemplo o caso da obesidade infantil – que é também o mais visível na sociedade brasileira, que já conta com 15% de crianças obesas e 30% com sobrepeso, problemas encontrados com grande frequência em todas as regiões do país, independentemente de grupos de renda, em crianças a partir de 5 anos de idade[23] – sabe-se que a proibição total da publicidade reduziria o número de crianças obesas em percentuais que poderiam variar de 14,2% a 33,3%.[24]

3. Considerações finais

É por tudo isso que o direcionamento da publicidade e da comunicação mercadológica a crianças deve ser totalmente proibido. Aliás, se a [falta de] efetividade da norma não apresentasse tal necessidade, poder-se-ia dizer que já o é. Isso porque o Brasil conta com um dos mais avançados arcabouços jurídicos acerca da defesa e garantia dos direitos da criança. Seja pela previsão do artigo 227 da Constituição Federal, seja pela completude do Estatuto da Criança e do Adolescente. Ademais, há, no Código de Defesa do Consumidor, dispositivos legais que obrigam ao fornecedor da mensagem publicitária divulgá-la de maneira que seu receptor possa facilmente reconhecê-la, bem como que proíbem a publicidade quando se "aproveitar da deficiência de julgamento e experiência da criança" (artigos 36 e 37, § 2º).

Assim, por uma interpretação sistemática desses três diplomas legais, pode-se considerar que direcionar publicidade ao público infantil já é prática comercial considerada abusiva e, por conseguinte, ilegal.

Nesse sentido, Vidal Serrano Nunes Jr.[25] ensina:

> Tratando-se, no entanto, de publicidade dirigida ao público infantil, quer nos parecer que tal disposição seja irrealizável, já que, exatamente por se tratar de um ser em processo de formação, a criança não possui os predicados sensoriais suficientemente formados para a plena intelecção do que seja a publicidade, de quais os seus objetivos e de como dela se proteger.

---

[23] IBGE, Pesquisa de Orçamentos Familiares 2008-2009 (POF), em parceria com o Ministério da Saúde.

[24] VEERMAN *et al.* – European Journal of Public Health, v. 19, n. 4, 2009.

[25] NUNES JR., Vidal Serrano, A publicidade comercial dirigida ao público infantil, *in* MARTINS, Ives Gandra; RESEK, Francisco (coords.). *Constituição Federal*: avanços contribuições e modificações no processo democrático brasileiro. São Paulo: Editora Revista dos Tribunais, 2008, p. 842-846.

Assim, *toda e qualquer publicidade dirigida ao público infantil parece inelutavelmente maculada de ilegalidade, quando menos por violação de tal ditame legal.*

Note-se, todavia, que tal preocupação foi expressamente incorporada pelo Código de Defesa do Consumidor, em seu art. 37, § 2º, que proibiu a chamada publicidade abusiva, assim entendida como a que viola o dever ético, de boa-fé, entre outras, a que abusa da deficiência de julgamento da criança.

Posto o caráter persuasivo da publicidade e, a depender do estágio de desenvolvimento da criança, a impossibilidade de captar eventuais conteúdos informativos, quer nos parecer que a publicidade comercial dirigida ao público infantil esteja, ainda uma vez, fadada a juízo de ilegalidade.

Com efeito, se não pode captar eventual conteúdo informativo e não tem defesas emocionais suficientemente formadas para perceber os influxos de conteúdos persuasivos, praticamente em todas as situações, a publicidade comercial dirigida a crianças estará a se configurar como abusiva e, portanto, ilegal.

Há de se enfatizar, nessa direção, que o art. 227, caput, de nossa Constituição atribui à família, à sociedade, e ao Estado o dever de colocar a criança 'asalvo de toda a forma de negligência, discriminação, exploração, violência, crueldade e opressão', incorporando a conhecida doutrina da proteção integral.

(...)

Em conclusão, *entendemos que o Código de Defesa do Consumidor, em ressonância à doutrina da proteção integral, incorporada pelo art. 227 da CF, proscreveu a publicidade comercial dirigida ao público infantil.* (grifos inseridos)

Na mesma linha também já se notam algumas decisões de Tribunais – vale citar a Apelação n. 0342384-90.2009.8.26.0000, cujo acórdão paulista condenou a empresa responsável pela promoção da linha de alimentos "Gulosos" ao pagamento de R$300 mil pelos danos difusos de sua publicidade[26] –, bem como decisões de aplicação de penalidades administrativas tanto por parte do Ministério da Justiça e seu Departamento de Proteção e Defesa do Consumidor – nos casos de *merchandising* infantil realizados pelo SBT, considerada prática abusiva e ilegal pelo órgão –, como pela Fundação Procon de São Paulo – no emblemático procedimento que culminou na aplicação de multa no valor de mais de R$3 milhões ao Mc Donald's pela comercialização de brinquedos com lanches, nos autos do Processo Administrativo n. 1722/10-ACP AI 05465 D7.[27]

Esses resultados mostram que há considerável esperança na correta aplicação da norma pátria existente – ao menos no caso a caso –, ainda que, até o término deste texto, não se tenham notícias da aprovação de uma legislação mais específica regulando e proibindo qualquer direcionamento de publicidade ou de comunicação mercadológica ao público infantil.

---

[26] http://defesa.alana.org.br/post/50512622238/bauducco-e-condenada-a-r-300-mil-por-venda-casada [acesso em 17.9.2013]

[27] http://g1.globo.com/economia/noticia/2013/04/procon-sp-mantem-multa-de-mais-de-r-3-milhoes-ao-mcdonalds.html [acesso em 17.9.2013].

É um avanço não só dos Tribunais e dos órgãos que compõem o Sistema Nacional de Defesa do Consumidor, mas de toda a sociedade brasileira que está farta dos abusos cotidianamente perpetrados em face das crianças de todo o país, que vem denotar a elevação de patamar da presente discussão, que está, ademais, reforçando um novo olhar para a questão e contribuindo para uma verdadeira mudança de paradigma no âmbito da comunicação de mercado.

Referências

ALANA. *A invasão do mascote de fast-food*, disponível em http://defesa.alana.org.br/post/58420667028/a-invasao-do-mascote-de-fast-food [acesso em 15.9.2013].

——. *Bauduco é condenada a R$ 300 mil por venda casada*, disponível em http://defesa.alana.org.br/post/50512622238/bauducco-e-condenada-a-r-300-mil-por-venda-casada [acesso em 17.9.2013].

ASSOCIAÇÃO DIETÉTICA NORTE-AMERICANA – Borzekowiski / Robinson.

BARBER, Benjamin R. *Consumido* – Como o mercado corrompe crianças, infantiliza adultos e engole cidadãos. Rio de Janeiro – São Paulo: Editora Record, 2009

BAUMAN, Zygmunt. *Danos Colaterais* – Desigualdades Sociais Numa Era Global. Rio de Janeiro: Zahar, 2013

BETTO, Frei. *O que a vida me ensinou* – o que me fez ser o que sou – o desafio é sempre imprimir sentido à existência. São Paulo: Saraiva, 2013.

BJURSTRÖM, Erling. *Children and television advertising* (A critical study of international research concerning the effects of TV-commercials on children) Report 1994/95:8, Swedish Consumer Agency, disponível em http://www.andi.org.br/sites/default/files/legislacao/59%20-%20Children%20and%20Television%20Advertising_0.pdf.

BRASIL. *Constituição da República Federativa do Brasil*, promulgada em 05 de outubro de 1988.

——. *Lei nº 8.090, de 13 de julho de 1990* – Estatuto da Criança e do Adolescente.

CONSELHO FEDERAL DE PSICOLOGIA. *Contribuição da psicologia para o fim da publicidade dirigida à criança*, disponível em http://site.cfp.org.br/wp-content/uploads/2008/10/cartilha_publicidade_infantil.pdf [acesso em 15.9.2013].

FGV – Centro de Políticas Sociais: *TEP – Tempo de Permanência na Escola* / população brasileira em 2006, disponível em http://www3.fgv.br/ibrecps/rede/tpe/

G1. *Procon-SP mantém multa de mais de R$ 3 milhões ao McDonald's*, disponível em http://g1.globo.com/economia/noticia/2013/04/procon-sp-mantem-multa-de-mais-de-r-3-milhoes-ao-mcdonalds.html [acesso em 17.9.2013].

HENRIQUES, Isabella; VIVARTA, Veet (coords.). *Publicidade de Alimentos e Crianças* – Regulação no Brasil e no Mundo. São Paulo: Saraiva, 2013.

IBGE. *Pesquisa de orçamentos familiares 2008-2009*, disponível em http://www.ibge.gov.br/home/xml/pof_2008_2009.shtm.

IBOPE. *Painel Nacional de Televisores (2012)* – crianças entre 4 e 11 anos, classe ABC.

LIPOVETSKY, Gilles. *A Era do Vazio* – ensaios sobre o individualismo contemporâneo, São Paulo: Editora Manole, 2005

MARTINS FILHO, José. *A Criança Terceirizada* – Os descaminhos das relações familiares no mundo contemporâneo. Campinas: Editora Papirus, 2012

MUNDIAL S/A *propaganda comercial* "Eu tenho, você não tem", disponível em http://www.youtube.com/watch?v=zMFqTzH_dn0 [acesso em 15.9.2013].

NUNES JR., Vidal Serrano, A publicidade comercial dirigida ao público infantil, *in* MARTINS, Ives Gandra; RESEK, Francisco (coords.). *Constituição Federal*: avanços contribuições e modificações no processo democrático brasileiro. São Paulo: Editora Revista dos Tribunais, 2008, pp. 842-846.

RENNER, Estela. *Muito além do peso*, documentário disponível para visualização em http://www.muitoalemdopeso.com.br/en [acesso em 15.9.2013].

VEERMAN *et al. – European Journal of Public Health*, v. 19, n. 4, 2009.

— 7 —

Publicidade dirigida à criança e regulação de mercado

ANA MARIA BLANCO MONTIEL ALVAREZ[1]

Sumário: Introdução; 1. A publicidade dirigida à criança e a relevância de seu debate; 2. A falácia de que não se pode tratar a doença pelo sintoma: a publicidade como "ponta" da cadeia mercadológica; 3. Igualdade e liberdade econômica (razão de ser da regulação do mercado) e concepção normativa do mercado; 4. A restrição da publicidade dirigida à criança como conclusão necessária ao mercado concebido normativamente; Conclusão; Referências.

Introdução

O presente artigo pretende defender a limitação da publicidade dirigida às crianças, ao mesmo tempo em que objetiva refutar corrente contrária, a qual pode ser definida a partir de duas premissas no sentido que: a) controlar a publicidade é tratar um efeito, e não a causa; b) não deve haver controle sobre a publicidade, pois tal ato repercutiria *como* uma limitação ao livre mercado.

Segundo tal corrente, a publicidade seria apenas a parte diminuta de todo um processo que nasce com a concepção de um produto, passa por seu desenvolvimento e produção, e termina com a sua inserção no mercado. Assim, a publicidade seria o fim de uma cadeia: a cadeia mercadológica, portanto, mais próxima de um efeito do mercado, do que parte integrante deste. Embora resultado ou fim da cadeia do mercado – esse ente em relação ao qual se quer supor uma existência individualizada e bastante em si – a publicidade não pode sofrer qualquer limitação, porque limitá-la seria promover limitação ao mercado, o qual deve ser livre para ser eficiente.

---

[1] Graduada em Ciências Jurídicas e Sociais (PUCRS), especialista em Direito Civil e Mestre em Direito (UFRGS), Doutoranda em Direito Civil (USP), Professora de Direito Civil junto à Faculdade de Direito UNIRITTER (Porto Alegre), Advogada.

Secundariamente, e considerando a legitimidade do mercado estimular o consumo do produto concebido e desenvolvido, pretende-se refutar o argumento de que não cabe ao mercado a tarefa de mediar o conteúdo informativo em vista dos seus efeitos (típico poder-dever que incumbe aos pais), mas de prestar as informações devidas e relativas ao produto.

A discussão possível de ser colocada, a partir dos argumentos que se pretende refutar, pode tomar rumos diversos envolvendo várias grandes áreas (como o Direito, a Economia, a Administração, a Sociologia, a Psicologia, a Medicina, etc.). Especificamente na área jurídica, essa discussão envolve muitos de seus ramos (direito civil e empresarial, direito econômico, direito concorrencial, direito do consumidor, direito constitucional, etc.). No entanto, em não sendo possível refletir numa amplitude como essa, evidentemente este artigo sofre delimitações. Não se pretende, portanto, proceder um debate ampliado mediante a problematização dos vários ramos do direito, mas dizer isso não significa de maneira alguma negar uma necessária interdisciplinariedade entre alguns ramos do direito em relação ao tema.

Como o próprio título enuncia, tratar-se-á aqui da publicidade dirigida à criança com base no direito do consumidor (sem ignorar a incidência de outros ramos, tais como direito constitucional, de direito especial relativo à tutela da criança e do adolescente, e do direito civil), e da regulação do mercado (questão que envolve particularmente direito constitucional, do consumidor, civil, empresarial e concorrencial). A remissão a tais ramos do direito se dá nos limites do problema trazido, e com o claro intuito de refutar o argumento principal, demonstrando que tratar da publicidade dirigida à criança é apenas mais uma parte do processo jurídico de regulação do mercado, coordenada com as demais áreas jurídicas que se ocupam do mercado, embora com perspectivas diferentes, todas, no entanto, baseadas numa concepção normativa de mercado.

O argumento secundário, que igualmente se pretende refutar, acaba alcançado pela solução posta ao primeiro: se tratar a publicidade não é equivocado, mas plenamente justificável do ponto de vista jurídico (uma vez que o direito se ocupa do mercado, no qual se insere a publicidade, sob enfoques diferenciados), a tarefa de mediação do conteúdo informativo da publicidade e dos seus efeitos frente ao destinatário não pode ser tarefa que foge ao mercado.

Faz-se necessário afirmar que o enfrentamento de tais questões tem um objetivo mediato que se revela no firme propósito de dar continuidade a um debate profícuo iniciado há muito por Adalberto Pasqualotto, em grupo de pesquisa específico sobre a temática da publicidade dirigida à criança, junto à Faculdade de Direito da Pontifícia Universidade Católica do Rio Grande do Sul (PUCRS), autor que soube ver nesse tema uma das questões mais caras ao desenvolvimento salutar da infância nos dias atuais, bem como soube arrebatar a atenção e a contribuição de profissionais e acadêmicos, junto aos quais é uma honra publicar. Espera-se que a contribuição ora dada seja proveitosa e faça jus aos brilhantes trabalhos aqui apresentados, de autores que dispensam apresentação: a notoriedade de suais ideias é suficientemente conhecida.

1. A publicidade dirigida à criança e a relevância de seu debate

O ponto de partida, como forma de facilitar o desenvolvimento das ideias a serem esposadas e sua apreensão pelo leitor, não poderia ser outro senão a exposição do que se compreende por publicidade dirigida à criança e qual a relevância do tema. Para os fins deste artigo, entende-se por publicidade dirigida à criança, em um sentido estrito, qualquer mensagem publicitária que tenha por finalidade propiciar o consumo de produtos ou serviços cujo consumidor final é uma criança[2] e que esteja direcionada a ela especificamente, quer essa publicidade se dê por peças publicitárias televisionadas, ou por rádio, revistas, jornais, *internet*, *outdoors*, panfletos, etc.[3]

Um segundo passo a ser dado rumo ao desenvolvimento das premissas aqui expostas diz respeito a sua contextualização: a nova estruturação familiar e a facilidade de acesso à informação, sobretudo através da mídia digital, por parte das crianças. Não é notícia que, na sociedade moderna, com a inclusão da mulher no mercado de trabalho, se sucedeu uma reorganização não só da estrutura familiar, como

---

[2] Criança aqui concebida na esteira do art. 2º, do Estatuto de Criança e do Adolescente (ECA), isto é, "a pessoa até doze anos de idade incompletos" (Lei 8.069/90).

[3] No entanto, é importante fazer referência às peças publicitárias que, embora dirigidas a adultos, se utilizam de referência ao universo infantil ou contam com a participação de crianças. Embora o produto ou serviço não seja destinado à criança, em mensagens publicitárias dessa natureza a criança acaba sendo atingida, e reputa-se excessivamente ingênuo acreditar que a referência ao universo infantil não tenha qualquer função na mensagem publicitária veiculada. Talvez esse tipo de propaganda, na circunstancialidade do caso concreto, seja ainda mais suscetível a questionamentos, pois admitir a participação da criança como meio de tão só representar a realidade na peça publicitária (as crianças estão na sociedade) é diferente de utilizar a criança como meio de estímulo ao consumo. No primeiro caso, a criança representa a si mesma, no seio da família e inserida na sociedade, no segundo a criança é apenas um instrumento fomentador do consumo, a criança é um objeto. Não se tratará, no entanto, desse tipo de mensagem publicitária porquanto representaria considerável ampliação do tema, circunstância que inviabiliza seu tratamento em um simples artigo.

também de sua rotina. As mães, que hoje ocupam postos de trabalho fora de casa, inauguraram uma nova forma de conceber a família. Não há mais o "pai provedor" e a "mãe cuidadora". Na sociedade contemporânea, esses papéis são desempenhados por ambos, concomitantemente, ainda que, muitas vezes, os papéis inerentes à paternidade e maternidade envolvam pessoas do mesmo sexo, ou se concentrem em apenas uma pessoa (mãe ou pai solteiro).

Sob essa mudança (associada a questões econômico-sociais, tecnológicas, e outras bastante pragmáticas, como a mobilidade urbana), a rotina familiar se alterou profundamente. A criança passa parte considerável de seu dia sem a presença ou sem concentrar a atenção dos pais, ou de um deles ao menos, circunstância que obviamente a torna mais suscetível às informações recebidas, vez que o "filtro" não está constantemente ao seu lado. Mas ainda que a criança conte com a presença constante e diligência de seus pais, no rastro do avanço tecnológico, a criança também conta com um arsenal de informações, e tem facilitado acesso à informação, e em diversos lugares (em casa, na escola, na casa de familiares e amigos, no parque, no supermercado, no cinema, etc.). E essa facilidade de acesso está consolidada na rotina das famílias por vários meios de comunicação (televisão aberta ou a cabo, internet, rádio, mídia impressa, etc.). Nesse cenário, em algum momento do dia, por qualquer dos meios de comunicação, ou numa simples ida ao supermercado, a criança ficará exposta a algum tipo de mensagem publicitária especialmente dirigida a ela.

O drama de tal contexto se dá pelo fato pouco refletido de que as crianças destinatárias dessas mensagens publicitárias não têm discernimento suficiente para sequer distinguir com precisão elementar o quanto da mensagem é realidade ou fantasia, e, tanto menos, têm condições de elaborar um juízo crítico a respeito do que estão sendo convidadas a consumir. A explicação dessa incapacidade facilmente constatada – e reconhecida pelo ordenamento jurídico na Constituição Federal, no Código Civil, bem como no Estatuto da Criança e do Adolescente – tem raízes no desenvolvimento neurológico da pessoa humana.[4]

Assim, para uma criança, tomar um suco de caixinha, um produto "legal" porque tem um personagem infantil impresso, é o mesmo que tomar um suco natural. Ainda que a criança saiba a diferença, não tem condições de avaliar, do ponto de vista nutricional, o que isso representa ao seu desenvolvimento. E, em um cenário mais otimista, ainda que a criança saiba que, nutricionalmente, o suco natural é me-

---

[4] Tema abordado com propriedade por Jaderson da Costa neste volume, no artigo *A publicidade e o cérebro da criança*, ao qual se faz referência.

lhor, ela não tem condições de refrear o impulso utilizando-se de um raciocínio que leva em consideração as consequências da escolha, porque o domínio de tal função neuropsicológica [domínio do impulso] se consolida ao fim da adolescência.[5]

Lidar com a nova estruturação e rotina familiar, consolidada em nossa sociedade, e a suscetibilidade da criança às informações que recebe, estando ou não na presença dos pais, não é tarefa que se possa relegar somente aos pais, porque qualquer desses atores não reúne forças suficientes, vez que nem sempre os pais contam com as ferramentas essenciais para tanto (educação, condições econômico-financeiras, tempo, etc.). E, ainda que contem com condições essenciais e ideais ao tratamento do problema [suscetibilidade da criança às informações que recebe] é crucial lembrar que o desenvolvimento da criança, através da consecução dos seus direitos, tal qual instituído no art. 227 da Constituição Federal e no 4º do Estatuto da Criança e do Adolescente, é dever que não se esgota na figura dos pais, incluindo-se, também, como destinatários de tais deveres, a comunidade, a sociedade em geral (na qual se inserem as empresas que integram o mercado) e o poder público.

É forçoso concluir que, se o tema central é a criança e o seu desenvolvimento salutar, ao qual se liga de forma intrínseca o tema periférico – a publicidade dirigida à criança e os seus efeitos[6] –, a relevância do debate está dada. Contudo, não se esgota aí tal relevância. Dizer que a mensagem publicitária é apenas a ponta da cadeia de mercado, e, resguardadas as restrições pontuais ao seu conteúdo, não tem compromisso com os efeitos dessa publicidade porque deve haver o "filtro" dos pais, é o mesmo que negar vigência ao texto constitucional e à disposição de lei específica dirigida à tutela da criança, e, inclusive, à legislação consumerista,[7] circunstância que acresce à relevância e consequente justificação do tema ora abordado.

As justificações supraesposadas à abordagem do tema e evidenciada de sua relevância não excluem, a justificação do tema por uma perspectiva que, na lógica do mercado, é recorrentemente associada à ética. Não é admissível, do ponto de vista da "ética empresarial", que algum dos atores do mercado crie a demanda e estimule o consumo por meio do uso irresponsável dos instrumentos de que se pode uti-

---

[5] Não por acaso a capacidade civil gravita entre os 16 e 18 anos, e a capacidade penal aos 18 anos de idade.

[6] Vide, a propósito, nesta publicação, o artigo a respeito da relação entre publicidade e obesidade infantil de Andreia Mendes dos Santos, sob o título *Uma relação que dá peso: propaganda de alimentos direcionada para crianças, uma questão de saúde, direitos e educação.*

[7] O qual expressamente qualifica como abusiva a publicidade que "se aproveite da deficiência de julgamento e experiência da criança", art. 37, § 2º, Lei 8.078/90.

lizar para tanto. Na lógica do mercado, permitir tal conduta é prejudicial à concorrência leal que se deve estabelecer e ser garantida para propiciar a tão almejada livre concorrência. É de acordo com as regras do jogo (sejam elas fruto da prática comercial ou de disposições normativas oriundas do ordenamento jurídico) que se deve jogar e vencer, pois do contrário, qualquer "vitória" é ilegítima e merecedora das sanções comerciais e jurídicas cabíveis.

É importante frisar que as relações *empresa–consumidor* e *empresa––empresa*, embora a reiterada referência à ética, dependem, em verdade, da consecução da *igualdade*, e é este mesmo preceito político-jurídico[8] que justifica a tutela da criança e do adolescente, pois aquele que é reputado *incapaz* não está em condições de se colocar em igualdade frente a outro capaz. E se não há igualdade garantida, não há liberdade econômica justificada. É precisamente nessa imbricada relação *igualdade–liberdade* que o *direito* e a *economia* se encontram, e também este encontro justifica, mas principalmente direciona a abordagem do tema proposto.

2. A falácia de que não se pode tratar a doença pelo sintoma: a publicidade como "ponta" da cadeia mercadológica

Chama especial atenção o argumento de que não se pode tratar uma doença por seu sintoma. Tal afirmação é falaciosa, inclusive do ponto de vista médico. São recorrentes os exemplos na medicina nos quais o tratamento da patologia se dá em larga medida pelo tratamento do seu sintoma. Ninguém vai ao médico, recebe o diagnóstico de "virose" e sai da consulta com a prescrição de tratamento aplicável à causa; todo o tratamento prescrito no caso se dá frente aos sintomas (febre, coriza, dores no corpo, etc.). E, recorrentemente na medicina, o tratamento é voltado concomitantemente à causa e ao sintoma da patologia. Mas, para tanto, é pressuposto a existência de uma patologia para a qual um tratamento é prescrito. Assim, da afirmação de que tratar da publicidade é como tratar o sintoma, e não a causa de uma patologia, pode-se concluir, preliminarmente, que o argumento é frágil, mas, de outro lado, tem a virtude de reconhecer a possibilidade de existência de uma patologia.

O problema é que o tratamento que se entende aplicável diante de eventual publicidade "patológica", por quem defende a não restrição à publicidade dirigida à criança, é inadequado e insuficiente (autorregulamentação da publicidade), e os outros tratamentos dis-

---

[8] Expressamente estatuído no preâmbulo e no art. 5º, *caput*, CRFB/88.

ponibilizados com potencial de "cura" vêm sendo reiteradamente ignorados ou subestimados (direito do consumidor e direito da criança e do adolescente, por exemplo).

Antes de discorrer sobre o tratamento adequado, convém compreender a cadeia na qual se insere a publicidade, não só para alocá-la nesse processo, mas principalmente para propiciar a reflexão sobre sua contribuição ao mercado e permitir a verificação do quão *sintomática* ou *causal* ela pode ser.

O mercado (o espaço no qual se operam as transações [trocas] econômicas) se estrutura pela lógica da demanda[9] e oferta,[10] o que, na economia, quer dizer que a alocação dos recursos e o consequente equilíbrio do mercado dependem fundamentalmente das escolhas de consumidores e produtores. Os consumidores pautarão suas escolhas, em primeiro lugar, pela necessidade (também dita *desejo*) em relação a um determinado bem, junto de outros critérios que subsidiarão suas escolhas, nomeadamente o preço do bem, o preço de outros bens similares ou que desempenham a mesma função, a sua própria renda, e a sua preferência pessoal. Os produtores, por sua vez, levarão em consideração, basicamente, a quantidade ofertada do bem e o custo do bem, neste compreendidos o custo dos fatores de produção, inclusive a tecnologia aplicada.

Tanto o produtor quanto o consumidor tem recursos escassos, de maneira que qualquer má escolha (sobre *o que* e *quanto* consumir ou produzir) pode resultar na má alocação dos seus recursos, e é capaz de repercutir sobre o equilíbrio de determinado segmento do mercado, uma vez que o excesso de demanda promove o aumento de preços (o que prejudica consideravelmente os consumidores), enquanto

---

[9] "Costuma-se definir a procura, ou demanda, individual como a quantidade de um determinado bem ou serviço que o consumidor deseja adquirir em certo período de tempo. Nesta definição, é preciso destacar dois elementos. Em primeiro lugar, a demanda é um *desejo* de adquirir, é uma aspiração, um plano, e não sua realização. Não se deve confundir procura com compra, nem oferta com venda. Demanda é o desejo de comprar. Em segundo lugar, a demanda é um *fluxo* por *unidade de tempo*. A procura se expressa por uma dada quantidade em um dado período. Assim, deve-se dizer que D.ª Maria tem desejo de adquirir 5 quilos de feijão por semana e não, simplesmente, que Dª Maria deseja 5 quilos e que esta é a sua procura." MONTORO FILHO, André Franco. Teoria elementar do funcionamento do mercado, *in* PINHO, Diva Benevides (coord.). *Manual de Economia* (Equipe de Professores do Departamento de Economia da Faculdade de Economia e Administração da Universidade de São Paulo), 1ª ed. (2ª tiragem). São Paulo: Saraiva, 1988, p. 69-101, p. 69.

[10] "Define-se oferta como a quantidade de um bem ou serviço que os produtores desejam vender por unidade de tempo", é também um desejo, uma aspiração, e está contraposta à demanda. MONTORO FILHO, André Franco. Teoria elementar do funcionamento do mercado, *in* PINHO, Diva Benevides (coord.). *Manual de Economia*, op. cit., p. 76.

o excesso de oferta promove a redução dos preços (o que prejudica consideravelmente os produtores).[11]

Contudo, para impulsionar o mercado (ou mesmo criá-lo) é essencial que se trabalhe a demanda – isto é, a necessidade, a aspiração do consumidor – e tal função é atribuição do *marketing*, que se revela, em um sentido amplo, como "o processo de planejamento e execução da concepção, preço, promoção e distribuição de ideias, bens e serviços, organizações e eventos para criar trocas que venham a satisfazer objetivos individuais e organizacionais".[12] Esse processo que é o *marketing* trabalha basicamente quatro questões ligadas à demanda (chamadas de "composto de *marketing*"): produto, preço, ponto e promoção, as quais serão "gerenciadas" conforme "o estado da demanda".[13] E, ao contrário do que o senso comum acredita, *marketing* não é propaganda ou publicidade,[14] pois, como visto, é muito mais abrangente do que isso.

---

[11] FRANCO FILHO, André. Teoria elementar do funcionamento do mercado, *in Manual de Economia*, op. cit., p. 69-101, e, também SPÍNDOLA, Moacyr Roberto de Pinho. O equilíbrio das estruturas básicas de mercado, *in* PINHO, Diva Benevides (coord.). *Manual de Economia*, op. cit., p. 143-170.

[12] BENNETT, Peter D. *Dictionary of marketing terms*. 2 ed. Chicago: Amerincan Marketing Association, 1995 *apud* HONORATO, Gilson. *Conhecendo o marketing*. Barueri: Manole, 2004, p. 11.

[13] A demanda pode ser negativa [o mercado evita o consumo do produto], inexistente [há indiferença ou desestímulo ao consumo de um produto], latente [há insatisfação com os produtos existentes no mercado], declinante [ocorrência de acentuada queda no consumo de determinado produto frente a períodos anteriores], irregular [consumo sazonal], plena [plena capacidade de produção ante a absorção do produto], excessiva [a demanda é maior que a capacidade produtiva da empresa] ou indesejada [há a necessidade de criar estratégias para desestimular o consumo de determinado produto], na esteira do que desenvolve o "guru do *marketing*", KOTLER, Philip. *Administração de marketing*: análise, planejamento, implementação e controle, 5ª ed. São Paulo: Atlas, 1998 *apud* HONORATO, Gilson. *Conhecendo o marketing*. Barueri: Manole, 2004, p. 17-18.

[14] Embora com recorrência se utilize indistintamente os termos propaganda e publicidade, e, em alguns casos, de forma a ver na propaganda um gênero do qual a publicidade é espécie, são conceitos distintos. Enquanto a propaganda destina-se a propagar uma ideologia, em vista do seu convencimento (e daí a correção ao se falar em propaganda política ou propaganda religiosa), a segunda destina-se a levar ao público ideias, bens ou serviços, promovendo-os em vista de transações econômicas, e daí o seu caráter persuasivo. GONZALES, Lucilene. *Linguagem publicitária*: análise e produção. São Paulo: Arte & Ciência, 2003, p. 25-29. Também procede tal análise conceitual e distingue entre publicidade e propaganda RODYCS, Wilson Carlos. O controle da publicidade, *in Revista de Direito do Consumidor*, n. 8. São Paulo: RT, out./dez 1993, p. 58-68. Urge, outrossim, destacar que, na linha de Adalberto Pasqualotto, a publicidade não é sinônimo de proposta ou oferta, no sentido jurídico, isto é, não é compreendida como negócio jurídico unilateral. A publicidade pode ou não veicular uma oferta; se veicular, seu conteúdo gera a vinculação obrigacional de que Pontes de Miranda fala ao tratar da proposta. No entanto, a publicidade resguarda relevância jurídica ainda que não veicule uma proposta, isto é, ainda que não gere efeito obrigacional imediato. Ela está acertadamente alocada na categoria do *contato social* (na esteira da perspectiva de Karl Larenz e Clóvis do Couto e Silva), ela é "contato social de consumo". PASQUALOTTO, Adalberto. *Os efeitos obrigacionais da publicidade no Código de Defesa do Consumidor*. São Paulo: RT, 1997, p. 44-55.

No entanto, a publicidade é essencial ao *marketing*, constituindo-se em uma das ações que se liga ao composto "promoção". O produto ou o serviço desenvolvido deve ser promovido, e para tanto há a necessidade de torná-lo público, informando sua existência e o que ele tem a oferecer ao consumidor. Isto é feito de forma persuasiva, ou seja, com o claro objetivo de criar no consumidor uma necessidade ou um desejo, uma aspiração que o mobilize a tal ponto que deseje realizar uma troca econômica. A publicidade tem papel decisivo no mercado, integrando-se ao processo não como resultado dele – ou como a ponta da cadeia – e sim como fator determinante à entrada e permanência de uma empresa no mercado.

Assim, eventual publicidade equivocada não é mero sintoma, mas causa de uma patologia em particular: a ilicitude em relação ao conteúdo e à forma de cooptação do consumidor. Ou, exposto de outra forma, diz respeito a uma conduta empresarial desleal, frente aos seus pares (que não fazem uso equivocado da publicidade) e frente aos consumidores.[15]

3. Igualdade e liberdade econômica (razão de ser da regulação do mercado) e concepção normativa do mercado

A conclusão que se segue à alocação da publicidade no mercado e à compreensão de seu papel demonstra de forma clara que a publicidade – mesmo se compreendida como uma "arte"[16] – não está fundada na liberdade de expressão (art.5º, IX, CRFB/88),[17] mas na livre iniciativa econômica (art. 1º, IV, e art. 170 e ss, CRFB/88),[18] que se traduz em um princípio em razão do qual a exploração de uma atividade econômica se faz possível.

---

[15] Não por acaso, nos casos de publicidade enganosa ou abusiva, o fornecedor do produto ou serviço é chamado a responder civilmente, nos termos do que preceitua o Código de Defesa do Consumidor, Lei. 8.078/90. A propósito do tema, ver PASQUALOTTO, Adalberto. *Os efeitos obrigacionais da publicidade no Código de Defesa do Consumidor*. São Paulo: RT, 1997. Ver também FRADERA, Vera. A interpretação da proibição de publicidade enganosa ou abusiva à luz do princípio da boa-fé: o dever de informar no Código de defesa do consumidor, *in Revista do Direito do Consumidor*, n. 4, São Paulo: RT, 1992, p. 173-191; e o já mencionado artigo de RODYCS, Wilson Carlos. O controle da publicidade, *in Revista de Direito do Consumidor*, n. 8. São Paulo: RT, out./dez 1993, p. 58-68.

[16] Afinal, essa "arte" se funda e está voltada à promoção comercial.

[17] E ainda que assim fosse, como demonstra Virgílio Afonso da Silva (USP), a publicidade igualmente sofreria sérias limitações. Vide o parecer *A Constitucionalidade da restrição da publicidade de alimentos e de bebidas não alcoólicas voltadas ao público infantil*, Instituto Alana: São Paulo, 2012, disponível em http://biblioteca.alana.org.br/banco_arquivos/arquivos/Parecer_Virgilio_Afonso_6_7_12.pdf, consultado em 30 de julho de 2013.

[18] Como, aliás, vem sendo defendido com propriedade por Adalberto Pasqualotto, ideia que se encontra desenvolvida em artigo neste volume, ao qual faço remissão.

A livre iniciativa pode se traduzir em uma atividade econômica organizada em vista da produção e da troca de produtos e serviços, e por isso Francisco Amaral conclui que "a noção de empresa exprime a de atividade econômica, que pressupõe liberdade, isto é, liberdade dos particulares de utilizarem recursos materiais e humanos na organização de sua atividade produtiva, liberdade, enfim, dos particulares de decidirem o que, quando e como produzir".[19]

A liberdade de iniciativa, no entanto, não se exaure na exploração de atividade econômica organizada e ligada à produção (que muitos chamam de livre iniciativa de empresa ou liberdade de empresa, ou, ainda, liberdade comercial), porque compreende também a livre iniciativa individual, cooperativa e pública. Tais liberdades (de empresa, individual e cooperativa) são pautadas pela lógica do parágrafo único do art. 170 da Constituição: como regra, o exercício de atividade econômica se dá livremente, independentemente de autorização do Poder Público.[20] É dizer, ressalvadas as restrições legais, o exercício dessas liberdades é pleno.

No âmbito do Direito Privado (no qual se insere a exploração da atividade econômica empresária, individual ou cooperativa), essas liberdades se expressam pela chamada *autonomia privada*, a qual permite ao particular dispor sobre seus interesses, regulando-os conforme suas conveniências. O ambiente de exercício da autonomia privada é a *comunidade*, motivo pelo qual a liberdade que se expressa pela autonomia é sempre uma *liberdade eticamente situada*,[21] isto é, que leva em consideração o outro nessa comunidade e é modulada por outros princípios e regras,[22] os quais, como será demonstrado a seguir, são marcados pela ideia de igualdade.

---

[19] AMARAL FILHO, Francisco dos Santos. A liberdade de iniciativa econômica: fundamento, natureza e garantia constitucional, *in Revista de Informação Legislativa* (Brasília), ano XXIII, n. 92, out/dez 1986, p. 221-240, p. 229. Também abordando o tema anteriormente à promulgação da Constituição de 1988, NICZ, Alvacir Alfredo. A liberdade de iniciativa na Constituição. São Paulo: Revista dos Tribunais, 1981.

[20] A livre iniciativa econômica pública pauta-se pelo disposto nos arts. 173 e 177, CRFB/88. Ver, a respeito das liberdades econômicas, BERCOVICI, Gilberto. *Constituição Econômica e Desenvolvimento*: uma leitura a partir da Constituição de 1988. São Paulo: Malheiros, 2005.

[21] Como defende Judith Martins-Costa, ao refletir sobre liberdade e função social do contrato. Novas reflexões sobre o princípio da função social dos contratos, *in Estudos de Direito do Consumidor* – Coimbra, v. 7, 2005, p. 49-109.

[22] Nesse sentido, Judith Martins-Costa refere que "nas circunstâncias que envolvem a liberdade, se deve considerar os efetivos poderes sociais de expressão da liberdade de ação, sendo essa liberdade sempre modulada, no caso, pela incidência de outros princípios e regras", Novas reflexões sobre o princípio da função social dos contratos op. cit., p. 56-57.

Autonomia privada não é sinônimo de *autonomia da vontade*,[23] mas é imprescindível destacar que a vontade não deixou de integrá-la, pois ao se conceber a autonomia privada como expressão da liberdade pela qual os particulares podem dispor e regular seus interesses, a *vontade* para tanto é pressuposta. Somente pode exercer a autonomia privada quem tem *vontade*, e, juridicamente, a expressão da vontade requer *capacidade*.[24]

Sob tal raciocínio, é correto afirmar que o exercício das liberdades econômicas pressupõe agentes capazes, pois é a capacidade o fator a partir do qual é possível a consecução da *igualdade* necessária entre aqueles que estão inseridos no mercado, esse espaço no qual (por meio do exercício da liberdade) se operam as transações econômicas. Dito de outra maneira, as liberdades econômicas (seara do mercado) necessariamente pressupõem a igualdade (seara do direito), e essa igualdade é garantida pelo ordenamento jurídico sob as mais variadas perspectivas (e por isso expressou-se que *se não há igualdade garantida, não há liberdade econômica justificada*).

A garantia da igualdade não se esgota na imposição da capacidade como requisito essencial à vontade que se liga à liberdade econômica, pois nem sempre basta a capacidade do agente privado que se insere no mercado. Haverá capacidade, que é condição para estar no mercado, mas ainda assim pode não haver igualdade material, o que é facilmente verificável nas relações *empresa–empregado*, *empresa–consumidor*, e, ainda, nas relações *empresa–empresa*, quando há, por exemplo, manifesto abuso de poder econômico por uma das partes.

As relações *empresa-empregado* se inserem no mercado, sendo possível até falar em "mercado de trabalho", o qual é fortemente regulado pelo direito, especificamente pelo direito trabalhista e as normas que lhes são inerentes. O que essa regulação pretende é propiciar a igualdade que inexiste em tais relações.

As relações *empresa–consumidor*, em torno das quais o mercado gira, igualmente demandam forte regulação, porque é recorrente em relações de tal natureza o *fato da vulnerabilidade* do consumidor, isto é, sua hipossuficiência técnica e/ou econômica frente ao fornecedor, e

---

[23] Betti desenvolve todo um argumento no sentido de refutar que a autonomia atribuída ao indivíduo possa ser pautada exclusivamente por sua vontade, em um sentido individualista, e faz isso examinando o negócio jurídico, demonstrando que à autonomia outros fatores são agregados, tais como a *recognoscibilidade* social, o caráter preceptivo da vontade que se liga à autonomia e a causa-função que o negócio jurídico é chamado a cumprir, dando lugar, a partir daí, à ideia de função econômico-social. BETTI, Emilio. *Teoria Geral do Negócio Jurídico*, Tomo I, tradução de Fernando de Miranda. Coimbra: Coimbra editora, 1969, p. 107 e ss.

[24] Ainda que tal capacidade seja daquele que expressa a vontade no lugar do outro, como se dá, por exemplo, com os pais que representam seus filhos em dado negócio jurídico, expressando no lugar destes a vontade. A propósito, arts. 3º, 4º e 5º do Código Civil (Lei 10.406/02).

nesse sentido estão postas as normas do direito do consumidor, que buscam promover a igualdade de parte a parte.[25]

As relações *empresa–empresa*, diferentemente das relações acima, pressupõem a igualdade num sentido amplo e material, no entanto, é curioso notar que, mesmo frente a tais relações, a atuação da empresa no mercado e o próprio mercado estão regulados. As contingências que afetem tal relação e envolvam a prática de atos tipificados como infrações, nos termos do art. 36 da Lei 12.529/11, estão sob jugo do direito concorrencial;[26] as contingências existentes nas relações dessa natureza, que fogem ao direito concorrencial, são objeto de regulação pelo direito privado, nomeadamente o direito das obrigações. Em qualquer das hipóteses, os instrumentos jurídicos se voltam direta ou indiretamente à promoção de igualdade entre os agentes econômicos atuantes no mercado.

O raciocínio até então desenvolvido tem por claro intuito expressar que o mercado não existe senão segundo uma concepção normativa de mercado. Dito de outro modo, o mercado, que se define como o espaço no qual se estabelecem transações econômicas, que se estrutura na relação entre demanda e oferta, que é impulsionado ou criado por um processo denominado *marketing*, e no qual se inclui a publicidade, está alocado na ordem jurídico-econômica. O binômio *igualdade–liber-*

---

[25] Na esteira do que ora se sustenta, é relevante notar que Cláudio Michelon, ao examinar os fundamentos do direito do consumidor pelas perspectivas filosófica e econômica, compreende que as consequências normativas ligadas ao *fato* [e não princípio] da vulnerabilidade não atribuem deveres especiais, incomuns, com estrutura diferenciada a uma das partes, mas atuam de forma a reduzir o âmbito da liberdade contratual entre as partes. Nesse mesmo trabalho do autor ora referido é possível encontrar profícua reflexão sobre as questões entre a justiça particular (corretiva e distributiva) e o direito do consumidor, tema que, embora não se ligue diretamente ao enfoque ora dado e por isso não é desenvolvido, merece especial atenção de quem se propõe a estudar as relações *empresa (ou fornecedor) – consumidor*. MICHELON JR., Cláudio Fortunato. Fundamentos econômicos e não econômicos para a defesa do consumidor, *in* University of Edimburgh School of Law Working Paper Series, n. 2010/11, april 2010, disponível em http://papers.ssrn.com/sol3/papers.cfm?abstract_id=1585887, consultado em janeiro de 2012. Também publicado em LIMA, Maria Lúcia L. M. Pádua de. *Trinta anos de Brasil*: diálogos entre direito e economia. São Paulo: Saraiva, 2010.

[26] E podem estar, ainda, sob jugo do direito societário sempre que este, em linha de coerência com o direito concorrencial, for chamado a combater a concentração empresarial. Especificamente sobre o ponto de contato entre um ramo e outro do direito, ver SALOMÃO FILHO, Calixto. *Direito concorrencial: as estruturas*, 2ª ed. São Paulo: Malheiros, 1998, em especial p. 244 e ss. Do mesmo autor, em continuidade ao tema, Direito concorrencial: as condutas. São Paulo: Malheiros, 2003. Também sobre o tema concorrencial, ver FORGIONI, Paula A. *Os fundamentos do antitruste*. São Paulo: Revista dos Tribunais, 1998. Refletindo sobre o direito societário "neutro" e o abuso de poder econômico, também COMPARATO, Fábio Konder; SALOMÃO FILHO, Calixto. *O poder de controle na sociedade anônima*, 4ª ed. Rio de Janeiro: Forense, 2005, especificamente a partir da p. 523. A respeito da relação *empresa – empresa*, não sujeita à temática concorrencial, mas da mesma forma regulando a atuação da empresa no mercado, MARTINS-COSTA, Judith. O exercício jurídico disfuncional e os contratos interempresariais: notas sobre os critérios do artigo 187 do Código Civil, *in Revista do Advogado* (São Paulo), v. 96, 2008, p. 48-58.

dade representa a convergência entre direito e economia,[27] a superação da ideia equivocada de que o mercado pode se autogerir indiferente às decisões políticas e jurídicas da sociedade na qual se insere.[28] O direito não é tão só instrumento que serve às finalidades da economia (ou, no plano concreto, o contrato, instituto jurídico, não é simples meio de uma operação econômica). O direito é também "instrumento impositivo de fins, de objetivos políticos, econômicos e sociais"[29] (assim, as normas de direito contratual atuam de forma direcionada ao alcance de certos fins, regulando o contrato que instrumentaliza uma operação econômica).

Expressar tal ideia significa assentir com uma ideia funcionalista sobre o direito; concepção que não se exaure *no que o direito é* [estrutura] para alcançar *para que serve o direito* [função].[30] Por sua vez, a economia e, nela inserido, o mercado não têm sentido de ser se forem concebidos tão somente de um ponto de vista estrutural; há uma natureza funcionalista verificável já nos seus conceitos elementares.[31]

---

[27] Nesse sentido caminham as conclusões de Eros Roberto Grau em obra referência: *A ordem econômica na Constituição de 1988* (interpretação e crítica), 12ª ed. São Paulo: Malheiros, 2007.

[28] Ver MARTINS-COSTA, Judith. Mercado e solidariedade social entre cosmos e taxis: a boa-fé nas relações de consumo, *in* MARTINS-COSTA, Judith (org.). *A reconstrução do direito privado: reflexos dos princípios, diretrizes e direitos fundamentais constitucionais no direito privado*. São Paulo: Revista dos Tribunais, 2002, p. 617 e ss.

[29] MARTINS-COSTA, Judith. Mercado e solidariedade social entre cosmos e taxis: a boa-fé nas relações de consumo, *op. cit.*, p. 618.

[30] Convém salientar que Norberto Bobbio, autor que desenvolveu tal concepção de direito em diálogo com a concepção estruturalista de Kelsen, ao expor seus argumentos sobre a função promocional do direito evidencia a superação da concepção liberal clássica segundo a qual a atividade econômica era subtraída da ingerência do Estado. Bobbio destaca, contudo, que nem mesmo no curso da maior expansão econômica da sociedade, sob a égide da burguesia, se concretizou a divisão absoluta entre atividade econômica (lógica da recompensa, pela busca da satisfação dos próprios interesses) e a atividade do Estado (lógica da força, coerção). Essa reflexão de Bobbio está voltada à fundamentação de sua tese no sentido de que o direito não compreende só sanção negativa, abrangendo também sanções positivas, ideias que dão curso ao "Estado programático", no qual é possível falar em normas programáticas, funcionalmente voltadas a promoção de determinados fins, politicamente eleitos em determinada sociedade. BOBBIO, Norberto. *Da estrutura à função*: novos estudos de teoria do direito. Tradução de Daniela Beccaccia Versiani. Barueri (SP): Manole, 2007, ver, especificamente, p. 64-73.

[31] É possível verificar já na exposição da vocação do economista essa concepção funcional: "Ao economista interessa a existência de necessidades humanas a serem satisfeitas com bens econômicos". As necessidades humanas, segundo uma concepção biológica e sociológica de necessidade, isto é, que não diz respeito somente à questão da sobrevivência, como também de qualidade de vida, são ilimitadas, e se renovam continuamente frente a escassez que a elas se contrapõem. Mais adiante, verifica-se a definição de economia: "Pode-se dizer que o objeto da Ciência Econômica é o estudo da escassez. Daí a conhecida definição de que a Economia é uma ciência social que trata da administração dos escassos recursos disponíveis; é o estudo da organização social que possibilita aos homens satisfazerem a suas necessidades de bens e serviços escassos; ou é a ciência que cuida da escolha entre o que, como e para quem produzir. [...] Ao decidir o que deverá ser produzido e como, o sistema econômico estará alocando ou distribuindo os recursos disponíveis entre milhares de diferentes possíveis linhas de produção". De tal concepção bem se vê que não se trata somente do que é (a ciência que estuda necessidades e

Sob tal compreensão de fundo – assumidamente funcionalista –, associada à convergência do direito e da economia, é latente a impossibilidade de se sustentar que o mercado *é* ou *deve ser* livre, e que intervenções ou limitações jurídicas são ilegítimas, pois mesmo frente às suas funções elementares, Economia e Direito atuam de forma a propiciar o alcance de certos e pré-determinados fins, os quais devem ser promovidos uma vez que a decisão política sobre que fins são esses tenha sido tomada. Nesse sentido, as relações supramencionadas (*empresa–trabalhador*, *empresa–consumidor*, e *empresa–empresa*) são profícuas em demonstrar as decisões políticas tomadas em relação a cada tema e os fins em razão dos quais direito e economia atuam.

4. A restrição da publicidade dirigida à criança como conclusão necessária ao mercado concebido normativamente

Para estar no mercado, é imprescindível estar em condições de igualdade com o outro e em condições de exercer a sua liberdade em coordenação ao exercício da liberdade alheia, o que evidentemente não ocorre na relação *empresa–consumidor* se este último é uma criança, e, portanto, absolutamente incapaz. Sob tal perspectiva, a publicidade dirigida à criança não deveria sofrer restrição, mas ser erradicada, afinal a publicidade se volta à persuasão do consumidor com vista à realização de uma transação econômica, transação esta que o incapaz absoluto não pode realizar pessoalmente.[32]

Não se deve ignorar, contudo, o fato de que, embora o incapaz não possa fazer pessoalmente, poderá realizar a transação por meio de quem o representa (pais ou tutores). Do ponto de vista da convergência entre direito e economia, tal possibilidade jurídica implica o reconhecimento de que também a criança tem necessidades biológicas e sociais no sentido econômico. A criança não está "fora do mercado", mas sua atuação deve ser mediada; ela não é um *igual*, e nem pode exercer a liberdade de maneira plena, porque sua vontade é prejudi-

---

escassez), mas para o que serve a economia (pois esse estudo tem por finalidade promover a satisfação das necessidades administrando os recursos escassos). PINHO, Diva Benevides. Evolução da Ciência Econômica, *in* PINHO, Diva Benevides (coord.). *Manual de Economia* op. cit., p. 3-27, especificamente p. 4-5.

[32] Reitera-se a concepção de que publicidade não é sinônimo de proposta ou oferta, vez que nem sempre há uma proposta veiculada; a publicidade se volta imediatamente à persuasão do consumidor, e mediatamente à transação econômica daí resultante. No entanto, se o objetivo final e principal é o consumo de um produto ou serviço no mercado, o que só é possível por meio de uma transação econômica, a questão da capacidade necessariamente se impõe.

cada pela falta de discernimento típico dessa fase do desenvolvimento neuropsicológico.

Defende-se, com isso, a restrição à publicidade dirigida à criança, o que, no caso brasileiro, significa tomar medidas drásticas, vez que a permissividade é a regra. A patologia da publicidade dirigida à criança tem íntima relação com tal permissividade, pois ignora preceitos jurídico-econômicos para cooptar consumidores os quais, ainda que sejam seduzidos (e, registra-se, são facilmente seduzidos), não podem levar a cabo a transação econômica objetivada.

O "remédio" autorregulamentação para tal "patologia" é a toda evidência insuficiente, pois além de dar uma resposta parcial ao problema, baseia-se numa autogestão de interesses privados que pretende excluir o direito, quando, em realidade, a publicidade – parte do mercado e, portanto, inserta na economia – existe sob e em concomitância ao direito. Não obstante, como demonstrado acima, se questões ainda mais caras à ideia equívoca de "liberdade de mercado acima de todas as coisas" passam por regulação pontual e assertiva, com muito mais razão essa pequena parte do mercado deve se sujeitar à regulação já existente e surpreendentemente ignorada.[33]

As disposições acerca da *capacidade de fato* da pessoa, as disposições acerca da tutela dos direitos da criança e a quem cabe essa tutela (tanto na Lei Maior, como em lei específica), as disposições acerca das relações de consumo, e, mais pontualmente, a expressa disposição de que se constitui publicidade *abusiva* aquela que "se aproveite da deficiência de julgamento e experiência da criança",[34] todas essas disposições legais estão postas, à espera de observância e aplicabilidade coordenada.

Essa tarefa de observância e aplicação coordenada de tais disposições não se atribui em primeiro lugar aos pais para se exaurir no cumprimento do seu poder-dever, como únicos responsáveis em filtrar as informações que são facilmente disponibilizadas nos dias atuais. A tarefa de coordenar tais disposições em vista do *que, como* e *para quem* a informação será dada cabe, em primeiro lugar, àquele que disponibilizará tal informação e pretende se beneficiar economicamente dela. A imposição de que assim seja decorre do exercício de uma liberdade econômica *eticamente situada*, que se dá em um mercado concebido normativamente, na convergência do direito e da economia. Esse primeiro filtro, atribuível a quem se beneficia da publicidade, é, assim, consequência necessária do exercício de tal liberdade, é a expressão

---

[33] Nesse sentido, explora o tema Maria Regina Fay de Azambuja, no artigo *A publicidade e seus reflexos no desenvolvimento da criança: o papel da família e da educação*, inserto neste volume.

[34] Locução do § 2º, art. 37, Código de Defesa do Consumidor (Lei 8.078/90).

jurídica do que se aprende desde a mais tenra idade: de que liberdade e responsabilidade são as duas faces de uma mesma moeda.

Por derradeiro, é preciso destacar que, sob uma perspectiva funcionalista, as decisões políticas sobre que fins o direito deve promover no que diz respeito ao tema já foram tomadas: (i) o livre, salutar e pleno desenvolvimento da criança (dever dos pais, da sociedade e do Estado) e (ii) a superação do *fato* da vulnerabilidade do consumidor.

Conclusão

Ao longo do presente trabalho buscou-se refutar os argumentos inicialmente identificados os quais podem ser resumidos na ideia de que não é legítima a restrição à publicidade dirigida à criança. A refutação a tal ideia deu-se por meio da demonstração de que direito e economia convergem, e que dessa convergência não se pode concluir senão pela concepção normativa do mercado, resultando daí a necessária restrição da publicidade ora defendida, possível desde há muito tempo mediante a coordenação da incidência das normas supramencionadas. No curso da tarefa assumida, esforços foram reunidos no intuito de conduzir o leitor das premissas às conclusões dadas parcialmente a cada tópico, e já aqui se poderia encerrar a conclusão, pelo menos do ponto de vista formal.

A premência do consumo na sociedade contemporânea não é notícia. Ela vem sendo denunciada com vigor por Baumann já há algum tempo, o qual verbaliza que, se o dilema dos primórdios da sociedade moderna na fase industrial era *trabalhar para viver* ou *viver para trabalhar*, o dilema atual é *consumir para viver* ou *viver para consumir*.[35] Hoje, segundo Baumann, vive-se a *sociedade do consumo* (e não mais da produção).[36] No entanto, sequer é preciso recorrer à sociologia para constatar tal premência, ela está de tal forma colocada na sociedade que sequer é possível conceber a interação social fora da lógica do consumo. Reconhecer isso não significa, de forma alguma, conformar-se com o estado das coisas. No curso da crítica que se impõe, reconhecer tal fato é o primeiro e crucial passo em direção à reafirmação das es-

---

[35] Dilemas expressos no ensaio Ser consumidor numa sociedade de consumo, *in* BAUMANN, Zygmunt. *Globalização: as consequências humanas*. Tradução de Marcus Penchel. Rio de Janeiro: Jorge Zahar, 1999, p. 87-93, p. 88-89.

[36] Para explorar a tese da sociedade de consumo, ver também BAUNMANN, Zygmunt. A ética é possível num mundo de consumidores? Tradução de Alexandre Werneck. Rio de Janeiro: Jorge Zahar, 2011. Neste volume, aborda a questão da sociedade de consumo, com profundo conhecimento das ideias de Baumann, Isabella Henriques, no artigo *O capitalismo, a sociedade de consumo e a importância da restrição da publicidade e da comunicação mercadológica voltadas ao público infantil*.

colhas políticas já realizadas, sobretudo no que diz respeito à tutela da criança enquanto consumidor.

Concretamente, essa reafirmação pode se dar por meio da aplicação coordenada dos preceitos normativos indicados para fins de restringir a publicidade dirigida à criança, como já externado. É de se reconhecer que em relação a tal medida recai dificuldade ímpar, pois sua consecução é possível por dois caminhos. A instituição de uma política pública clara e de âmbito nacional no sentido de tutelar a criança, restringindo a publicidade dirigida a ela, através de ações conjuntas envolvendo vários ministérios, hipótese que não exclui contestação judicial de tal política. Ou, um segundo caminho, que requer o desenvolvimento de uma tese a ser judicializada por quem detenha competência para tanto e o necessário do acolhimento de tal tese; remanescendo, todavia, latente, o alcance e a vinculabilidade de eventual decisão nesse sentido.

Ainda na lógica da reafirmação das escolhas políticas realizadas, o caminho alternativo, que parece se desenhar, vem dado pelo Projeto de Lei 5.921/01, cujo último substitutivo apresentado junto à Câmara dos Deputados, em 17 de setembro de 2013,[37] impõe sérias restrições à publicidade dirigida à criança.[38] Esse substitutivo ao texto inicial[39] do Projeto de Lei tem a virtude de sintetizar a coordenação dos preceitos normativos ligados ao tema em dispositivos expressos, prevendo, inclusive, penas para a hipótese de inobservância de tais disposições (as tais *sanções negativas* típicas do direito).

Do ponto de vista jurídico-econômico, qualquer das soluções ora mencionadas no sentido de restringir a publicidade dirigida à criança encontra amparo, e se isto ficou suficientemente demonstrado, o artigo ora desenvolvido finalmente cumpriu sua missão.

Referências

AMARAL FILHO, Francisco dos Santos. A liberdade de iniciativa econômica: fundamento, natureza e garantia constitucional, *in Revista de Informação Legislativa* (Brasília), ano XXIII, n. 92, out/dez 1986, p. 221-240.

---

[37] A consulta à tramitação de tal Projeto de Lei está disponível junto ao endereço http://www.camara.gov.br/proposicoesWeb/fichadetramitacao?idProposicao=43201, consultado em julho de 2013.

[38] Inclusive dando uma concepção muito mais abrangente de publicidade dirigida à criança do que a concepção que, para os fins deste artigo, foi adotada.

[39] O texto inicial do Projeto de Lei previa tão somente a inclusão do § 2ºA, ao art. 37, do CDC (Lei 8.078/90), com a seguinte (e limitada) redação: "É também proibida a publicidade destinada a promover a venda de produtos infantis, assim considerados aqueles destinados apenas à criança."

BAUMANN, Zygmunt. *Globalização: as consequências humanas.* Tradução de Marcus Penchel. Rio de Janeiro: Jorge Zahar, 1999.

——. *A ética é possível num mundo de consumidores?* Tradução de Alexandre Werneck. Rio de Janeiro: Jorge Zahar, 2011.

BERCOVICI, Gilberto. *Constituição Econômica e Desenvolvimento*: uma leitura a partir da Constituição de 1988. São Paulo: Malheiros, 2005.

BETTI, Emilio. *Teoria Geral do Negócio Jurídico*, Tomo I, tradução de Fernando de Miranda. Coimbra: Coimbra Editora, 1969.

BRASIL. *Constituição da República Federativa do Brasil*, 05 de outubro de 1988.

——. *Lei nº 8.090, de 13 de julho de 1990* – Estatuto da Criança e do Adolescente.

——. *Lei 8.078, de 11 de setembro de 1990* – Código de Proteção e Defesa do Consumidor.

——. *Lei 10.406, de 10 de janeiro de 2002* – Código Civil.

COMPARATO, Fábio Konder; SALOMÃO FILHO, Calixto. *O poder de controle na sociedade anônima*, 4ª ed. Rio de Janeiro: Forense, 2005.

FORGIONI, Paula A. *Os fundamentos do antitruste*. São Paulo: Revista dos Tribunais, 1998.

FRADERA, Vera. A interpretação da proibição de publicidade enganosa ou abusiva à luz do princípio da boa-fé: o dever de informar no Código de defesa do consumidor, *in Revista do Direito do Consumidor*, n. 4, São Paulo: RT, 1992, p. 173-191.

GONZALES, Lucilene. *Linguagem publicitária*: análise e produção. 1. ed. São Paulo: Arte & Ciência, 2003.

GRAU, Eros Roberto. *A ordem econômica na Constituição de 1988* (interpretação e crítica), 12ª ed. São Paulo: Malheiros, 2007.

HONORATO, Gilson. *Conhecendo o marketing*. Barueri: Manole, 2004.

MARTINS-COSTA, Judith. Mercado e solidariedade social entre *cosmos* e *taxis*: a boa-fé nas relações de consumo, *in* MARTINS-COSTA, Judith (org.). *A reconstrução do direito privado*: reflexos dos princípios, diretrizes e direitos fundamentais constitucionais no direito privado. São Paulo: Revista dos Tribunais, 2002, p. 611-661.

——. Novas reflexões sobre o princípio da função social dos contratos, *in Estudos de Direito do Consumidor* – Coimbra, v. 7, 2005, p. 49-109.

——. O exercício jurídico disfuncional e os contratos interempresariais: notas sobre os critérios do artigo 187 do Código Civil, *in Revista do Advogado* (São Paulo), v. 96, 2008, p. 48-58.

MICHELON JR., Cláudio Fortunato. Fundamentos econômicos e não-econômicos para a defesa do consumidor, *in University of Edimburgh School of Law Working Paper Series*, n. 2010/11, april 2010, disponível em http://papers.ssrn.com/sol3/papers.cfm?abstract_id=1585887, consultado em janeiro de 2012.

MONTORO FILHO, André Franco. Teoria elementar do funcionamento do mercado, *in* PINHO, Diva Benevides (coord.). *Manual de Economia* (Equipe de Professores do Departamento de Economia da Faculdade de Economia e Administração da Universidade de São Paulo), 1ª ed. (2ª tiragem). São Paulo: Saraiva, 1988, p. 69-101.

PASQUALOTTO, Adalberto. *Os efeitos obrigacionais da publicidade no Código de Defesa do Consumidor*. São Paulo: RT, 1997.

PINHO, Diva Benevides. Evolução da Ciência Econômica, *in* PINHO, Diva Benevides (coord.). *Manual de Economia* (Equipe de Professores do Departamento de Economia da Faculdade de Economia e Administração da Universidade de São Paulo), 1ª ed. (2ª tiragem). São Paulo: Saraiva, 1988, p. 3-27.

RODYCS, Wilson Carlos. *O controle da publicidade, in Revista de Direito do Consumidor*, n.8. São Paulo: RT, out./dez 1993, p. 58-68.

SALOMÃO FILHO, Calixto. *Direito concorrencial:* as estruturas, 2ª ed. São Paulo: Malheiros, 1998.

——. *Direito concorrencial*: as condutas. 1ª ed. São Paulo: Malheiros, 2003.

SILVA, Virgílio Afonso da. A Constitucionalidade da restrição da publicidade de alimentos e de bebidas não alcoólicas voltadas ao público infantil. Instituto Alana: São Paulo, 2012, disponível em http://biblioteca.alana.org.br/banco_arquivos/arquivos/Parecer_Virgilio_Afonso_6_7_12.pdf, consultado em 30 de julho de 2013.

SPÍNDOLA, Moacyr Roberto de Pinho. O equilíbrio das estruturas básicas de mercado, *in* PINHO, Diva Benevides (coord.). *Manual de Economia* (Equipe de Professores do Departamento de Economia da Faculdade de Economia e Administração da Universidade de São Paulo), 1ª ed. (2ª tiragem). São Paulo: Saraiva, 1988, p. 143-170.

— 8 —

Vinculação de particulares aos direitos fundamentais. O princípio da proteção integral da criança e a liberdade na publicidade: até onde podemos ir?

CIBELE GRALHA MATEUS[1]
RENATA GRALHA MATEUS[2]

Sumário: Introdução; 1. Consumo e publicidade dirigida às crianças; 2. Da fundamentalidade do princípio da liberdade de publicidade e o princípio da proteção das crianças; 3. Da vinculação dos particulares aos direitos fundamentais; 4. Por uma máxima eficácia dos direitos fundamentais; 5. Por uma necessária, e severa, limitação (ou proibição) da publicidade dirigida às crianças: vinculação da publicidade ao direito fundamental de proteção da criança; Conclusões; Referências.

> "Quando uma porta se fecha outra se abre;
> mas nós quase sempre olhamos tanto e de maneira tão
> arrependida para a que se fechou, que não vemos
> aquelas que foram abertas para nós."
>
> *Graham Bell*

Introdução

As crianças são o futuro do Brasil. Quem nunca ouviu este jargão? Quem discorda dele? Pouco, ou nenhum de nós.

Esta simples constatação faz com que nossas crianças sejam, nos termos da legislação vigente, prioridade no atendimento de saúde, educação, moradia, lazer. Por outro lado, também são alvo do mercado de consumo que, a cada dia, cresce vertiginosamente. As crianças são os consumidores de hoje e de amanhã, poderíamos adequar o

---

[1] Mestre em Direito pela PUCRS, Especialista em Processo Civil (ULBRA), Bacharel em Direito (PUCRS), professora do Curso de Direito UNIRITTER (Canoas/Porto Alegre), advogada.
[2] Especializanda ESPM, Comunicadora Social: Publicidade Propaganda (PUCRS).

jargão. Como, então, proteger efetivamente nossas crianças e futuros adultos? Têm as empresas e seus proprietários limitações ao seu direito de liberdade? Neste ensaio, tentaremos demonstrar que sim.

Desta forma, partiremos das seguintes premissas, as quais pretendemos desenvolver e comprovar ao final: (a) o direito à liberdade de expressão e pensamento e o direito à proteção dos menores são direitos fundamentais; (b) a liberdade de publicidade encontra seu fundamento na liberdade de expressão e pensamento, assim como na autonomia privada; (c) não há direitos fundamentais absolutos, sendo, portanto, todos eles passíveis de limitações; (d) os direitos fundamentais vinculam particulares; (e) é plena e juridicamente possível (e até mesmo altamente recomendável) a limitação e até mesmo a abolição da publicidade dirigidas às criança.

No intuito de evitarmos equívocos, necessário se faz um prévio acordo semântico.

Por publicidade, neste artigo, estamos nos referindo à chamada publicidade comercial, ou seja, aquela "Forma de oferta e, portanto, de prática comercial, que se vale dos meios de comunicação social de massa para difundir os benefícios e vantagens de determinado produto ou serviço, cujo consumo se pretende incentivar".[3]

Por crianças, por sua vez, entendemos os menores com até 12 anos de idade incompletos, nos termos do Estatuto da Criança e do Adolescente.[4]

Princípio da liberdade de expressão, em que se pode fundamentar a liberdade na publicidade, significa que:

A liberdade de expressão constitui um dos fundamentos essenciais de uma sociedade democrática e compreende não somente as informações consideradas como inofensivas, indiferentes ou favoráveis, mas também as que possam causar transtornos, resistência, inquietar pessoas, pois a Democracia somente existe baseada na consagração do pluralismo de idéias e pensamentos, da tolerância de opiniões e do espírito aberto ao diálogo.[5]

Está previsto este princípio no artigo 5º, inciso IX, e artigo 220 da Constituição Federal, bem como na Declaração dos Direitos Humanos de 1948, aprovada pela ONU (1948), no Convênio Europeu para a proteção dos direitos humanos e das 35 liberdades fundamentais de Roma (1950), na Convenção Americana de Direitos Humanos – Pacto de San José da Costa Rica (1969).

---

[3] HENRIQUES, Isabella V. M. *Publicidade Abusiva Dirigida às Crianças*. Curitiba: Juruá. 2006, p. 31.

[4] Art. 2º Considera-se criança, para os efeitos desta Lei, a pessoa até doze anos de idade incompletos, e adolescente aquela entre doze e dezoito anos de idade. Lei 8069/90

[5] MORAES, Alexandre. *Constituição do Brasil Interpretada e Legislação Constitucional*. São Paulo: Atlas, 2002, p. 206

Princípio da proteção integral da criança significa que:

Deve-se entender a proteção integral como o conjunto de direitos que são próprios apenas aos cidadãos imaturos; estes direitos, diferentemente daqueles fundamentais reconhecidos a todos os cidadãos, caracterizam-se em pretensões nem tanto em relação a um comportamento negativo (abster-se da violação daqueles direitos), quanto a um comportamento positivo por parte da autoridade pública e de outros cidadãos, de regra adultos encarregados de assegurar essa proteção especial. Por força da proteção integral, crianças e adolescentes têm o direito de que os adultos façam coisas em favor deles.[6]

O mesmo encontra amparo Constitucional no artigo 227 da Constituição Brasileira de 1988, Declaração de Genebra, de 26 de março de 1924, sendo acolhida, na Declaração Universal dos Direitos do Homem (1948), pela Convenção das Nações Unidas de Direito da Criança (1959), e pela Convenção sobre os Direitos da Criança (1989).

1. Consumo e publicidade dirigida às crianças

A publicidade tem como objetivo criar desejos no consumidor e fazê-lo comprar. Grandes marcas investem em estudos para aprofundar conhecimentos sobre o processo de decisão de compra. Inclusive usa de recursos da neurociência para entender o consumidor e como acontece o processo de compra.

Freud afirma que a infância é uma fase de suma importância na formação do indivíduo, por ser nessa etapa que recebemos os estímulos para a construção do psiquismo. Além disso, ele descobriu a existência do inconsciente, uma espécie de "caixa" na mente em que permanecem lembranças reprimidas. A neurociência já concorda que Freud estava certo quanto à importância do inconsciente. Em matéria, de fevereiro de 2013, da Superinteressante, é possível ler que segundo os maiores especialistas do mundo em cérebro e cognição o inconsciente seria o responsável por controlar 95% do comportamento humano.

Quanto mais memórias ativadas, maior pode ser a adesão do consumidor por determinada marca.[7] Então por que não explorar as memórias das crianças para cativar futuros consumidores e estabelecer vínculos emocionais?

Em meio a enorme quantidade de anúncios publicitários existentes, cada vez o consumidor está menos propenso a prestar atenção ao que lhe é exposto. Com produtos surgindo a cada dia, o mercado se

---

[6] CURY, Munir. *Estatuto da Criança e do Adolescente comentado*. Comentários jurídicos e sociais. 7ª ed. São Paulo: Malheiros, 2005.p.33

[7] LINDSTROM, Martin. *Brandsense: a marca multissensorial*. Porto Alegre: Bookman, 2007, p. 80

torna cada vez mais competitivo e as marcas buscam alternativas para conquistar seu público cada vez mais cedo. Tanto Lindstrom[8] quanto Marc Gobé[9] acreditam que o diferencial dos produtos é o aspecto emocional criado entre marca e cliente. Isso significa que as empresas precisam encontrar novas formas de se comunicar com os seus consumidores elevando o nível dos sentidos e emoções. Essa relação conta como diferencial para se destacar entre a infinidade de marcas que existem no mercado.

A publicidade é a grande aliada das empresas, pois se acredita que quanto antes estabelecerem a relação com o consumidor, maiores serão as chances de fidelização ao longo da vida.[10] Grandes empresas, como a Kellogg's,[11] investem em jogos *online* e aplicativos para celular com o objetivo de estabelecer laços com jovens consumidores.

Lindstrom contratou a SIS Internaiional Research para realizar um estudo sobre a influência das preferências infantis em hábitos de consumo dos adultos. A SIS Internacional descobriu que mais da metade dos adultos e adolescentes utilizam marcas associadas a sua infância. Aos 9 anos de idade, uma criança já foi exposta a uma média entre 300 e 400 marcas, segundo pesquisa realizada pela Nickelodeon. Essas crianças estão sendo manipuladas para criar preferência o mais cedo possível. Ainda segundo Martin Lindstrom, alguns estudos demonstram que a preferência por marcas e produtos se estabelece por volta dos sete anos de idade.[12]

A Audi possui uma linha de ursinhos voltados ao público infantil; a Starbucks considera adicionar novas opções em seu cardápio para atender às necessidade deste público; a Shell realizou uma parceria com os brinquedos Lego; a Nissan é patrocinadora de uma organização de futebol infantil e juvenil.[13] Entretanto, não é somente devido às chances do pequeno consumidor utilizar a marca pelo o resto da vida que as empresas estão focando seus esforços de publicidade. No *marketing* as crianças também são vistas como "ferramenta", graças ao seu "poder de insistência". Segundo o professor de Marketing da Texas A&M University (EUA) James U. McNeal, as compras espontâne-

---

[8] LINDSTROM, Martin. *Brandsense: a marca multissensorial*. Porto Alegre: Bookman, 2007, p. 17.

[9] GOBÉ, Marc. *A emoção das marcas: conectando marcas às pessoas*. Rio de Janeiro: Campus, 2002, p. 160.

[10] LINDSTROM, Martin. *Brandwashed*. São Paulo: HSM, 2013, p. 39.

[11] Idem, p. 38.

[12] Idem, p. 35.

[13] Idem, p. 43.

as de alimentos associadas a pedidos infantis representam 75%, uma a cada duas mães compra algo apenas por insistência dos filhos.[14]

O presidente do Consumer Knowledge Centre, na Inglaterra, Bryan Urbick, afirma que a maioria das crianças do mundo reconhecem a palavra McDonald's, antes mesmo de "papai" e "mamãe".[15] Certamente os bebês não conseguem articular a palavra, mas reconhecem as cores da rede e seu logotipo. Essa criança incentiva seus pais a consumir a marca e "grava" o momento em sua mente como uma lembrança feliz, desta forma associa a uma recompensa emocional. Em julho de 1979, o "Happy Meal", conhecido no Brasil como "Mc Lanche Feliz" passou a fazer parte do cardápio do McDonald's, voltado para o público infantil como parte de uma promoção. Apesar dos pontos negativos, como o fato do lanche ser pouco saudável, e os vários processos que a empresa sofre todos os anos, já se passaram mais de 30 anos, e crianças do mundo inteiro ainda são encantadas com a mesma ação que é renovada praticamente todos os meses acompanhando as novidades no segmento para crianças.

A cada dia se descobre mais sobre o ser humano e o processo de formação pessoal. A infância já é vista como uma fase capaz de influenciar em nossas decisões ao longo da vida. Grandes empresas e profissionais estão atentos para transformar essas descobertas em influencia ao comportamento de compra, esteja o consumidor ou não preparado para se defender.

Desta forma, é possível concluirmos que sim, a publicidade influencia, e muito, as crianças. Mas como limitá-la? É possível esta limitação? Quais os fundamentos? Eis o assunto a ser tratado nas próximas linhas.

2. Da fundamentalidade do princípio da liberdade de publicidade e o princípio da proteção das crianças

Atualmente, muito se discute a respeito do alcance e limitações dos direitos fundamentais. Entretanto, parece existir certo consenso a respeito da inexistência de direitos absolutos e de que, apenas abstratamente, pode-se falar em uma normatização isenta de quaisquer antinomias.

Neste cenário inserem-se, como não poderia deixar de ser, os princípios da liberdade de pensamento/expressão – do qual podemos

---

[14] SHELL, Ellen Ruppel, *The Hungry Gene*. New York: Grove Press, 2003, p. 192-3.

[15] LINDSTROM, Martin Brandwashed, São Paulo: HSM, 2013, p. 36.

dizer que se fundamenta o direito à liberdade da publicidade – bem como o princípio da proteção integral da criança.

A manifestação do pensamento também corresponde à liberdade de comunicar os pensamentos, sendo que o dispositivo constitucional relativo à liberdade de criação intelectual, artística e científica, ao incluir a comunicação, pode significar esta correspondência com a liberdade de manifestar e comunicar pensamentos.[16]

Não obstante o princípio da liberdade de expressão/pensamento encontrar-se expresso como direito fundamental no rol do art. 5º da Constituição Federal brasileira de 1988 (como também no artigo 220) e o princípio da proteção integral encontrar-se no art. 227 do mesmo Diploma Legal – fora, portanto, do catálogo expresso dos direitos fundamentais –, nem por isso, podemos descaracterizar a sua fundamentalidade. Isto porque, conforme demonstraremos nas linhas que seguem, estes direitos não se resumem ao catálogo formal dos direitos fundamentais.

Os direitos formalmente fundamentais seriam aqueles que "são enunciados e protegidos por normas com valor constitucional formal (normas que têm a forma constitucional)";[17] enquanto os direitos materialmente constitucionais seriam aqueles que são elementos nucleares da Constituição, cujo conteúdo abrange questões relativas à estrutura básica do Estado e da sociedade".[18]

O jurista português Canotilho muito bem observou que há direitos que gozam do *status* de norma fundamental que não se encontram positivados no corpo das Constituições, mas cujo objeto e importância são equiparáveis aos constitucionalmente previstos, ou, em outras palavras, são também direitos materialmente Constitucionais.[19]

No âmbito do direito pátrio, verifica-se que o legislador constituinte, ciente da possibilidade de inclusão e/ou extensão de direitos fundamentais, através do artigo 5º, § 2º, da Constituição Federal de 1988, optou por permitir a inclusão de "novos" direitos, que se encontram fora do catálogo do Título II da Constituição Federal, mas que, no entanto, dado o seu conteúdo e relevância podem (ou devem) ser equiparados aos direitos que a Constituição trata como fundamen-

---

[16] FERREIRA, Cristiane Catarina de Oliveira. *Liberdade de Comunicação perspectiva constitucional.* Escola Superior de Direito Municipal: Porto Alegre, 2000, p. 91.

[17] CANOTILHO, J. J. Gomes. *Direito Constitucional e Teoria da Constituição.* 2. ed. Coimbra: Almedina, 1998, p. 369.

[18] SARLET, Ingo Wolfgang. *A eficácia dos direitos fundamentais.* 3. ed. Porto Alegre: Livraria do Advogado, 2003, p. 83.

[19] CANOTILHO, J. J. Gomes. *Direito Constitucional e Teoria da Constituição.* 2. ed. Coimbra: Almedina,1998, p. 369.

tais (direitos formal e materialmente fundamentais)[20]. Desta forma, "haverá, assim, direitos fundamentais em sentido material que não o são formalmente, porque não estão incluídos no catálogo constitucional".[21]

Há, ainda, aqueles que, na esteira do magistério de Viera de Andrade, advogam a existência de direitos que gozariam do *status* de direito fundamental tão somente pelo prisma formal. Em que pese a possibilidade de tal distinção, certo é que a mesma não permite que, por esta razão, seja negado a estes direitos o tratamento dado aos materialmente fundamentais, razão pela qual distinção é, neste aspecto, desprovida de utilidade prática.[22]

Superada esta questão e tomando como premissa que ambos os direitos possuem o *status*, e, por esta razão, a proteção dada aos direitos fundamentais, passemos agora a analisar, ainda que brevemente, apenas as principais questões que consideramos inarredáveis para a continuidade da análise a que nos propomos neste artigo, no que diz com a vinculação dos particulares aos direitos fundamentais.

3. Da vinculação dos particulares aos direitos fundamentais

A vinculação dos particulares aos direitos fundamentais guarda relação direta com a noção de força normativa da Constituição, com a dignidade da pessoa humana como cerne do sistema, bem como pelo reconhecimento, consequente, da dimensão objetiva dos direitos fundamentais. Além disso, também está vinculada ao fenômeno da constitucionalização é a manifestação de que a Constituição "não é apenas um programa político a ser desenvolvido pelo legislador e pela administração, mas contém normatividade jurídica reforçada, [...]".[23] A constitucionalização do direito privado representa, segundo Facchini, "de certa forma, a superação da perspectiva que via o universo jurídi-

---

[20] SARLET, Ingo Wolfgang. *A eficácia dos direitos fundamentais*, 3. ed. Porto Alegre: Livraria do Advogado, 2003, p. 88.

[21] ANDRADE, José Carlos Vieira. *Os direitos fundamentais na constituição português de 1976*, 2ª ed. Coimbra: Almedina, 2001, p. 73.

[22] É neste sentido o posicionamento de SARLET, Ingo Wolfgang. *A eficácia dos direitos fundamentais*, 3. ed. Porto Alegre: Livraria do Advogado, 2003, p. 89. No mesmo sentido CANOTILHO, J. J. Gomes. *Direito Constitucional e teoria da Constituição*, 2. ed. Coimbra: Almedina, 1998, p. 373: "a distinção entre direitos fundamentais materiais e direitos fundamentais formais, tal como é proposta pelo autor (Vieira de Andrade) não tem quaisquer resultados práticos, pois a Constituição consagrou, com o mesmo título e a mesma dignidade, ambos os tipos de direitos".

[23] FACCHINI, Eugênio. Reflexões histórico-evolutivas sobre a constitucionalização do direito privado *in* SARLET, Ingo Wolfgang (Org.). *Constituição, direitos fundamentais e direito privado*. Porto Alegre: Livraria do Advogado, 2003, p. 11.

co dividido em dois mundos radicalmente diversos: o direito público de um lado, e o direito privado de outro".[24]

A dignidade da pessoa humana parece ser o diferencial na relativização da dicotomia público/privado, bem como no reconhecimento de direitos sociais como direitos fundamentais.[25] Assim, não há como ignorar que, a partir do momento em que se reconhece a dignidade da pessoa humana como cerne a iluminar todo ordenamento jurídico, sendo o "núcleo axiológico central del orden constitucional",[26] qualquer manifestação totalmente contrária a vinculação dos particulares a direitos fundamentais (mediata ou imediatamente) padece de anacronismo.

Conforme Segado, uma das definições mais citadas de dignidade da pessoa humana é a de Wintrich, para quem: " la dignidad del hombre consiste em que 'el hombre, como ente ético-espiritual, puede por su própria natureza, consciente y libremente, autodeterminarse, formarse y actue sobre el mundo que lê rodea".[27]

Importante ressaltar que Segado, assim como Sarlet, atribuem uma dimensão de corresponsabilidade ao indivíduo como parte do conteúdo da dignidade da pessoa humana. Em outras palavras, ter dignidade e poder exercê-la importa também em ser responsabilizado pelos seus atos e escolhas, o que nos leva a crer que, inclusive, pode o indivíduo, por livre e espontânea vontade, limitar seus direitos fundamentais (mas não atingir seu núcleo essencial) podendo isto implicar exercício da dignidade, garantia da mesma, e não o contrário.

A dignidade da pessoa humana representa, portanto, e em última análise, o valor maior vinculante de toda ordem jurídica, quer esteja expressamente positivado – como é o caso da Constituição Brasileira – ou não. Ao vincular toda ordem jurídica, engloba tanto o Estado quanto a sociedade civil sendo ambos corresponsáveis pela garantia, promoção e não lesão à dignidade, pois, conforme sustentado por Rizzato, "o que interessa mesmo é que se possa garantir a vida, mas uma vida com dignidade".[28]

---

[24] FACCHINI, Eugênio. Reflexões histórico-evolutivas sobre a constitucionalização do direito privado *in* SARLET, Ingo Wolfgang (Org.). *Constituição, direitos fundamentais e direito privado.* Porto Alegre: Livraria do Advogado, 2003, p. 11.

[25] NEGREIROS, Tereza. *Teoria do contrato*: novos paradigmas, 2. ed. São Paulo: Renovar, 2006.

[26] FERNÁNDEZ SEGADO, Francisco. La dignidad de la persona como valor supremo del ordenamiento jurídico español y como fuente de todos los derechos, *in* SARLET, Ingo (Org.). *Jurisdição e direitos fundamentais.* Porto Alegre: Livraria do Advogado, 2006, p. 99-128.

[27] Idem, ibidem.

[28] NUNES, Luiz Antônio Rizzato. *O princípio constitucional da dignidade da pessoa humana.* São Paulo: Saraiva, 2002, p.52.

A este espectro, irradiação sobre todo o ordenamento jurídico, corresponde a dimensão objetiva dos direitos fundamentais, que significa, de forma resumida e, portanto, simplificada, que os direitos fundamentais projetam-se sobre todo ordenamento jurídico, são seus princípios conformadores. Citando Gallego "a objetividade do direito quer dizer que o mesmo não radica no sujeito, mas em algo externo a ele".[29]

Na dicção de Sarlet,

> [...] de acordo com a qual os direitos fundamentais exprimem determinados valores que o Estado não apenas deve respeitar, mas também promover e proteger, valores estes que, de outra parte, alcançam uma irradiação por todo o ordenamento jurídico – público e privado – razão pela qual de há muito os direitos fundamentais deixaram de poder ser conceituados como sendo direitos subjetivos públicos, isto é, de direitos oponíveis pelos seus titulares (particulares) apenas em relação ao Estado.[30]

Segundo Schmitt, o mérito de demonstrar a dimensão objetiva dos direitos fundamentais cabe à doutrina das "garantias institucionais dos institutos", incorporada pelo Tribunal Constitucional Alemão, a partir da Lei Fundamental de Bonn de 1948.[31]

A principal crítica à dimensão objetiva dos direitos fundamentais foi trazida por Forsthoff, para quem há um sério e grave comprometimento da estabilidade constitucional se o método de interpretação da mesma for calcado em valores, transmudando-se a interpretação jurídica em interpretação filosófica.[32]

Foi Alexy, na obra "teoria de los derechos fundamentales" que, através da sua teoria de normas regras e normas princípios, trouxe para dentro das normas jurídicas aquilo que, para muitos, conforme visto anteriormente, estava fora da noção de sistema normativo, a ideia de valor. A principal vantagem, parece-nos, está em possibilitar uma interpretação das normas constitucionais à luz do caso concreto. Para tanto, é necessário partirmos da premissa de que a Constituição, e, consequentemente, os direitos fundamentais, são dotados de força normativa.

---

[29] ARANHA, Márcia Nunes. As dimensões objetivas dos direitos e sua posição de relevo na interpretação constitucional como conquista contemporânea da democracia substancial, *in Revista de Informação Legislativa*, Brasília, v. 35, n. 138, p. 217-230, abr./jun. 1998.

[30] SARLET, Ingo Wolfgang. Direitos fundamentais e direito privado: algumas considerações em torno da vinculação dos particulares a direitos fundamentais, *in* SARLET, Ingo. *A constituição concretizada*: construindo pontes com o público e o privado. Porto Alegre: Livraria do Advogado, 2000, p. 107-165.

[31] SCHIMTT, Cristiano Heineck. A invocação dos direitos fundamentais no âmbito das pessoas coletivas de direito privado, *in Revista de Informação Legislativa*, Brasília, v. 37, n. 145, p. 55-70, jan./mar. 2000.

[32] FORSTHOFF. Stato di diritto o Estato de giurisdizione? *apud* STEINMETZ, Wilson. *A vinculação dos particulares a direitos fundamentais*. São Paulo: Malheiros, 2004, p. 107.

No que diz especificadamente com a Constituição brasileira (já que na portuguesa, por exemplo, há expressa menção de vinculação dos particulares[33]) conforme já mencionado alhures, os direitos e garantias possuem aplicabilidade imediata. Não estabeleceu, portanto, o legislador constituinte originário, e nem mesmo o reformador – caso se admitisse como possível tal fato – limites de aplicação somente em relação ao Estado. Ora, somando-se a isso a dimensão objetiva dos direitos fundamentais, parece-nos, salvo melhor juízo, que a vinculação dos particulares a direitos fundamentais é medida inarredável, a não ser que se queira sustentar que a normatividade da Constituição é válida somente frente ao Estado como se fosse possível realizar um recorte tão preciso nas relações.

Desta forma, não há como se pretender que a publicidade esteja alheia à eficácia do direito fundamental de proteção as crianças, eis que todos, sem exceção estão, sob certa medida, sob a influência normativa dos preceitos Constitucionais.

4. Por uma máxima eficácia dos direitos fundamentais

Conhecer os limites e restrições é a outra faceta da mesma moeda. Partimos da premissa de que a máxima eficácia dos direitos fundamentais significa extrair-se de um direito o maior número de efeitos e efetividade possíveis. No entanto, para sabermos qual este máximo possível devemos conhecer as limitações e restrições destes direitos, ainda que apenas sob determinados aspectos.

Nos termos do artigo 5º, § 1º, da Constituição Federal brasileira de 1988, os direitos e garantias têm aplicabilidade imediata. É deste artigo que podemos justificar a aplicação da teses da máxima eficácia dos direitos fundamentais que, segundo Canotilho:

> [...] a uma norma constitucional deve ser atribuído o sentido que maior eficácia lhe dê. É um princípio operativo em relação a todas e quaisquer normas constitucionais, e embora a sua origem esteja ligada à tese da actualidade das normas programáticas (Thoma), é hoje sobretudo invocado no âmbito dos direitos fundamentais (no caso de dúvidas deve preferir-se a interpretação que reconheça maior eficácia aos direitos fundamentais).[34]

Ou seja, costumeiramente buscam fundamentar-se (e em alguns casos, como muitas vezes podemos observar na mídia, abonar determinadas condutas) argumentando que há uma norma fundamental

---

[33] Art. 18, nº 1, da CRP.

[34] CANOTILHO, J. J. Gomes. *Direito Constitucional e Teoria da Constituição*, 2. ed. Coimbra: Almedina, 1998, p. 1.224.

constitucional que a autoriza a liberdade da publicidade. Eis um dos argumentos utilizados para justificar-se a publicidade quase sem limites.

De fato a Constituição Federal protege a publicidade, da mesma maneira que tutela também uma série de outros direitos, não menos fundamentais, mas que, quando do enfrentamento do exame da proporcionalidade no caso concreto, costumam, não raras vezes, serem preteridos em face da publicidade, muito embora, no nosso entendimento, assim não devesse ser.

Segundo Marmelstein,

Apesar de a liberdade de expressão, em suas diversas modalidades, ser um valor indispensável em um ambiente democrático, infelizmente, o que se tem observado com muita frequência é que a mídia nem sempre age com o nobre propósito de bem informar o público. Muitas vezes, os meios de comunicação estão interessados em apenas vender mais exemplares ou obter índices de audiência mais elevados. Por isso, é inegável que a liberdade de expressão deve sofrer algumas limitações no intuito de impedir ou diminuir a violação de outros valores importantes para a dignidade humana, como a honra, a imagem e a intimidade das pessoas, ou seja, os chamados direitos de personalidade.[35]

Além disso, no caso da vinculação da publicidade aos direitos fundamentais da criança, podemos, inclusive, afirmar que se trata de uma decisão constitucional expressa do legislador constituinte, eis que se encontra plasmado no artigo 221, inciso IV, que a produção e a programação das emissoras de rádio e televisão atenderão ao princípio do respeito aos valores éticos e sociais da pessoa e da família.

Como se não bastasse o dispositivo Constitucional, é inarredável que existe legislação aplicável vigente no Brasil que trata a respeito da proteção da criança frente a publicidade. Para chegarmos a esta conclusão basta a leitura do Estatuto da Criança e do Adolescente, bem como o Código de Defesa do Consumidor. Talvez o que esteja faltando não sejam apenas leis, e sim, coragem para aplicá-las.

5. Por uma necessária, e severa, limitação (ou proibição) da publicidade dirigida às crianças: vinculação da publicidade ao direito fundamental de proteção da criança

Limitar e estabelecer restrições à mídia não significa apenas estabelecer um 'até onde se poder ir', mas também, obrigar que a atuação seja feita de forma responsável, democrática e com regras claras. Em outras palavras, obriga-se o Estado a criar regras claras, e os particu-

---

[35] MARMELSTEIN, George. *Curso de direitos fundamentais*. São Paulo, Atlas, 2008, p. 115.

lares a cumpri-las (em especial a mídia, objeto do presente estudo) ou até mesmo criar mecanismos autorregulatórios complementares, garantindo-se, em última análise, uma máxima eficácia ao direito a proteção à criança e, também, de certa maneira, a liberdade de publicidade, pois, ao conhecer claramente os seus limites poderá exercê-la com máxima eficácia também.

Quando se discute a questão da necessidade de um controle rígido da publicidade dirigida as crianças (ou a sua proibição), invariavelmente, sobrevém o argumento de que é função do pai e da mãe educar e controlar o que a criança vai consumir, cabendo às empresas "respeitar as regras estabelecidas pelo setor e o estágio de desenvolvimento da criança".[36]

Não é o foco deste artigo discutir o papel dos pais nas escolhas dos filhos. Não obstante isto, não desconhecemos pesquisas que tratam a este respeito e demonstram que os exemplos vivenciados pelas crianças no seio familiar são decisivos para definir os seus comportamentos. Também estes particulares – os pais – encontram-se vinculados aos direitos fundamentais e devemos estar atentos aos mecanismos existentes e por vir para que estes pais também protejam os seus filhos.[37] Não se trata de obrigações excludentes, no entanto.

A educação básica obrigatória para

> [...] todos – no caso brasileiro, consagrada no art. 208, I, da Constituição – é em boa medida uma rejeição (baseada em um paternalismo estatal, alguns diriam) da premissa de que a educação das crianças é uma tarefa exclusivamente doméstica e que deve ficar a cargo apenas dos pais e das mães. A educação básica imposta constitucionalmente pretende, dentre outros objetivos, proporcionar a todos – e não apenas aos filhos de famílias financeiramente privilegiadas – o acesso à educação, partindo-se do pressuposto de que, se a educação é um bem básico que proporcionará o gozo mais pleno de outros direitos, é melhor que todos possam ter acesso a ela.[38]

Entretanto, dada a complexidade e interdisciplinariedade também existente sobre este tema, o mesmo deve ser objeto de estudo próprio e, por está razão, não será contemplado nas poucas linhas deste trabalho, onde, o objeto principal, reiteramos, é a limitação da liberdade das empresas frente a proteção das crianças no que diz com a publicidade.

---

[36] ASSOCIAÇÃO BRASILEIRA DE AGÊNCIAS DE PUBLICIDADE As leis, a publicidade e as crianças. O que é preciso saber. O que dá pra fazer. Associação Brasileira de Agências de Publicidade. Disponível em www.somostodosresponsaveis.com.br acesso em 30 de outubro de 2013.

[37] De acordo com pesquisa encomendada pelo instituto Alana ao DATAFOLHA, 73% dos pais concordaram com a necessidade de restringir as propagandas voltadas ao público infantil.

[38] SILVA, Virgílio Afonso da. A Constitucionalidade da restrição da publicidade de alimentos e de bebidas não alcoólicas voltadas ao público infantil. Instituto Alana: São Paulo, 2012, disponível em http://biblioteca.alana.org.br/banco_arquivos/arquivos/Parecer_Virgilio_Afonso_6_7_12.pdf, consultado em 30 de setembro de 2013.

Voltemos à publicidade.

Verificamos em linhas anteriores que o "choque" entre a publicidade e a proteção da criança se trata de colisão de direitos fundamentais que devem ser ponderados à luz do caso concreto. Entretanto, além disso, também é necessário enfrentarmos a questão de que a Constituição Federal de 1988 tem dispositivos os quais, expressamente, preveem algumas limitações, tais como vedação ao anonimato, sigilo da fonte, direito de resposta e veracidade da informação, proibição de monopólio e oligopólio, restrição à propaganda comercial de produtos potencialmente nocivos.

Em relação a este último aspecto supramencionado, destacamos que: "Esse dispositivo não quer significar que outros produtos não arrolados não possam sofrer restrições de publicidade e venda, desde que justificadamente. A relação de objetos de restrição constantes neste dispositivo constitucional é exemplificativa".[39]

Assim, é possível que outras leis, devidamente justificadas, estabeleçam limites ao direito de publicidade.

Ocorre que o limite estabelecido à publicidade, atualmente, é prioritariamente exercido pelo Conselho Nacional de Autorregulamentação Publicitária (CONAR), e por meio do Código Brasileiro de Autorregulamentação Publicitária.

O CONAR é uma associação formada pelas empresas, publicitários e profissionais de outras áreas:

Constituído por publicitários e profissionais de outras áreas, o CONAR é uma organização não-governamental que visa promover a liberdade de expressão publicitária e defender as prerrogativas constitucionais da propaganda comercial.Sua missão inclui principalmente o atendimento a denúncias de consumidores, autoridades, associados ou formuladas pelos integrantes da própria diretoria.[40]

O Código Brasileiro de Autorregulamentação Publicitária, por sua vez, foi criado por entidades autointituladas de representativas do mercado brasileiro de publicidade na década de 70.

Note-se que tanto o CONAR, quanto o Código de Autorregulamentação Publicitária, antecedem a Constituição Federal Brasileira de 1988 e representam uma importante contribuição ao controle de publicidade no país e uma demonstração de que os particulares estão vinculados aos direitos fundamentais não apenas sob um viés negativo (um não fazer), quanto positivo (um fazer). Apesar deste fato, o

---

[39] FERREIRA, Cristiane Catarina de Oliveira. *Liberdade de Comunicação perspectiva constitucional.* Escola Superior de Direito Municipal: Porto Alegre, 2000, p. 104.

[40] http://www.conar.org.br/ acesso em 26 de outubro 2013.

marco *legal* da limitação se deu apenas com a Magna Carta (1988) e com o Código de Defesa do Consumidor (1990).

O CONAR, enquanto associação, por sua própria natureza, vincula apenas os seus associados, mesmo porque, ninguém é obrigado a associar-se ou permanecer associado. Não obstante isto, aduz em suas divulgações que qualquer empresa do ramo pode sofrer o controle do CONAR.

Além disso, após superar a tortuosa questão de ser associado ou não, o, apesar de intitulado Código, o Código Brasileiro de Autorregulamentação Publicitária não tem forma e força de lei, não podendo, portanto, obrigar as partes a cumprirem as determinações. Ademais, o Código compreende mecanismos de autorregulamentação onde os interessados na liberdade da publicidade são as mesmas pessoas chamadas a respeitar e criar as diretrizes a serem cumpridas, podendo prejudicar, assim, sua imparcialidade. A despeito disto, não podemos negar a importância deste órgão cujas decisões costumam ter aderência.

Interessante observar que, não raras vezes, podemos verificar que ou o posicionamento do CONAR é mais rígido que o da legislação vigente, ou é muito mais flexível. Esta verificação corrobora com a necessidade de criação de outros mecanismos de proteção respaldados por uma ampla discussão democrática e fundamentados em lei.

Assim, é inafastável a necessidade de um enfrentamento sério e aberto das questões relativas a publicidade dirigida às crianças no Brasil onde, não raras vezes os interesses econômicos são escondidos sob o argumento de preservação do direito à liberdade. Não se nega aqui a fundamentalidade do direito à liberdade de comunicação, mas o mesmo deve ser entendido e aplicado frente aos outros direitos não menos fundamentais e que merecem especial proteção em razão da fragilidade de seus titulares.

Não se trataria, assim, tão somente de regulamentar a publicidade dirigida às crianças mas, talvez, até mesmo aboli-la, fato este já verificável em outros países democráticos. Afinal, não podemos nos descuidar que o Estado Democrático de Direito não está calcado apenas na vontade da maioria, e sim, e também, na proteção da minoria frente à vontade da maioria.

De acordo com estudo de Corina Hawke, que avaliou mais de 70 países, os meios regulatórios de publicidade dirigida às crianças as reconhece como um grupo especial em razão de sua vulnerabilidade e estipula que a publicidade não pode ser prejudicial ou exploradora da credulidade das mesmas.[41]

A Associação Portuguesa de Direito do Consumo (APDC) concluiu , no grupo de trabalho que se ocupa da publicidade a alimentos e bebidas com excesso de açúcares, sódio e gorduras, que "A publicidade que se serve abusivamente de crianças para finalidades que nada têm a ver com assuntos que diretamente lhes respeitem, ofende a dignidade humana e atenta contra a sua integridade física e mental e deve ser banida".[42]

A *Consumers International* (CI) (órgão internacional que agrega as organizações de proteção ao consumidor), lançou, em 2008, campanha para restringir a publicidade de alimentos com alta quantidade de açúcar, sódio e gorduras, e criou um Código, em conjunto à *International Obesity Taskforce,* que, dentre outras determinações, proíbe publicidade para as crianças entre 6 horas e 21 horas no rádio e na TV, e em qualquer horário em páginas da internet.

Além disso, neste ano de 2013, na 66ª Assembleia Mundial Saúde da OMS, a *Consumers International,* conjuntamente com *International Obesity Task Force* (Força Tarefa Internacional da Obesidade), *UK Health Forum* (Fórum de Saúde do Reino Unido), *World Cancer Research Fund International* (Fundo Internacional de Pesquisa ao Câncer), *World Action on Salt and Health* (Ação Mundial sobre Sal e Saúde) e *World Public Health Nutrition Association* (Associação Mundial de Nutrição em Saúde Pública), apresentaram uma declaração em que consta a necessidade de os Estados adotarem a implementação do conjunto de recomendações sobre *marketing* para crianças, o desenvolvimento de rótulos de alimentos claros e legíveis para os consumidores; a adoção de instrumentos econômicos e fiscais para incentivar escolhas alimentares e ambientes mais saudáveis, medidas para reduzir o nível de sal, gorduras saturadas e açúcar incluídos em alimentos e bebidas processados e medidas para aumentar o consumo de frutas e hortaliças.[43]

A Suécia,[44] Canadá e a Noruega baniram a publicidade dirigida às crianças. Chile e Peru possuem restrições em relação a determinados alimentos e bebidas.

---

[41] HAWKES, Corinna. Marketing de alimentos para crianças: o cenário global das regulamentações / Organização Mundial da Saúde; tradução de Gladys Quevedo Camargo. Brasília: Organização Pan-Americana da Saúde; Agência Nacional de Vigilância Sanitária, 2006. 113p. Estudo feito para a Organização Mundial de Saúde.

[42] http://www.apdconsumo.pt/pub_alimentos_bebidas.html acesso em 10 de outubro de 2013.

[43] http://www.idec.org.br/em-acao/em-foco/consumers-international-declara-apoio-ao-plano-de-aco-da-assembleia-mundial-da-saude-da-oms acesso em 29 de outubro de 2013.

[44] "Neste sentido, a pesquisa elaborada pelo sociólogo sueco Erling Bjurtrön, a pedido do governo de seu país, exatamente para subsidiar as decisões que se queriam tomar quanto a restrição

O Brasil parece não querer ficar atrás e conta com o Projeto de Lei 5.921/01, proposto pelo deputado Luiz Carlos Hauly, em 12 de dezembro de 2001, que prevê a mudança nos artigos 37 e 38 do Código de Defesa do Consumidor com o objetivo de proibir totalmente a publicidade e a propaganda infantil entre as 05hs e 22hs, foi, no dia 18 de setembro aprovado na Comissão de Ciência, Tecnologia, Comunicação e Informática (CCTI) da Câmara dos Deputados, tendo ido para na Comissão de Constituição, Cidadania e Justiça (CCJ), para, então, ser votado no Senado Federal. Na data de 30 de outubro de 2013, conforme informações do site da Câmara, o PL esta aguardando a designação de Relator na Comissão de Constituição, Cidadania e Justiça.

Conclusões

Nas breves linhas deste artigo, tentamos demonstrar que o direito à proteção da criança e o direito à liberdade de comunicação/expressão são direitos fundamentais e têm condições de coexistir de forma que nenhum deles se sobreponha injustificadamente ao outro.

Para isto, recorremos à teoria da vinculação dos particulares aos direitos fundamentais, através da qual, não apenas o Estado, mas a sociedade em geral possui um compromisso normativo e democrático (além de ético e moral) com a realização destes direitos.

Concluímos que a publicidade dirigida às crianças deve necessariamente sofrer fortes restrições e, quiçá, até mesmo sua abolição, em nome da proteção de nossas crianças. Assim, talvez esteja na hora de nos desapegarmos da 'porta' que se pretende 'encostar' (liberdade) e olharmos para as demais que estão se abrindo, como a criação de adultos conscientes das próprias escolhas e, acima de tudo, crianças, mental e fisicamente saudáveis.

---

da publicidade dirigida aos menores, foi o estudo mais completo que tivemos oportunidade de tomar ciência e achamos interessante a sua análise.A pesquisa indica que algumas crianças de 4 anos são capazes de distinguir um comercial de um programa normal de televisão, mas a maioria é capaz de fazer esta distinção somente aos 8 anos. Porém, conforme a mesma pesquisa, apenas aos 10 anos todas as crianças conseguem perceber a diferença, embora não tenham ainda capacidade crítica em relação à informação que estão recebendo. Esta capacidade crítica só aparece, de modo geral, aos 12 anos de idade. Baseado neste estudo, o governo sueco proibiu toda e qualquer publicidade dirigida às crianças menores de 12 anos em horário diurno." Vota da Relatora da Comissão de Direito do Consumidor referente ao PL5.921/2001. Informação disponível em http://www.camara.gov.br/proposicoesWeb/prop_mostrarintegra?codteor=5712 15&filename=Parecer-CDC-30-05-2008 acesso em 28 de outubro de 2013.

Referências

ANDRADE, José Carlos Vieira. *Os direitos fundamentais na constituição portuguesa de 1976*. 2.ed. Coimbra: Almedina, 2001.

ARANHA, Márcia Nunes. As dimensões objetivas dos direitos e sua posição de relevo na interpretação constitucional como conquista contemporânea da democracia substancial, *in Revista de Informação Legislativa*, Brasília, v. 35, n. 138, p. 217-230, abr./jun. 1998.

ASSOCIAÇÃO BRASILEIRA DE AGÊNCIAS DE PUBLICIDADE. As leis, a publicidade e as crianças. O que é preciso saber. O que dá pra fazer. Disponível em www.somostodosresponsaveis.com.br acesso em 30 de outubro de 2013.

BRASIL, CONAR. http://www.conar.org.br/ acesso em 26 de outubro 2013.

——. Câmara Federal. http://www.camara.gov.br/proposicoesWeb/prop_mostrar integra?codteor=571215&filename=Parecer-CDC-30-05-2008 acesso em 28 de outubro de 2013.

CANOTILHO, J.J. Gomes. *Direito Constitucional e Teoria da Constituição*. 2. ed. Coimbra: Almedina,1998.

CURY, Munir. *Estatuto da Criança e do Adolescente comentado*. Comentários jurídicos e sociais, 7.ª ed. São Paulo: Malheiros, 2005.

FACCHINI, Eugênio. Reflexões histórico-evolutivas sobre a constitucionalização do direito privado, *in* SARLET, Ingo Wolfgang (Org.). *Constituição, direitos fundamentais e direito privado*. Porto Alegre: Livraria do Advogado, 2003.

FERNÁNDEZ SEGADO, Francisco. La dignidad de la persona como valor supremo del ordenamiento jurídico español y como fuente de todos los derechos, *in* SARLET, Ingo Wolfgang (Org.). *Jurisdição e direitos fundamentais*. Livraria do Advogado, Porto Alegre, 2006, pp. 99-128.

FERREIRA, Cristiane Catarina de Oliveira. *Liberdade de Comunicação perspectiva constitucional*. Escola Superior de Direito Municipal: Porto Alegre, 2000.

GOBÉ, Marc. *A emoção das marcas*: conectando marcas às pessoas. Rio de Janeiro: Campus, 2002.

HAWKES, Corinna. Marketing de alimentos para crianças: o cenário global das regulamentações / Organização Mundial da Saúde; tradução de Gladys Quevedo Camargo. Brasília: Organização Pan-Americana da Saúde; Agência Nacional de Vigilância Sanitária, 2006. 113p.

HENRIQUES, Isabella V. M. *Publicidade Abusiva Dirigida às Crianças*. Curitiba: Juruá. 2006.

LINDSTROM, Martin *Brandwashed*, São Paulo: HSM, 2013.

LINDSTROM, Martin. *Brandsense*: a marca multissensorial. Porto Alegre: Bookman, 2007.

MARMELSTEIN, George. *Curso de direitos fundamentais*. São Paulo, Atlas, 2008.

MORAES, Alexandre. *Constituição do Brasil Interpretada e Legislação Constitucional*. São Paulo: Atlas, 2002.

NEGREIROS, Tereza. *Teoria do contrato: novos paradigmas*, 2ª ed. São Paulo: Renovar, 2006.

NUNES, Luiz Antônio Rizzato *O princípio constitucional da dignidade da pessoa humana*. São Paulo: Saraiva, 2002.

PORTUGAL, Associação Portuguesa de Direito do Consumo. http://www.apdconsumo.pt/pub_alimentos_bebidas.html acesso em 10 de outubro de 2013.

SARLET, Ingo Wolfgang. *A eficácia dos direitos fundamentais*, 3ª ed. Porto Alegre: Livraria do Advogado, 2003.

SARLET, Ingo Wolfgang. Direitos fundamentais e direito privado: algumas considerações em torno da vinculação dos particulares a direitos fundamentais, *in* SARLET, Ingo Wolfgang (Org.). *A constituição concretizada:* construindo pontes com o público e o privado. Porto Alegre: Livraria do Advogado, 2000, p. 107-165.

SCHIMTT, Cristiano Heineck. A invocação dos direitos fundamentais no âmbito das pessoas coletivas de direito privado, *in Revista de Informação Legislativa,* Brasília, v. 37, n. 145, p. 55-70, jan./mar. 2000.

SHELL, Ellen Ruppel. *The Hungry Gene,* Nova York: Grove Press, 2003.

SILVA, Virgílio Afonso da. A *Constitucionalidade da restrição da publicidade de alimentos e de bebidas não alcoólicas voltadas ao público infantil,* in Instituto Alana: São Paulo, 2012, disponível em http://biblioteca.alana.org.br/banco_arquivos/arquivos/Parecer_Virgilio_Afonso_6_7_12.pdf, consultado em 30 de setembro de 2013.

STEINMETZ,Wilson. *A vinculação dos particulares a direitos fundamentais.* São Paulo: Malheiros, 2004.

— 9 —

O princípio da identificação da publicidade como meio de proteção do consumidor

RENATA POZZI KRETZMANN[1]
CARINA ZIN LEMOS[2]

Sumário: Introdução; 1. Funções e diferenciações do princípio da identificação; 1.1. A identificação da publicidade como advertência ao consumidor; 1.2. Publicidade e informação: distinções; 2. Falta de identificação da publicidade e consequências; 2.1. Falta de identificação e publicidade enganosa; 2.2. Falta de identificação e publicidade abusiva; 2.3. Merchandising; 2.4. Ausência de sanção direta no CDC; 2.5. A sanção do art. 19, parágrafo único, "b", do Dec. 2.181/97; 3. Considerações finais; Referências.

Introdução

A publicidade está intensamente presente nas nossas vidas. Diferentemente do que acontecia antigamente, não conhecemos todas as marcas do mercado, não sabemos onde os produtos são comercializados e quais são as suas características.

No passado, antes da consolidação da sociedade de consumo em massa, sabíamos quem era o comerciante do pequeno armazém e as opções de produtos que estavam à disposição. É impossível, nos dias de hoje, conhecer todas as marcas e variações de produtos que são inseridas no mercado. Há imensa variedade de bens e de fabricantes, e para que determinado item seja adquirido, o fornecedor deve se comunicar com o consumidor, a fim de ele passe a conhecê-lo. E como todas as empresas tem o mesmo objetivo de lucro, entram na corrida para mostrar para o consumidor aquilo que querem vender, formando-se, assim, uma imensa rede de informações, mensagens, apelos.

---

[1] Graduada em Ciências Jurídicas e Sociais PUCRS, especialista em Direito Contratual e Responsabilidade Civil (UNISINOS), advogada.

[2] Graduada em Ciências Jurídicas e Sociais PUCRS.

A presença constante da publicidade, no entanto, pode ser prejudicial, na medida em que as manobras dos fornecedores passem a ser utilizadas sem critério, em desrespeito às leis e à boa-fé. Não raro percebemos propagandas que se aproveitam da vulnerabilidade do consumidor para induzi-lo em erro e fazê-lo comprar a qualquer custo, de modo impulsivo, sem que possa, de fato, agir conforme sua vontade.

Esse fenômeno ocorre, principalmente, quando o consumidor não percebe que está diante de uma publicidade. Estando nessa posição, não pode se defender, não pode escolher trocar de canal de televisão ou virar a página do jornal. Fica exposto a algo que visa a captar sua atenção e a fazê-lo consumir praticamente de maneira forçada, oculta ou dissimulada. Isso acontece quando há violação do Princípio da Identificação, previsto no Código de Proteção e Defesa do Consumidor justamente para evitar essa exposição subliminar à publicidade.

Esse trabalho objetiva a breve análise das características da publicidade que interessam à ciência jurídica, relacionando-as com o Princípio da Identificação. Na primeira parte, são analisadas a necessidade de advertência do consumidor quanto à existência de um apelo publicitário e as diferenças entre as informações que devem ser fornecidas pelo consumidor e a publicidade propriamente dita.

As características da falta de identificação da publicidade e suas consequências jurídicas serão examinadas na segunda parte, na qual também serão abordadas importantes situações em que se verifica desrespeito ao importante princípio protetivo do consumidor.

1. Funções e diferenciações do princípio da identificação

A necessidade de garantir ao consumidor os elementos necessários para identificar a publicidade de modo fácil e imediato se traduz no princípio da identificação da publicidade.

Quando o diploma legal consumerista foi sancionado em 1990, já existia na época a preocupação direcionada à proteção do consumidor em face da publicidade que não fosse identificada como tal, visando ao mesmo fim, proibiu também a publicidade enganosa e abusiva.

Atualmente estamos diante de novos tipos de publicidade, como por exemplo, o *merchandising*, o qual utiliza técnicas até então estranhas ao fenômeno publicitário e que requer uma proteção maior ao consumidor. Ser identificável pelo consumidor como publicidade impõe a essa o dever de transparência e veracidade. A aplicação do princípio da identificação torna-se cada vez mais imprescindível nas relações consumeristas.

O referido princípio baliza a maneira como a publicidade irá ser apresentada ao seu público-alvo, ao não observá-lo o consumidor depara-se com a publicidade ilícita, que pode ser enganosa ou abusiva e para as quais o Código de Defesa do Consumidor impões sanções. Existem exceções ao princípio da identificação da publicidade, como no caso do *teaser*, sem contudo afastar-se as vedações do artigo 37.

A modificação do conceito de publicidade, mais atrelada à persuasão do que à informação, traz também novas perspectivas de como deve-se dar a proteção do consumidor frente àquela. Amplia-se, com isso, o âmbito de interpretação do princípio da identificação, afinal, a publicidade deve ser identificada somente pela sua forma ou ao consumidor é garantido o direito de identificar também que está diante de uma mensagem que na maioria das vezes não condiz com a realidade do produto ou serviço ofertado?

1.1. A identificação da publicidade como advertência ao consumidor

O princípio da identificação da publicidade decorre do disposto no art. 36 do Código de Defesa do Consumidor que estabelece: "A publicidade deve ser veiculada de tal forma que o consumidor, fácil e imediatamente, a identifique como tal".

Segundo Benjamin,[3] publicidade é toda forma de oferta que possui um patrocinador identificado o qual tem como finalidade a promoção de produtos ou serviços através da informação e/ou persuasão. Nesse mesmo sentido, Miragem[4] conceitua a publicidade pelo seu fim, visto que esta estimula os consumidores a adquirirem determinado produto ou serviço.

Fica claro que o fim comercial da publicidade é o seu elemento caracterizador e, por este motivo o Código de Defesa do Consumidor e o Código de Autorregulamentação Publicitária – em seu artigo 28 – determinam que a publicidade deva ser fácil e imediatamente identificável.

O referido princípio tem por base a boa-fé objetiva e também a condição de hipossuficiência do consumidor, pois estabelece o dever de transparência na relação de consumo. Consoante Pasqualotto,[5] o

---

[3] BENJAMIN, Antônio Herman Vasconcellos. O controle jurídico da publicidade. Revista de Direito do Consumidor, São Paulo, n. 9, p. 25-57, jan./mar. 1994.

[4] MIRAGEM, Bruno. *Curso de Direito do Consumidor*. 2. ed. São Paulo: Revista dos Tribunais, 2010, p. 85

[5] PASQUALOTTO, Adalberto. Oferta e Publicidade no Código de Defesa do Consumidor. In: *Contratos empresariais*: Contratos de Consumo e Atividade Econômica. LOPEZ, Teresa Ancona; AGUIAR, Ruy Rosado de (coord.). São Paulo: Saraiva, 2009, p. 84

consumidor deve conseguir identificar que está sendo exposto a uma mensagem publicitária no momento da sua veiculação, sem esforço e sem ser exigido dele capacidade técnica para isto. Objetiva-se que o consumidor não seja exposto aos efeitos persuasivos da publicidade sem perceber,[6] tornando-se, como isso, mais vulnerável a ela.

Dentre os diversos tipos de publicidade veiculada, existem anúncios que podem ser facilmente identificados como tais, como, por exemplo, aqueles que são veiculados nos intervalos comerciais dos programas de televisão e de rádio. Em contrapartida, existem mensagens publicitárias nas quais o seu fim último, que é o consumo, não está claramente identificado, como é o caso da denominada publicidade dissimulada.

Neste caso, a mensagem publicitária é travestida de matéria editorial de cunho jornalístico e, portanto, presume-se isenta de qualquer caráter persuasivo, possuindo maior credibilidade. O público crê que está diante de uma reportagem induzido a pensar desta maneira, considerando a forma que a publicidade é apresentada.[7]

Ainda, a publicidade pode estar embutida na própria reportagem que é transmitida com o fim informativo e, neste caso, há a participação do veículo de divulgação que intencionalmente dissimula a publicidade dentro de sua programação.

Sobre isto, o Código de Autorregulamentação Publicitária, em seu artigo 30, dispõe que a peça jornalística veiculada por meio de pagamento, independentemente da forma que possuir, deve ser identificada a fim de não ser confundida com as matérias editorias pelo consumidor.

Denominada também de publicidade redacional, esta viola claramente o princípio da identificação da mensagem publicitária, podendo se tornar mais difícil de reconhecer e de coibir quando existe conivência do veículo que a divulga, uma vez que não fornece ao consumidor os elementos necessários para a sua identificação como tal: mera publicidade.

A constatação da publicidade dissimulada deve passar pela averiguação do pressuposto da finalidade que, no caso, deve ser promocional, assim como pela possível identificação desse fim pelo consumidor.[8] Vale destacar que ao estarmos diante do público infan-

---

[6] DIAS, Lúcia Ancona Lopez de Magalhães. *Publicidade e direito*. São Paulo: Editora Revista dos Tribunais, 2010, p. 67

[7] PASQUALOTTO, Adalberto. *Os efeitos obrigacionais da publicidade no Código de Defesa do Consumidor*. São Paulo: Revista dos Tribunais, 1997.p. 86.

[8] DIAS, Lúcia Ancona Lopez de Magalhães. *Publicidade e Direito*. São Paulo: Editora Revista dos Tribunais, 2013, p. 213.

til a característica da hipossuficiência e da hipervulnerabilidade resta ainda mais clara e, portanto, a linha que separa a violação ou não destes direitos se torna mais tênue. Deve-se considerar a capacidade diminuta das crianças de discernir a realidade da fantasia quando diante de uma mensagem publicitária.[9]

Outro tipo publicitário que merece uma análise mais detida é o *teaser*, por ser uma figura ímpar considerada como a "publicidade da publicidade", que objetiva criar uma expectativa no público-alvo. O Código de Autorregulamentação Publicitária admite que nele não reste identificado o produto, o serviço ou o anunciante (artigo 9°, § 2°). Contudo, o referido diploma não traz nenhuma determinação específica acerca deste tipo de mensagem publicitária, bem como acerca da sua extensão, que, por não conter a identificação necessária, por si só já é capaz de confundir o consumidor ou induzi-lo a erro.

Quando se trata do *teaser* que é direcionado às crianças e aos adolescentes, observamos, em face da fase de desenvolvimento em que se encontram, que os efeitos danosos podem ser maiores. A natural dificuldade da criança em distinguir a fantasia da realidade facilmente se agrava frente a um *teaser*, no qual sequer há a identificação do caráter comercial da mensagem.

Ao permitir-se o afastamento do princípio da identificação da mensagem publicitária sem nenhuma ressalva, violam-se diversos dispositivos legais, como por exemplo o artigo 37, § 2°, do Código de Defesa do Consumidor e, inclusive do próprio Código de Autorregulamentação Publicitária (artigo 37, II), que visam a dar uma proteção especial à essa parcela da população.

Como se vê, em regra, o *teaser* é uma exceção ao princípio da identificação da mensagem publicitária; não se afastam, porém, os demais princípios que objetivam garantir a proteção do consumidor, assim como se submete também à proibição contida no artigo 37 do Código de Defesa do Consumidor em relação à publicidade enganosa e abusiva.[10]

1.2. Publicidade e informação: distinções

O direito à informação, garantido constitucionalmente pelo artigo 5°, XIV, da Constituição Federal a todos os indivíduos é de grande

---

[9] NISHIYAMA, Adolfo Mamoru; DENSA, Roberta. A proteção dos consumidores hipervulneráveis. In: MARQUES, Cláudia Lima; MIRAGEM (Org.), Bruno. *Direito do Consumidor*: proteção da confiança e práticas comerciais. São Paulo: Revista dos Tribunais, 2011. v. 2. p. 449.

[10] DIAS, Lúcia Ancona Lopez de Magalhães. *Publicidade e direito*, São Paulo: Revista dos Tribunais, 2010, p. 232.

abrangência e aplicável às mais diversas relações por ele estabelecidas.

Previsto internacionalmente desde 16.04.1985 pelo artigo 3° da Resolução 30/248 da Assembleia Geral das Nações Unidas, o qual determina ser imperativo promover o acesso dos consumidores à informação,[11] e inserido no Código de Defesa do Consumidor no artigo 6°, III, no artigo 30 e artigo 36, parágrafo único, o direito à informação deriva do Princípio da Veracidade.

O consumidor tem direito, portanto, a uma informação correta, verdadeira e condizente com as características do produto ou do serviço anunciado. Cabe aqui fazer uma ressalva: o Código de Defesa do Consumidor coloca em um mesmo artigo, qual seja, no artigo 36, *caput*, o princípio da identificação da publicidade e no parágrafo único o direito à informação, em que pese o segundo não derive do primeiro. Este está inserido na seção III, que trata da publicidade, mas encontra mais identidade com a seção II, que regula a oferta, considerando que a redação trata de elementos que podem compor o anúncio publicitário e o vincular como tal.

Dentro do contexto do presente artigo, examinaremos o direito fundamental à informação do consumidor em face da publicidade, especificamente, e, para isso, assumiremos duas acepções complementares que dele fazem parte: a informação como direito do consumidor e como papel da publicidade.[12]

A publicidade não possui o compromisso com a informação. Há a prescrição que, se forem repassadas informações ao consumidor, estas estejam de acordo com as características que o produto realmente possui. Contudo, a publicidade informativa está em desuso. Verifica-se hoje o cunho primordialmente persuasivo na publicidade, a qual cria desejos através da venda, muito mais, de um estilo de vida que deriva daquele produto, do que do produto em si.

Como bem explicita Benjamin, "nem toda a informação é publicidade e nem toda publicidade é só informação. Não devemos, pois, confundir informação com publicidade".[13]

---

[11] LÔBO, Paulo Luiz Netto. A informação como direito fundamental do consumidor. In: MARQUES, Cláudia Lima; MIRAGEM (Org.). Bruno. *Direito do Consumidor*: proteção da confiança e práticas comerciais. São Paulo: Revista dos Tribunais, 2011. v. 3. p. 596.

[12] PASQUALOTTO, Adalberto. *Os efeitos obrigacionais da publicidade no Código de Defesa do Consumidor*. São Paulo: Revista dos Tribunais, 1997.p. 92.

[13] BENJAMIN, Antônio Herman V. O controle Jurídico da Publicidade. In: MARQUES, Cláudia Lima; MIRAGEM (Org.), Bruno. *Direito do Consumidor*: proteção da confiança e práticas comerciais. São Paulo: Revista dos Tribunais, 2011. v. 2. p. 449.

A informação em sentido estrito possui um fim desinteressado, preocupa-se com o que se está sendo transmitido e não se houve um convencimento acerca do que foi dito. Diferentemente da informação contida na publicidade que, quando existe, é usada como meio para atingir o seu objetivo mercadológico. Benjamin diferencia os dois fenômenos partindo de três critérios: o fim incitativo, o objetivo comercial e o caráter passional.[14] A informação pura e a informação contida na publicidade são, dessa maneira, distintas.

A necessidade de transmitir ao consumidor as corretas informações acerca do produto, como a natureza deste, as suas características, a qualidade, a quantidade, as propriedades, a origem e o preço do produto está prevista no artigo 30 do diploma legal consumerista.

Há uma preocupação em garantir que a correta informação acerca do que é ofertado chegue ao consumidor através da publicidade, tanto é que o artigo supracitado está dentro da seção II, que trata da oferta, dando à publicidade o caráter de pré-contrato e fazendo incidir sobre as informações contidas nela o caráter vinculativo. Percebe-se que estas exigências ligam-se as informações que podem ou não estar presentes em um anúncio publicitário. Não se exige que a publicidade contenha informações acerca do produto ou que se resuma a isso. É raro, por exemplo, vermos uma publicidade que informe a quantidade de produto que está anunciando, ou os ingredientes que compõe determinado produto. Hoje se vende a potencialidade e não o produto em si, veicula-se o chamado produto genérico.[15]

O artigo 30 do Código de Defesa do Consumidor vincula o anunciante da oferta suficientemente precisa ao seu produto, incluindo a informação e a publicidade que dela advêm ao contrato que vier a ser celebrado. A dificuldade tem sido encontrada quando pensamos que a publicidade de hoje raramente contém informações suficientemente precisas, portanto a aplicação do artigo acima citado vem se tornando limitada.

No mesmo norte, aquela publicidade que não possui informações acerca do produto, mas utiliza-se de técnicas de persuasão, como no caso da publicidade de estilo de vida,[16] dificilmente poderá ser incluída na previsão legal do artigo acima citado. Surge o questiona-

---

[14] BENJAMIN, Antônio Herman V. O controle Jurídico da Publicidade. In: MARQUES, Cláudia Lima; MIRAGEM (Org.), Bruno. *Direito do Consumidor*: proteção da confiança e práticas comerciais. São Paulo: Revista dos Tribunais, 2011. v. 3, p. 69.

[15] Segundo Santos, produto genérico é o benefício que o consumidor espera do produto, seu aspecto intangível. SANTOS, Fernando Gherardini. *Direito do Marketing*: uma abordagem jurídica do marketing empresarial. São Paulo: Editora Revista dos Tribunais, 2000, p. 25.

[16] BENJAMIN, Antônio Herman Vasconcellos. O controle jurídico da publicidade. *Revista de Direito do Consumidor*, São Paulo, n. 9, p. 27, jan./mar. 1994.

mento sobre como o direito regula este tipo de publicidade, bem como acerca dos limites que são impostos. A falsa possibilidade de um estilo de vida vendido junto com um suco de caixinha parece abusar e brincar com a capacidade de julgamento do consumidor brasileiro e vem sendo ignorada pelo direito quanto ao seu controle. Resta claro que se submete ao controle feito à publicidade enganosa ou abusiva, mas existem dificuldades em enquadrá-las nesta previsão legal.

Nesse sentido, o Código de Defesa do Consumidor é lacunar. A informação não é mais uma função da publicidade, que possui técnicas mais refinadas de convencimento e persuasão do que a explicitação das características de determinado produto. Estamos diante da ciência da persuasão, a qual utiliza técnicas das mais diversas áreas do conhecimento para atingir o seu fim.[17]

O público infantil, que vem se colocando na posição de consumidor cada vez mais precocemente, é atingido pela publicidade de modo mais fácil, sendo seduzido sem possuir as ferramentas necessárias para diferenciar as informações publicitárias das informações propriamente ditas.

Não é admissível que uma publicidade destinada a crianças faça-as acreditar que somente através da compra de uma boneca é possível ser socialmente aceita em um grupo de amigas. A publicidade de hoje vende princípios, como no caso acima, ser popular. O princípio da veracidade aqui é fortemente violado, assim como o direito a uma informação correta, no caso, condizente com a realidade.

De um lado possuímos um Código que consegue acompanhar limitadamente os avanços da publicidade a qual possui cada vez mais formas de garantir o seu fim comercial sem se preocupar com os meios para atingi-lo. Encontra-se na doutrina grande amparo na busca de soluções que amparem os direitos do consumidor frente à publicidade, mas no processo de garantia desses direitos é onde se encontram as maiores dificuldades.

2. Falta de identificação da publicidade e consequências

O CDC estrutura um sistema de proteção e defesa dos consumidores, objetivando resguardá-los das práticas ilegais e abusivas praticadas pelos fornecedores e oferecer instrumentos hábeis à prevenção e reparação de possíveis danos.

---

[17] BENJAMIN, Antônio Herman V. O controle Jurídico da Publicidade. In: MARQUES, Cláudia Lima; MIRAGEM Bruno. (Org.). *Direito do Consumidor*: proteção da confiança e práticas comerciais. São Paulo: Revista dos Tribunais, 2011. v. 3, p. 73.

O princípio da identificação é um desses instrumentos, que visa à manutenção da boa-fé na relação entre o anunciante e o público atingido pela publicidade. O comportamento oculto, encoberto e misterioso do fornecedor não é condizente com as normas consumeristas e com o ordenamento jurídico como um todo, pois viola a confiança e aproveita-se da vulnerabilidade de quem consome. As manobras publicitárias que não se coadunam com o sistema de proteção e com o princípio em estudo são ilícitas e não admitidas.

2.1. Falta de identificação e publicidade enganosa

O § 1º do artigo 37 do CDC designa como publicidade enganosa qualquer modalidade de informação ou comunicação de caráter publicitário, inteira ou parcialmente falsa, ou, por qualquer outro modo, mesmo por omissão, seja capaz de induzir em erro o consumidor a respeito da natureza, características, qualidade, quantidade, propriedades, origem, preço e quaisquer outros dados sobre produtos e serviços.

Neste conceito, a falta de identificação da publicidade enquadra-se no âmbito da publicidade enganosa por omissão, uma vez que ela não compreende apenas o silenciamento total de informação essencial sobre os produtos e os serviços, mas, também, o seu oferecimento de modo obscuro, que não possa ser lida ou percebida por consumidor de diligência ordinária. Assim, o ocultamento do caráter publicitário das mensagens veiculadas pelos fornecedores caracteriza-se como publicidade enganosa por omissão.[18]

A publicidade deve ser veiculada de tal forma que o consumidor a identifique de maneira rápida e imediata. Não pode ser formulada de maneira que o consumidor não a identifique como tal e, consequentemente, não possa dela se defender, uma vez que sequer percebeu sua existência. Esse modo de violação do princípio da identificação equipara-se à publicidade enganosa, porquanto incide o consumidor em erro, ocultando sua finalidade, aparecendo de maneira clandestina ou camuflada, aproveitando-se da falta de consciência daqueles a quem se dirige.

É enganosa qualquer modalidade de publicidade que induza em erro o consumidor e não é somente a falsidade da informação que causa esse feito. O fato de o consumidor não reconhecer a mensagem como publicitária também o faz incidir em erro, pois ele pensa estar assistindo a um programa de televisão ou lendo uma reportagem

---

[18] DIAS, Lúcia Ancona Lopez de Magalhães. *Publicidade e Direito*. São Paulo: Editora Revista dos Tribunais, 2013, p. 142.

sobre um acontecimento e não percebe que está sendo incitado a conhecer ou adquirir algum produto.

A técnica de ocultação da publicidade não permite que o consumidor a avalie criticamente, pois ele recebe a informação, mas não a compreende como apelo de vendas e tem suprimida sua liberdade de escolha. É levado a acreditar em situações fantasiosas, é enganado.[19]

Possibilitar a indução em erro do consumidor é a principal característica da publicidade enganosa.[20] Há a formação de uma falsa perspectiva pelo consumidor, que acredita em algo não verdadeiro. A publicidade não identificável, tratada na doutrina como invisível, incide o consumidor em erro de maneira mais intensa do que o faz a publicidade enganosa ostensiva.

Quando não pode identificar a publicidade, além de pensar que a situação é verdadeira ou faz parte de algum contexto real, como um livro, um filme ou notícia, o consumidor perde a capacidade de se defender contra a investida do fornecedor. Não tem condições de mudar seu comportamento a fim de que não seja mais exposto à publicidade, pois desconhece estar nessa situação de exposição e vulnerabilidade.

Trata-se de publicidade que se torna enganosa justamente pela omissão de sua própria existência, pela falta de ostensividade, clareza e honestidade. Há desrespeito com o consumidor, que é influenciado pelos apelos publicitários sem saber e não pode adequar seu comportamento conforme sua vontade.

A proibição imposta pelo princípio da identificação visa justamente fazer com que o fornecedor se abstenha de tentar enganar o consumidor e "induzi-lo a adquirir produto ou serviço, incentivado ou até mesmo iludido por publicidade subliminar ou dissimulada, veiculada em noticiário, programas televisivos, reportagens, eventos culturais ou qualquer outra forma de comunicação pública".[21]

2.2. Falta de identificação e publicidade abusiva

O § 2º do artigo 37 do CDC não traz um conceito fechado ou preciso de abusividade, apenas refere alguns exemplos que, dentre outros, caracterizam a publicidade abusiva, dividindo-a em oito modalidades. A publicidade discriminatória de qualquer natureza, que incite à violência, explore o medo ou a superstição, se aproveite da de-

---

[19] NUNES, Luis Antonio Rizzatto. *Curso de Direito do Consumidor*. São Paulo: Saraiva, 2009, p. 488.

[20] MARQUES, Cláudia Lima. *Contratos no Código de Defesa do Consumidor*: o novo regime das relações contratuais. São Paulo: Revista dos Tribunais, 2004, p. 676

[21] ANDRADE, Ronaldo Alves de. *Curso de Direito do Consumidor*. Barueri: Manole, 2006, p. 68.

ficiência de julgamento e experiência da criança, desrespeita valores ambientais, ou que seja capaz de induzir o consumidor a se comportar de forma prejudicial ou perigosa à sua saúde ou segurança são consideras abusivas, consoante o referido dispositivo. Caso a publicidade invisível se enquadre em alguma dessas situações, pode ser considerada abusiva, além de enganosa.

A publicidade não identificada pelo consumidor, como já referido, é antiética, desrespeitosa às regras de concorrência leal e desonesta em relação ao consumidor, que se encontra especialmente vulnerável em relação a esse tipo de estratégia, caracterizando-a como enganosa. Não raros, entretanto, são os exemplos de publicidade clandestina que seja, simultaneamente, enganosa e abusiva.

A publicidade abusiva é aquela que caracteriza vulneração de direitos fundamentais do homem, afetando, na maior parte dos casos, direitos inerentes à personalidade e caracterizando nítida violação de direitos básicos pela exploração das fraquezas humanas.[22] Fere a sociedade como um todo,[23] transmite a ideia de exploração ou opressão do consumidor e não necessariamente causa-lhe prejuízos de ordem patrimonial.[24]

Entre as formas de abusividade elencadas no Código do Consumidor, merece destaque a que se aproveita da deficiência de julgamento e experiência do público infantil. As crianças, embora não sejam parte da relação de consumo, são alvos constantes das campanhas publicitárias, que se aproveitam de sua vulnerabilidade exacerbada e podem transmitir uma ideia de desatenção ou desrespeito explícito aos valores que informam o sistema normativo no qual elas estão inseridas.[25]

Na condição de pessoas em desenvolvimento, as crianças demandam especial proteção do Estado, conforme preconiza a Constituição da República em seu artigo 227, que determina um dever geral de proteção, por parte do Estado, da sociedade e da família, assegurado, também, pelo artigo 1º do Estatuto da Criança e do Adolescente.

Apesar da regra geral de proibição da publicidade que se aproveite da ingenuidade das crianças, não há, no ordenamento jurídico brasileiro, regras específicas sobre esse tema, cabendo ao julgador re-

---

[22] ANDRADE, Ronaldo Alves de. *Curso de Direito do Consumidor*. Barueri: Manole, 2006, p. 80.

[23] MARQUES, Cláudia Lima. *Contratos no Código de Defesa do Consumidor*: o novo regime das relações contratuais. São Paulo: Revista dos Tribunais, 2004, p. 680.

[24] BENJAMIN, Antônio Herman de Vasconcellos [artigos 29 a 45] In: GRINOVER, Ada Pellegrini, *et.al.*, *Código brasileiro de Defesa do Consumidor*: comentado pelos autores do anteprojeto. 8. ed. Rio de Janeiro: Forense Universitária, 2004, p. 339.

[25] DIAS, Lúcia Ancona Lopez de Magalhães. *Publicidade e Direito. São Paulo*: Revista dos Tribunais, 2013, p. 163.

conhecer o abuso no caso concreto. Essa lacuna legislativa proporciona inúmeros debates sobre a regulamentação da matéria, sendo que há quem defenda a total proibição de publicidade dirigida ao público infantil.[26]

A publicidade mais nociva às crianças, certamente é a invisível. Se já é de difícil ou impossível identificação para os adultos, a informação publicitária clandestina tem grande influência sobre os pequenos, que têm reduzida capacidade de discernimento.[27]

As crianças não têm condições de distinguir o fim do seu programa de televisão e o início da mensagem publicitária. Para elas, aquilo que aparece enquanto estão assistindo sua programação faz parte de um todo. Assim, tudo o que for oferecido será tido como parte do enredo do filme, desenho ou programa. O consumidor infantil, dessa forma, fica totalmente indefeso diante dos apelos publicitários, tornando-se inteiramente suscetível aos efeitos da publicidade, que explora sua natural vulnerabilidade.

Uma das questões mais importantes relacionadas à publicidade dirigida às crianças é o aumento da obesidade infantil por meio do consumo exagerado de alimentos calóricos e pobres em nutrientes. Há inúmeros projetos de lei originados em todo o país nos quais se discute a limitação e regulamentação da publicidade endereçada ao público menor de 12 anos de idade, justamente em razão do forte apelo publicitário para a aquisição de comidas ricas em gordura, sal, açúcar e outros ingredientes cujo consumo demasiado pode causar malefício à saúde.

Esse tipo de publicidade é considerado abusivo, pois aproveita-se da vulnerabilidade da criança e de sua falta de compreensão para vender produtos que deveriam ser apenas ocasionalmente consumidos. É sabido que os pais também se sentem influenciados, e no intuito de agradar e acalmar seus filhos, adquirem com bastante frequência alimentos inadequados.

É necessário, porém, certa ponderação em relação ao dever de controle e cuidado dos pais e o papel da publicidade no desenvolvimento das crianças. Políticas públicas de educação e saúde devem ser implementadas, assim como campanhas de educação para o consumo racional, conscientização da importância de uma vida saudável e incentivo à prática de exercícios físicos.

---

[26] Este é o posicionamento do Instituto Alana, organização da sociedade civil sem fins lucrativos que trabalha para encontrar caminhos transformadores que honrem a criança, conforme descrição disponível em seu *site*.

[27] DIAS, Lúcia Ancona Lopez de Magalhães. *Publicidade e Direito*. São Paulo: Revista dos Tribunais, 2013, p. 195.

A fim de que não haja total intervenção do Estado na economia e na livre iniciativa, imprescindível é a regulamentação da matéria para que sejam estabelecidos critérios de controle e fiscalização da publicidade abusiva dirigida às crianças, seja aquela clara, de fácil identificação ou, com ainda mais rigor, a invisível ou clandestina, também ilícita.

No Brasil, a autorregulamentação mostrou-se ineficaz e insuficiente para a efetiva proteção das crianças. As decisões e regulamentações do CONAR não têm força normativa e não vinculam todos os agentes do mercado, mas somente os signatários do sistema. Além disso, não podem obrigar, multar ou fiscalizar os anunciantes, o que reforça ainda mais a necessidade de determinações legais sobre o assunto.

O sistema legal de proteção previsto no CDC contra a publicidade ilícita prevê o controle pelos órgãos do Sistema Nacional de Defesa do Consumidor, composto pela Secretaria de Direito Econômico do Ministério da Justiça e pelos demais órgãos federais, estaduais, distritais e municipais, pelas entidades civis de defesa do consumidor, pelo Ministério Público e pelo Poder Judiciário, além dos Procons e da Anvisa, que deve fiscalizar a rotulagem e publicidade de produtos submetidos ao regime de vigilância sanitária.

Não há, todavia, normas especialmente desenvolvidas para a publicidade infantil, o que dificulta ou obstaculiza a fiscalização por parte desses entes do Estado. O tratamento específico da matéria em relação aos horários e frequência de veiculação de publicidade, a determinação de proibições de exibição em determinados programas ou para determinados públicos e o detalhamento das formas de utilização da publicidade são essenciais para um controle efetivo por parte dos entes públicos e para a concretização da proteção da criança, considerada absoluta prioridade pela nossa Constituição.

2.3. Merchandising

Merchandising é uma técnica publicitária utilizada no cinema e na televisão consistente na "integração ao roteiro de uma situação de uso ou consumo normal de um produto com a exposição de sua marca ou fatores de identificação".[28]

O espaço em que essa prática é utilizada não é tipicamente publicitário, o que a distingue da publicidade tradicional. A exibição da marca do produto ou do serviço se dá de maneira oculta, velada. A

---

[28] PASQUALOTTO, Adalberto. *Os efeitos obrigacionais da publicidade no Código de Defesa do Consumidor.* São Paulo: Revista dos Tribunais, 1997, p. 87.

mensagem do anunciante está escondida propositalmente no roteiro do filme ou nas cenas da novela, razão pela qual essa modalidade de publicidade vai de encontro ao princípio da identificação.

Por não ser realizado de maneira clara e ostensiva, o *merchandising* se vale da vulnerabilidade do consumidor, que pensa que determinados produtos ou serviços são mostrados para enfatizar a característica de algum personagem ou mostrar o contexto de um filme.

Essa ausência de consciência e preparo do consumidor faz com que o apelo publicitário seja transmitido sem qualquer filtro ou defesa, uma vez que sequer é identificado por seu destinatário, como antes afirmado.

Lúcia de Magalhães Dias evita o uso do vocábulo *merchandising* e propõe a utilização da expressão "colocação do produto", oriundo do inglês *product placement*. Esclarece a autora que essa é a terminologia utilizada pela Diretiva Europeia 1989/552/CE que dispõe sobre radiodifusão televisa e é a mais adequada, porquanto o primeiro sentido da palavra *merchandising* diz respeito ao "conjunto de ações exercidos no interior de um ponto de venda para informar o consumidor sobre a existência de certa marca ou produto no estabelecimento, dando-lhe maior visibilidade por meio da exposição diferenciada, com o objetivo de influenciar decisões de compras, acelerando sua rotatividade".[29]

O Código do Consumidor não proíbe expressamente o *merchandising*, mas considera ilícita a publicidade que não pode ser imediatamente identificada pelo consumidor. Assim sendo, essa técnica deve ser adaptada às normas protetivas e ao princípio da identificação.

Benjamin sugere, para tanto, a veiculação antecipada de uma informação comunicando que, naquele programa ou filme, ocorrerá *merchandising* de determinados produtos. Salienta que, nos programas fragmentados, os créditos informativos devem ser apresentados em todos os fragmentos, antes e depois de sua exibição.[30]

Importa salientar, contudo, que o *merchandising* será ilícito apenas se houver clara natureza promocional na colocação do produto e se essa intenção estiver oculta, não podendo ser identificada pelo consumidor.[31] Casos em que a prática é realizada de maneira ostensiva, de modo que o consumidor saiba da tentativa de influenciá-lo, são

---

[29] DIAS, Lúcia Ancona Lopez de Magalhães. *Publicidade e Direito*. São Paulo: Revista dos Tribunais, 2013, p. 230.

[30] BENJAMIN, Antônio Herman de Vasconcellos [artigos 29 a 45] In: GRINOVER, Ada Pellegrini, *et.al.*, *Código brasileiro de Defesa do Consumidor*: comentado pelos autores do anteprojeto. 8. ed. Rio de Janeiro: Forense Universitária, 2004, p. 322.

[31] DIAS, Lúcia Ancona Lopez de Magalhães. *Publicidade e Direito*. São Paulo: Revista dos Tribunais, 2013, p. 234.

permitidos pela lei, desde que respeitem os demais princípios orientadores das relações de consumo.

2.4. Ausência de sanção direta no CDC

A publicidade enganosa e a abusiva são consideradas ilícitas, proibidas pelo artigo 37 do Código do Consumidor, que, apesar de estabelecer essa proibição, não indica sanções específicas.

A matéria é tratada pelo artigo 56, o qual arrola as sanções administrativas para os casos de infrações das normas de defesa do consumidor, entre as quais encontra-se a contrapropaganda, cuja imposição objetiva "fulminar a força persuasiva da publicidade enganosa ou abusiva, mesmo após a cessação de sua veiculação".[32]

O artigo 60 determina que a contrapropaganda será imposta quando o fornecedor incorrer na prática de publicidade enganosa ou abusiva, nos termos do artigo 36 e seus parágrafos, ou seja, quando houver violação ao princípio da identificação.

Esses dispositivos legais estão inseridos no Capítulo VII, que trata das sanções administrativas. Todavia, as sanções ali descritas são impostas pelo Poder Judiciário, em virtude da falta de sanções destinadas especialmente à publicidade ilícita a serem determinadas pelo julgador.

O Tribunal de Justiça do Rio Grande do Sul, ao julgar um caso de publicidade enganosa em que foi ofertado o serviço de um advogado que na verdade não exercia atividades no local indicado, determinou a imposição de contrapropaganda, obrigando o fornecedor a divulgar as informações de maneira correta na mesma forma, frequência, dimensão e no mesmo veículo, local e horário em que foi divulgada a propaganda tida como enganosa.[33]

A prática de publicidade ilícita, enganosa ou abusiva, é considerada infração das normas de defesa do consumidor, uma vez que é proibida pelo CDC. Dessa forma, poderia estar sujeita a qualquer uma das sanções do artigo 56 que fossem útil à solução do caso. Apenas a contrapropaganda, no entanto, é mencionada no artigo 60 para os casos de publicidade ilícita, o que faz com que seja o instrumento sancionatório mais utilizado na prática.

---

[32] BENJAMIN, Antônio Herman de Vasconcellos [artigos 29 a 45] In: GRINOVER, Ada Pellegrini, *et al.*, *Código brasileiro de Defesa do Consumidor*: comentado pelos autores do anteprojeto. 8. ed. Rio de Janeiro: Forense Universitária, 2004, p. 357.

[33] TJRS, Apelação Cível nº 70037131430, Sexta Câmara Cível, Relator Des. Antônio Corrêa Palmeiro da Fontoura, Julgado em 12/07/2012.

2.5. A sanção do art. 19, parágrafo único, "b", do Dec. 2.181/97

O Decreto 2.181 de 1997 estabelece normas gerais de aplicação para as sanções administrativas previstas no Código do Consumidor. Em seu artigo 19, são encontradas disposições sobre a promoção de publicidade enganosa ou abusiva, penalizadas com multa, sem prejuízo das demais penalidades administrativas previstas no próprio decreto.

O parágrafo único deste mesmo dispositivo estende a aplicação das penalidades aos casos de violação do princípio da identificação. Conclui-se, assim, que todos os incisos do artigo 18 do Decreto 2.181 são aplicáveis quando for veiculada publicidade que não possa ser fácil e imediatamente identificada pelo consumidor.

A sanção de contrapropaganda está inserida no rol das penalidades do artigo 18, restando claro, então, que pode ser aplicada para os casos em que não há identificação da publicidade. Não há, todavia, inovação em relação ao CDC,[34] que também a prevê a contrapropaganda, como explicado anteriormente.

Há apenas uma pequena diferença: no Código do Consumidor, apesar de haver previsão da contrapropaganda e proibição da propaganda não identificada, não há uma sanção diretamente aplicável para os casos de violação do Princípio da Identificação.

A sanção, no CDC, se dá por meio da caracterização da propaganda invisível como enganosa ou abusiva. O Decreto, no entanto, dispensou essa conexão, ao estabelecer no parágrafo único do artigo 19 a aplicação das penalidades para os casos de falta de identificação da publicidade.

Nem o Decreto, nem o CDC, porém, preveem expressamente a aplicação da contrapropaganda pelo juiz. No Código, as penalidade estão inseridas no capítulo das sanções administrativas. O Decreto estabelece, no § 2º do artigo 18, que as penalidades serão aplicadas pelos órgãos oficiais integrantes do Sistema Nacional de Defesa do Consumidor, sem prejuízo das atribuições do órgão normativo ou regulador da atividade.

Sendo assim, pouco efeito prático tem a previsão da contrapropaganda e a inclusão da publicidade não identificada pelo consumidor como ato punível no Decreto 2.121/97, uma vez que os órgãos administrativos que integram o SNDC não podem prolatar decisões com força coercitiva. Apesar desse impasse, muitos Tribunais, como

---

[34] ONÓFRIO, Fernando Jacques. *Comentários ao Código de Defesa do Consumidor*. Rio de Janeiro: Forense, 2005, p. 208.

já referido, têm aplicado a contrapropaganda, independentemente de previsão expressa, tendo em vista a necessidade de proteção ao consumidor e o caráter de ordem pública e interesse social de suas normas protetivas

3. Considerações finais

1. O princípio da identificação tem a função de proteger o consumidor ao estabelecer a necessidade de boa-fé do fornecedor anunciante frente à vulnerabilidade do consumidor.

2. Publicidade é diferente de informação. Não há obrigatoriedade legal de que os anúncios publicitários contenham informações a respeito do produto ou do serviço anunciado. Entretanto, caso existam essas informações, devem ser verdadeiras.

3. A informação em sentido estrito visa transmitir as características de alguma coisa, enquanto a informação contida na publicidade preocupa-se com o convencimento do consumidor, objetivando persuadi-lo.

4. A oferta vincula o fornecedor apenas de contiver informações suficientemente precisas, o que acarreta dificuldades práticas, já que, atualmente, as campanhas publicitárias estão mais voltadas ao convencimento do consumidor do que à demonstração das funções e qualidades do bem de consumo.

5. O *teaser* é admitido pelo Código de Autorregulamentação Publicitária, apesar de não ter regulamentação específica nesse diploma ou no CDC. Assim, é permitido desde que não viole o sistema de proteção do Código do Consumidor e não se configure como publicidade enganosa ou abusiva.

6. A publicidade redacional viola o princípio da identificação e não é admitida pelo legislação consumerista, pois se trata de dissimulação intencional de mensagem publicitária inserida fora do contexto.

7. A publicidade não identificada pelo consumidor é considerada enganosa, pois faz com que o consumidor incida em erro ao submeter-se às influências da mensagem publicitária sem dela ter conhecimento e sem poder escolher qual será seu comportamento diante desse apelo.

8. Além de ser enganosa, também pode ser abusiva se, além de clandestina, for antiética e desonesta em relação ao consumidor, enquadrando-se na hipótese legal de abusividade.

9. O *merchandising* não é legalmente proibido, mas pode ser considerada prática ilícita se não puder ser imediatamente identificada pelo consumidor. Apenas será admitido, portanto, se estiver adaptado às normas protetivas e ao princípio da identificação.

10. A publicidade dirigida às crianças que não é facilmente identificável aproveita-se da vulnerabilidade e da deficiência de julgamento e experiência do público infantil configurando-se, assim, mais grave do aquela destinada ao público adulto. O consumidor infantil deveria receber maior proteção considerando-se sua condição de ser em desenvolvimento e sua incapacidade de defesa diante dos apelos publicitários.

11. A publicidade enganosa e a abusiva são consideradas ilícitas, mas o CDC não indica sanções específicas para essa situações. Traz, apenas, punições administrativas para os casos de infração das normas de defesa do consumidor, entre as quais encontra-se a contrapropaganda, que é utilizada, na prática, pelo Poder Judiciário, embora prevista no capítulo reservado às sanções administrativas.

12. O decreto 2.181 de 1997 estende a aplicação das penalidades administrativas aos casos específicos de violação ao princípio da identificação. Nem o decreto nem o CDC, todavia, preveem expressamente a aplicação de sanção pelo juiz.

13. As decisões dos órgãos administrativos do Sistema Nacional de Defesa do Consumidor não tem força coercitiva, por isso têm pouco efeito prático.

14. Há necessidade de regulação específica da matéria no Código do Consumidor, com a previsão de sanções a serem aplicadas pelo julgador a fim de que possa haver a efetiva proteção do consumidor em relação à publicidade clandestina nos âmbitos preventivo e repressivo.

15. A falta de regulação da publicidade dirigida às crianças propicia o aumento de mensagens publicitárias que se aproveitam de sua vulnerabilidade. É inegável a força persuasiva de uma publicidade bem elaborada, aspecto que não deveria ser ignorado pelo ordenamento jurídico protetivo do consumidor.

Referências

ANDRADE, Ronaldo Alves de. *Curso de Direito do Consumidor*. Barueri: Manole, 2006.

BENJAMIN, Antônio Herman de Vasconcellos [artigos 29 a 45] In: GRINOVER, Ada Pellegrini, *et.al. Código brasileiro de Defesa do Consumidor*: comentado pelos autores do anteprojeto. 8. ed. Rio de Janeiro: Forense Universitária, 2004.

BENJAMIN, Antônio Herman Vasconcellos. O controle Jurídico da Publicidade. In: MARQUES, Cláudia Lima; MIRAGEM, Bruno. (org.) *Direito do Consumidor*: Vulnerabilidade do consumidor e modelos de proteção. São Paulo: Revista dos Tribunais, 2011. v. 2.

——. O controle Jurídico da Publicidade. In: MARQUES, Cláudia Lima; MIRAGEM, Bruno. (org.). *Direito do Consumidor*: proteção da confiança e práticas comerciais. São Paulo: Revista dos Tribunais, 2011. v. 3.

——. *O controle jurídico da publicidade*. Revista de Direito do Consumidor, São Paulo, n. 9, p. 25-57, jan./mar. 1994.

BRASIL. Constituição (1988). *Constituição da República Federativa do Brasil*: promulgada em 5 de outubro de 1988. Disponível em: <https://www.planalto.gov.br/ccivil_03/Constituicao/Constitui%C3%A7ao.htm>.

BRASIL. Presidência da República. *Lei nº 8.078, de 11 de setembro de 1990*. Dispõe sobre a proteção do consumidor e dá outras providências. Disponível em: <http://www.planalto.gov.br/ccivil_03/Leis/L8078.htm>.

DIAS, Lúcia Ancona Lopez de Magalhães. *Publicidade e direito*. São Paulo: Revista dos Tribunais, 2010.

LÔBO, Paulo Luiz Netto. A informação como direito fundamental do consumidor. In: MARQUES, Cláudia Lima; MIRAGEM, Bruno. (org.). *Direito do Consumidor*: proteção da confiança e práticas comerciais. São Paulo: Revista dos Tribunais, 2011. v. 3.

MARQUES, Cláudia Lima. *Contratos no Código de Defesa do Consumidor*: o novo regime das relações contratuais. São Paulo: Revista dos Tribunais, 2004.

MIRAGEM, Bruno. *Curso de Direito do Consumidor*. São Paulo: Editora Revista dos Tribunais, 2010.

NISHIYAMA, Adolfo Mamoru; DENSA, Roberta. A proteção dos consumidores hipervulneráveis. In: MARQUES, Cláudia Lima; MIRAGEM, Bruno (org.). *Direito do Consumidor: proteção da confiança e práticas comerciais*. São Paulo: Revista dos Tribunais, 2011. v. 2.

NUNES, Luis Antonio Rizzatto. *Curso de Direito do Consumidor*. São Paulo: Saraiva, 2009.

ONÓFRIO, Fernando Jacques. *Comentários ao Código de Defesa do Consumidor*. Rio de Janeiro: Forense, 2005.

PASQUALOTTO, Adalberto. Oferta e Publicidade no Código de Defesa do Consumidor. In: AGUIAR, Ruy Rosado de, LOPEZ, Teresa Ancona; (coord.). *Contratos empresariais*: Contratos de Consumo e Atividade Econômica. São Paulo: Saraiva, 2009.

——. *Os efeitos obrigacionais da publicidade no Código de Defesa do Consumidor*. São Paulo: Editora Revista dos Tribunais, 1997.

RIO GRANDE DO SUL. Tribunal de Justiça do Rio Grande do Sul. Jurisprudência. Apelação cível nº 70037131430. Recorrente: Flavio Green Koff. Recorrido: Ministério Público do Rio Grande do Sul. Relator: des. Antônio Corrêa Palmeiro da Fontoura. Porto alegre, 12/07/2012. Disponível em <www.tj.rs.gov.br>. Acesso em: 20 agosto 2013.

SANTOS, Fernando Gherardini. *Direito do Marketing*: uma abordagem jurídica do marketing empresarial. São Paulo: Revista dos Tribunais, 2000.

Impressão:
Evangraf
Rua Waldomiro Schapke, 77 - POA/RS
Fone: (51) 3336.2466 - (51) 3336.0422
E-mail: evangraf.adm@terra.com.br